제2판

의미있는 삶을 위한 죽음학

Thanatology for Meaningful Life

조현 · 조병모 · 조서영 공저

계축문화사

들어가는 글

죽음은 모든 사람에게 해당하는 현실이다.
먼저 오건 나중에 오건 어쨌든 죽음은 온다
오늘 내가 죽는다면 지금 무엇을 해야 할까….
죽음을 향해 걸어가고 있음을 느끼는 것은 좋은 일이다.

(프란치스코 교황 강론, 바티칸방송국, 2018.2.2.)

'미지생 언지사 未知生 焉知死' 즉, 삶에 대해 충분히 알아야 죽음에 대해 알 수 있다라는 공자의 말처럼 죽음은 우리 삶속에 늘 드리워져 있다. 그러나 죽음은 남의 이야기라고 생각하고 죽음이 바로 나의 일이라는 것을 잘 받아들이지 못한다. 죽음을 기억하며 살아간다면 제한된 시간을 좀더 가치있고 의미있게 살아갈 수 있을텐데…

우리 나라는 2005년부터 OECD 회원국 중 최고의 자살율을 기록하고 있으며 이는 죽음과 삶이 단절되어 죽음으로써 삶의 모든 문제가 해결되리라는 잘못된 생각에 기인한 것일 것이다. 웰다잉(Well-dying), 즉 '좋은 죽음'이란 삶이 평화롭고 아름다울 때 좋은 죽음이 될 수 있다는 의미로 죽음을 바르게 이해하고 삶과 죽음이 함께 한다는 것을 이해하여야 한다.

아우구스티누스는 '모든 것이 불확실하나 오직 죽음만이 확실하다'라고 한 것처럼 우리는 죽을 수 밖에 없음을 인정하고 죽음에 대한 체계적인 교육이 실시되어야 한다. 외국의 경우 초등학교부터 죽음 교육이 실시되고 있으나 우리 나라는 아직도 죽음에 대한 교육이 이루어지지 않아 생애주기별로 체계적인 죽음 교육이 이루어져야 할 것이다.

이러한 관점에서 본 교재는 두려워하는 죽음이 아니라 죽음이 있음으로 의미있는 삶이 될 수 있다는 것을 깨닫고 죽음의 본질과 삶의 의미를 성찰하는 죽음준비교육 목적으로 발간되었다.

본 교재에서는 '호스피스・완화의료법'(2017.8.4.)과 '연명의료결정법' (2018.2.4.)으로 인해 사회적 이슈가 되고 있는 생전유언, 연명의료결정, 존엄사 등을 포함한 죽음과 관련 대부분의 주제를 포함하고자 하였으며 주요 내용은 다음과 같다.

1. 삶과 죽음에 대한 이해(의학적・사회학적・철학적・심리학적・종교적・법적 측면)
2. 호스피스・완화의료의 이해(생전유언, 사전연명의료의향서, 연명의료결정, 장기기증과 이식 등)
3. 자살, 안락사, 존엄사, 뇌사에 대한 이해
4. 죽음 관련법과 제도의 이해(유언, 상속법, 장례절차 등)
5. 사별・비탄・애도 및 사별가족 돌봄에 대한 이해

또한 학습자의 이해를 돕기 위하여 각 장별로 관련 컬럼과 동영상을 추가하였으니 참고하시기 바라며 지면을 통해 인용 컬럼의 저자분들께 감사드린다.

본 교재는 2018년 초판이 나온 후 호스피스・완화의료 관련 법규의 개정에 따라 개정판을 발간하게 되었다. 자료 수집과 정리에 많은 도움을 주신 '인제호스피스・완화의료연구소'의 이소정, 전효정 두 연구원에게 고마움을 전하며 개정판 출간을 위하여 수고해주신 주영일 사장님을 비롯한 계축문화사 편집부 여러분께 감사드린다.

2023년 8월

저자 배상

차 례

제 1 장

죽음의 이해

죽음의 의미

나는 하느님이 인간을 창조하면서 동시에 생명의 유한함을 정하지 않았을까 하고 생각합니다. 그렇게 되면 죽음에도 긍정적인 부분이 있을지 모릅니다. 하느님이 만든 것은 무엇이든 선을 위해 만들어진 것이니까요.

죽음이라는 주제를 논하는 일은 간단하지 않습니다. 역설적이지만 죽음은 삶에 대한 커다란 질문을 던지는 일이라고 말할 수 있습니다. 지상의 여로에서 우리가 무엇을 해나가야 할지 정하는 일입니다.

'창세기'에서 말하는 것처럼 먼지로 돌아가는 것, 죽으면 모든 것이 끝이 난다고 생각하면 우리는 어떤 의미를 찾으며 살아가지 않고 지금 이곳에서 마음을 빼앗겨 쾌락적인 삶의 방식을 좇고 자기중심적이며 자신을 우상으로 여기는 방향으로 가버릴지도 모릅니다.

출처: 프란치스코, 프란치스코 교황의 아름다운 말, 서상원 엮음, 스타북스, 2014. 07. 30.

출처: 프란치스코 교황, 밀라노 대성당서 강론 중 한국 '깜짝' 언급, KBS NEWS, 2017. 03. 26. 06:16.

제 1 장

죽음의 이해

1. 죽 음

'삶이란 무엇인가'에 대한 정의가 힘들듯이 '죽음이란 무엇인가'라는 질문에 대해서도 확실한 대답은 어렵다.

죽음이란 의학적으로는 '한 생명체가 자신의 모든 기능이 완전히 정지되어 원형대로 회복될 수 없는 상태'를 말하며 철학적으로는 '삶의 마지막으로 도달하는 삶'으로 해석한다.

이와 같이 죽음에 대해서는 의학적, 철학적, 종교적, 심리적, 법적 등 다양한 측면에서 해석할 수 있다.

살아있는 생명체라면 누구라도 죽음을 피할 수 없는 생자필멸(生者必滅)의 관계에 놓여 있으며 삶의 본질을 이해하기 위해서는 반드시 죽음에 대한 이해가 필요하다는 것을 의미한다. 죽음을 귀하게 여기지 않음은 삶을 귀하게 여기지 않음과 다를 바가 없기 때문이다(서혜경, 2009).

죽음을 인간의 삶과 분리시킴으로 인간의 본질을 잃어버리게 하지 않았나 생각해 보아야 한다. 인간의 본질은 생명과 함께 죽음의 문제를 다루어야 하는데 죽음을 다루지 않음으로 인간의 본질을 잃어가고 있는 것은 안타까운 현실이다. 삶과 죽음을 함께 생각할 때 생명의 소중함과 삶의 의미를 부여할 수 있을 것이다(이영화, 1998, 박현정, 2015).

현대인들은 눈부신 의학과 과학기술의 발달로 가족과 친지가 아닌 각종 의료장비에 둘러싸여 임종을 맞이하고 있다. 의료기술의 발달은 무리한 연명치료를 무한대로 시행하고 있으며 따라서 본인의 의지와는 무관하게 각종 의료기기에 매달려 애처로운 죽음을 맞이하고 있다.

이러한 현실 속에서 죽음에 대한 새로운 해석이 필요하며 풍요롭고 의미있는 인생으로 이끌어 줄 수 있는 죽음에 대한 대처 방안이 마련되어야 한다.

죽음에 대한 교육은 자신의 죽음을 능동적으로 준비하여 자신의 삶을 성숙하게 완성시킬 수 있는 기본이라 할 수 있다.

2. 죽음의 정의

죽음에 대한 세계보건기구(WHO)의 정의를 보면 '소생할 수 없는 삶의 영원한 종말'이라고 하였고 한국어대사전에는 '생물의 생명이 없어지는 현상, 세포내의 연속적인 생리적 변화가 불가역적으로 정지되는 상태'로 정의되어 있다.

또한 대한의학협회(1983)는 죽음을 '심장기능 및 호흡기능과 뇌반사의 불가역적 정지 또는 소실'로 정의하였다. 표준국어대사전(2007)에는 죽음을 '생물의 생명이 없어지는 현상, 세포내의 연속적인 생리적 변화가 불가역적으로 정지되는 상태'로 정의하고 있다. 웹스터(Webster)사전에서는 죽음이란 '동식물의 소생 가망성이 없는 모든 생체기능의 영구적 정지, 생명의 종결, 죽는다는 사실이나 행동 및 과정'이라고 하였고 임종은 생명이 끝나는 것, 죽음이 임박한 것, 점차 소멸하는 것이라고 하였다(표 1-1).

[표 1-1] 죽음에 대한 정의

세계보건기구(WHO)	소생할 수 없는 삶의 영원한 종말
한국어대사전	생물의 생명이 없어지는 현상. 세포내의 연속적인 생리적 변화가 불가역적으로 정지되는 상태
대한의학협회	심장기능 및 호흡기능과 뇌반사의 불가역적 정지 또는 소실
표준국어대사전	생물의 생명이 없어지는 현상. 세포 내의 연속적인 생리적 변화가 불가역적으로 정지하는 상태
웹스터(Webster)	죽음 : 동식물에서 소생 가망이 없는 생체기능의 영구적 정지. 생명의 종결 임종 : 생명이 끝나가는 것. 죽음이 임박한 것. 점차 소멸되는 것

죽음은 단순히 정의될 수 없고 시대와 문화와 법률에 따라 정의가 다르다. 따라서 인간의 죽음을 의학적, 사회적, 철학적, 종교적, 심리적 측면 등 다양한 측면에서 살펴보고자 한다.

1) 의학적 죽음

의학적 죽음이란 모든 체세포의 기능 상실로 생체가 기능하는데 필요한 화학적, 물리적 또는 전기 생리적 활동을 잃게 되어 인체의 세포가 불가역적인 상태로 변한 것을 의미한다. 즉 뇌 또는 호흡이나 심장박동의 완전한 정지를 의미한다(Zastrow. Charles, 2005).

인체의 여러 장기 가운데 생명유지에 반드시 필요한 생명유지 3대 장기는 심장, 뇌, 폐로 이 가운데 심장과 폐 기능의 정지 즉 '심폐사'를 일반적인 죽음의 의미로 본다.

그러나 의술의 발전은 지금까지 관습적으로 인정되어 왔던 죽음의 3징후 – 심장박동 · 뇌활동 · 호흡의 정지 – 기준을 점점 모호하게 만들고 있다.

인공호흡기와 심폐기의 개발로 인공적 생명유지장치가 발달하게 되면서 뇌의 활동은 정지되었지만 심장과 폐의 기능은 계속되는 상태가 생겨나게 되었다. 이른바 '뇌사'로 뇌사를 개인의 죽음으로 보기 위해서는 '병인에 대한 최선의 의료행위를 다했음에도 불구하고 생리학적인 죽음이 확실한 경우'가 되어야 하며 따라서 '뇌간을 포함하여 일체의 뇌기능이 중지되고 심신통제가 돌이킬 수 없을 정도로 중지된 상태'를 전제로 해야 한다. 아울러 뇌사상태와 '식물인간'은 다른 상태로 식물인간은 뇌사와는 달리 뇌의 일부가 살아있어 적절한 영양만 공급되면 스스로 생명을 유지하고 희박하나마 회복의 가능성도 있다.

우리나라는 2000년도에 뇌사설을 인정하여 환자의 사전동의와 환자가족의 동의하에 뇌사시 장기기증이 가능하다. 그러나 저혈당, 저산소증, 저체온증 등 다양한 원인으로 뇌활동이 일시적으로 정지되었다가 다시 회복될 가능성이 있기 때문에 뇌의 전기적 활동이 멈추었다고 해서 죽음을 섣불리 단정지어서는 안된다(이영화, 1998, 박현정, 2015).

[표 1-2] 죽음의 가설

심폐사설	폐와 심장기능 정지로 혈액순환의 전면적 정지, 호흡 및 맥박과 같은 생존기능의 정지 등으로 생명활동이 정지되는 것
뇌사설	뇌기능의 영구적 정지가 인간 죽음의 최종판단 기준. 심장이 멈추지 않았더라도 뇌기능의 정지로 인간으로서의 기능을 하지 못할 때 사망으로 판정

[표 1-3] 죽음의 과정

순환계	주요 장기들로 혈액을 공급하는 패턴을 바꾸어 심장에서 발끝까지 온몸으로 혈액을 내보내어 회수하지 않고 장기들로 내보낼 피를 모으기 시작하여 체온이 1도 이상 떨어질 수 있다. 혈액 순환은 주로 신장과 심장, 폐와 간으로 향한다.
소화계	허기를 느끼지 못하고 음식을 소화기관으로 밀어내리는 근육의 수축 운동 또는 연동 운동이 느려졌거나 멈춰있는 경우가 많다.
간	간 기능이 떨어지기 시작하면 침상에서 뒤척이며 안절부절 못하고 흰자위가 노랗게 변한다. 간이 유독성 노폐물을 걸러내지 못하기 때문에 체내에 그대로 축적된다.
호흡, 연하	호흡은 분당 50회까지 빨라지고 때로는 거의 숨을 쉬지 않는 것처럼 보이기도 한다. 무호흡 상태가 점점 길어지고 숨을 헐떡이거나 기침을 심하게 하는 증상이 동반될 수 있다. 삼키지 못하는 침은 목 안쪽에 쌓여 그르렁하는 가래 끓는 소리가 난다. 체인-스톡스 호흡이 시작되면 죽음이 임박한 것이다. 죽음이 시작되면 혈액순환이 멈추면서 산소공급이 중단되고 산소포화도가 떨어진다. 산소 결핍으로 인해 세포들이 신진대사 기능을 제대로 하지 못하여 다발성 조직손상이 영구적으로 일어난다.
무반사 현상	양안대광반사와 심부건반사(Deep Tendon Reflex)의 소실 현상이 일어난다.

2) 사회적 죽음

사회적 죽음은 생명은 유지되고 있지만 인간으로서 기능을 전혀 할 수 없는 상태로 식물인간이 대표적인 예이며 의학적, 법적 죽음이 전제되어야 한다. 사회는 살아있는 인간들로 구성된 조직체이지만 생명의 탄생과 죽음 사이에서 끊임없는 반복을 통해 문화를 형성하고 전승하고 있다.

죽음은 사회 안에서 자연스럽게 일어나는 현상으로 특정한 개인의 죽음은 공동체에 상실, 위기, 불안을 가져오기도 하는데 죽음이 개인의 문제에 그치는 것이 아닌 사회의 문제이기 때문이다.

사회 안에서 일어나는 죽음은 여러 유형을 통해 알 수 있다. 자연사, 질병사, 사고사, 자살, 타살, 안락사, 존엄사 등이 그러한 예이다. 죽음이 사회와 밀접한 관련이 있다는 근거로 미국의 사회학자 필립스(David Philips)가 명명한 '베르테르의 효과'로 유명인의 자살 보도 후 자살률이 급증하는 사실을 들 수 있다. 이러한 현상으로 미루어 언론의 자살 보도는 모방 자살에 영향을 미치므로 매우 신중해야 하며 이는 죽음이 개인적 경험에만 국한된 현상이 아니라 사회적인 문제라는 점을 고려해야 한다. 또한 연명치료나 안락사도 사회적인 관점에서 바라볼 수 있는 죽음으로 죽음의 과정에 돌입한 환자를 살아있는 사람으로 취급한다면 치료를 중단해서는 안된다. 이렇듯 죽음에 대한 규범과 윤리는 그 시대의 문화와 가치관에 의해 결정된다. 즉 문화적 규범과 환경에서 학습하여 내면화한 가치관이 죽음을 규정하는 입장과 시각을 결정한다는 것이다(이영화, 1998).

3) 철학적 죽음

죽음에 대한 철학적 관점은 죽음에 대한 시각과 시대적 상황, 문화와 종교에 따라 다양하다. 전통적으로 철학적 측면에서의 죽음은 삶의 문제이며 인간의 본질이 무엇이냐에 관한 것이다. 따라서 철학적 관점에서는 죽음과 삶의 단계는 절대적이 아니라 상대적이며 육체와 정신을 분리할 수 없는 것처럼 죽음과 삶도 불가분의 관계를 갖는다고 한다.

초기 철학자들은 죽음으로 인한 공포를 어떻게 극복하느냐에 관심을 가졌다. 철학적 측면에서 죽음의 공포에 대한 주장을 살펴보면 다음과 같다(표 1-4).

[표 1-4] '죽음의 공포'에 대한 철학자들의 의견

철학자	의 견
에피쿠로스	죽음에 대한 공포는 죽음이 괴로울 것이라는 가정에 근거하고 있으나 죽음 자체는 절대 괴로움이 될 수 없다.
세네카	죽음의 공포를 극복하려면 죽음을 항상 염두에 두고 살아야 한다.
스피노자	인간은 절대로 죽음을 정확히 알거나 직시할 수 없다.
쇼펜하우어	죽음 자체에 아무런 의미를 부여할 필요가 없다.
아우구스티누스	죽음의 공포는 하느님의 은총을 통하지 않고서는 극복될 수 없다.

4) 종교적 죽음

죽음은 종교와 밀접한 관계가 있고 종교에 따라 죽음을 받아들이는 태도에 차이가 있다고 보았다.

종교는 죽음과 분리하여 생각할 수 없고 내세의 문제는 종교에서 말하는 믿음의 가장 본질적인 것이다. 그렇기 때문에 종교는 죽음의 문제에 대해 인간과 가장 깊은 관계를 맺고 있으며 인간에게 큰 영향을 준다. 죽음을 이해하기 위해서는 각 종교의 죽음관을 살펴보는 것은 중요하다. 전통적인 무속신앙과 불교, 유교가 상호보완하면서 우리나라 사람들의 죽음관에 지대한 영향을 끼쳐왔고 최근에는 기독교가 우리나라의 중요한 종교로 작용하면서 서구적인 죽음관도 우리나라 사람들에게 의미있는 영향을 끼친다(박현정, 2015).

(1) 무속신앙의 죽음관

무속신앙에서는 삶의 세계는 이승으로, 죽음 후의 세계는 저승으로 표현하였다. 우주체계를 이원론적으로 인식한 것을 통해 무속신앙에서는 인간의 삶과 죽음에 깊은 관심을 기울였음을 알 수 있다(노유자, 1998).

유교가 중국에서 들어오기 이전의 무속신앙은 민중의 삶과 생활습관에 자연스럽게 연결되어진 민간신앙의 형태로서 우리 민족의 종교적 성향에 근원적인 영향을 미쳤고 종교로서의 의미보다 정서와 문화라고 볼 수 있다(박현정, 2015).

무속에서의 죽음은 슬픔, 즉 우리나라의 고유한 정서인 한(恨)을 의미한다. 사람은 하늘에서 정해진 목숨의 일정한 기간을 가지고 태어난다. 이것을 천수(天壽)라고 하며 천수를 다하고 편안하게 죽는 것은 가장 큰 복이다. 그러나 천수를 다 채우지 못하고 일찍 죽는 경우도 많이 있기 때문에 죽음을 슬픔으로 인식했다. 사람은 누구나 천수를 누릴 수 있는 복을 가지고 태어나지만 요절이나 불행한 죽음은 씻을 수 없는 한으로 자신에게나 주변 사람들에게 남는다.

무속에서는 '굿'을 통하여 한을 풀고 부정한 것을 깨끗하게 함으로써 죽은 자의 영혼을 저승으로 보내는 것이다. 죽은 자를 위한 굿은 망자가 좋은 곳으로 가기 위한 의식뿐 아니라 죽은 자와 유족들의 마음에 남은 한을 풀어준다는 것을 의미한다. 즉 무속신앙에서는 굿을 통해 죽은 자의 영혼을 저승으로 보냄으로써 남은 자들이 진정한 해방을 누린다고 본다. 무속신앙의 죽음에 대한 부정적 시각은 우리 민족의 생사관에 영향을 미쳤다.

(2) 유교의 죽음관

유교의 죽음관에서 중요한 것은 생사가 하늘에 의해서 이루어지고 다스려지기 때문에 하늘의 뜻을 따르는 순천명(順天命)하는 삶의 태도이다. 유교는 죽음을 인간에게 있어 하나의 운명처럼 자연의 순리로 받아들인다. 생명이 있는 곳에 죽음이 있고 시작이 있으면 끝이 있는 것은 자연의 순리이므로 인간이 자연의 순리에 순응하는 것이 올바른 도리라는 것이다. 그러나 '태어나는 것도 모르는데 어찌 죽음을 알리오' 라는 공자의 말에서 알 수 있듯이 유교는 현재의 삶에 중점을 두고 인간관계 속에서 도리와 윤리를 중요시하는 철학으로 특별한 내세관을 갖고 있지 않다. 따라서 죽음의 의미나 사후 세계에 대해서는 관심이 없고 사람과 삶에 대한 사랑을 중요시하였다. 죽음은 인생을 엮어가다 마치는 과정이라고 여기는 것이다.

유교에서는 죽은 조상을 위한 제사의식이 있으나 이것은 자식이 부모에 대한 효도의 개념으로 행해지는 절차일 뿐 유교는 내세관을 갖고 있지 않다.

(3) 불교의 죽음관

불교에서는 죽음을 인간으로서는 피할 수 없는 현실로 보았다. 불교에서는 죽음에 대한 새로운 차원의 인식으로 죽음이란 삶에도 번민하지 않고 죽음에도 번민하지 않는 삶과 죽음을 초월하여 업과 윤회를 벗어난 열반으로 인식하였다.

불교의 중요한 사상은 '삶은 고통'이라고 보는 것과 '윤회사상'이다. 인간이 겪는 고통의 원인은 집착으로부터 오는 것인데 무상한 것에 집착하다보니 고통이 생길 수밖에 없다는 것이다.

윤회란 수레바퀴가 돌듯 삶과 죽음이 끊임없이 반복되는 것을 말한다.

불교가 추구하는 삶의 목표는 윤회의 틀에서 벗어나 열반의 세계에 들어가는 것인데 이것은 삶에서 일어나는 모든 집착을 끊어야 한다는 것이다. 결국 불교는 삶도 죽음도 열반에 이르지 못한다면 끝없는 고통의 연속으로 보고 있음을 알 수 있다.

사람은 각자의 살아온 업에 따라 지옥, 아귀, 축생, 아수라, 인간, 천상의 육도(六道) 가운데 한 곳에 다시 태어난다고 한다. 육도는 영원한 곳이 아니기 때문에 결국 또다시 다른 세상으로 태어나야 한다.

이처럼 불교의 죽음관은 영혼이 육체를 벗어버리는 것이고 태어남은 육체를 입는 것으로 죽음은 끝이 아니라 다른 모습의 삶으로 들어가는 과정으로 본다. 불교에서의 죽음의 문제는 마음의 문제로 열반의 상태에 도달할 수 있을 때 해결된다는 것이다.

불교의 죽음관은 죽어도 죽은 것이 아닌 윤회라는 수레바퀴의 틀로 보고 있으며 윤회의 틀을 벗어나지 못하면 삶도 죽음도 고통일 수밖에 없다. 인간의 욕심과 집착을 끊기 위해 속세를 벗어나는 것도 이러한 이유이다. 해탈의 경지에 이를 때 모든 고통에서 벗어날 수 있는데 해탈의 경지에 이르기 쉽지 않기 때문에 불교에서는 죽음을 부정적인 것으로 보고 있다(박현정, 2015).

(4) 기독교의 죽음관

죽음과 관련된 기독교 사상은 성경을 통해서 알아볼 수 있다. 기독교에서의 죽음은 생물학적 죽음을 경시하고 부활사상에 중심을 두어 죽음을 새로운 존재로 이끌어 주는 희망으로 보고 있다.

① 구약성서와 죽음

구약성서에서는 죽음의 보편성에서 새로운 죽음의 의미를 부여하여 죽음과 죄는

인과관계가 있는 것으로 보고 있다.

하느님은 인간을 불사불멸로 창조하여 죽음을 면제받을 수 있게 하였다. 그러나 최초의 인간으로 창조된 아담과 이브가 하느님 뜻을 거역하여 그 대가로 인간은 죽음을 피할 수 없게 된다. 따라서 죽음은 하느님의 뜻으로 수용하나 그러한 죽음을 통해서 참 생명이 무엇이고 영원한 생명이 무엇인가를 알고자 한다.

구약성서에서의 이상적인 죽음은 노년기의 죽음으로 이는 축복의 삶에 대한 보상이었다. 죄는 인간의 본성과 하느님의 뜻에 반대되는 악일 뿐 아니라 죽음에 이르는 길이 된다고 생각되었다.

② 신약성서와 죽음

신약성서에서 죽음은 죽음 그 자체가 아니다. 오히려 죽음에서의 부활이다. 인간이 아담의 원죄로 인해 죽음의 세계로 떨어졌으나 예수 그리스도의 죽음과 부활을 통해서 구원되고 영원한 새 생명을 얻게 된다. 참 생명은 그리스도의 수난과 십자가에서 죽으심, 그리고 그의 죽음으로 인한 부활에서 비롯된다는 것이다.

구약성서나 신약성서 모두가 인간의 죽음을 삶의 마지막 순간에 오는 생물학적 사건으로 보지 아니하고 사람이 죽고 사는 일을 하느님의 뜻으로 이해하고 있다. 따라서 인간의 육체적 죽음이란 인간 삶의 끝이 아니라 새로운 부활의 삶으로 이루어짐을 선포한다.

칼 라너(K. Rahner, 1982)는 「죽음의 신학」에서 죽음이란 인간이 수동적으로 당하는 생물학적인 사건이면서 동시에 자기 인생을 매듭짓는 능동적인 완성일 수 있다고 주장하였다. 죽어가는 행위는 인격적인 자아완성이며 내적이고 능동적인 행위로 자아성취이며 인격의 충만함이라 하였다. 즉 인생여정의 종료로서 죽음을 하나의 완성으로 보았다.

5) 심리적 죽음

심리적인 삶이란 자아나 주변 세계를 인식하는 것을 의미하고 심리적인 죽음이란 이러한 인식의 정지, 즉 정신작용이 정지되었을 때 일어나며 심리적 죽음은 노인 혹은 사고나 알츠하이머병 등으로 뇌의 기능이 심각하게 손상된 사람에게서 발견되며 이들 대부분은 의식이 희미하여 심리적인 삶과 죽음의 상태를 구분하는 것이 어렵다. 따라서 인간의 본질을 인지능력에 있다고 생각하고 그것이 정지된 것을 죽음으로 판단하는 것이 심리적 죽음이다. 신체적인 죽음은 비가역적이지만 심리적 죽음은 꼭 비가역적이라 할 수 없다. 심리적 죽음은 따뜻하고 수용적인 환경, 적절한 감각기관의 자극, 안정제 남용 금지, 삶을 유지하고자 하는 강한 의지 등이 있다면 늦추어질 수 있다. 만약 심리적으로 죽은 사람을 무시하고 함부로 말하거나 그들을 존재하지 않는 사람처럼 대우한다면 인지적 혼란을 더욱 가중시키고 신체적인 죽음을 재촉하기도 한다(이이정, 2011).

죽음을 맞이하는 사람과 남겨진 사람들의 충격, 고통, 불안, 일상 속에서 느끼는 죽음에 대한 두려움, 슬픔 등에 대하여 죽음의 심리학적 의미는 큰 비중을 차지한다(이영화, 1998).

가족이나 지인의 죽음은 의존관계의 상실과 내적인 가치체계의 변동을 일으켜 심리적으로 안정감을 잃는 것을 의미한다. 보울비(Bowlby, 1980)는 건전한 슬픔은 사람으로 하여금 죽은 사람에 대한 육체적인 애착을 단념할 수 있게 하며 슬퍼하는 과정은 살아있는 사람이 고인의 추억과 회상을 통해 삶의 일부로 받아들이도록 돕는다고 하였다. 그러나 이러한 슬픔을 해결하지 못하면 심리적인 문제나 치명적인 질병을 일으켜 개인의 문제를 넘어 사회적, 경제적 손실을 초래할 수 있다. 따라서 주변에서 유가족을 위로하고 상담할 때 애도과정에서의 심리적 변화를 잘 이해하고 숙지하여 적절한 원조를 주는 것이 중요하다.

(1) 죽음의 심리적 변화

카스는 죽음은 생명이 있는 상태에서 생명이 소멸되는 상태로의 전환이라 하였고 칼리쉬는 죽음이란 죽어감을 시작으로 하여 죽음으로 종말을 맺는 전이과정이며 죽어감은 유기체가 생존능력을 상실해 가는 과정이라고 하였다.

퀴블러 로스(Kübler-Ross)는 임종을 앞둔 사람들을 돌보고 대화하는 과정을 통해 죽음은 성장의 마지막 단계로 가장 중요한 순간이며 삶의 전부라고 정의하였다. 그는 200여명의 임종환자와의 대화를 통해 임종환자들이 죽음에 직면했을 때 보이는 반응에 다섯 단계가 있음을 발견하였으며 그의 저서 'On Death and Dying'에 수록된 죽음의 다섯 단계는 다음과 같다.

① 부정

환자가 의료진으로부터 불치병에 걸렸다는 통보를 받았을 때 '뭐라고요? 난 아니예요! 뭔가 잘못되었을 거예요.' 라고 반응을 한다. 이러한 부정은 일시적인 방어수단이며 시간이 지나면 '부분적 순응'으로 대체된다. 시간이 흐르면서 서서히 충격에서 벗어나 부정을 포기하고 방어수단을 취하기 시작한다.

② 분노

'그렇구나, 사실이구나.' 라는 느낌을 가지면서 부정의 단계를 유지할 수 없게 되면 분노, 질부, 원망의 감정으로 대체된다. '왜 하필 내가 죽어?' 라는 물음을 갖게 된다. 환자의 분노는 어디서나 닥치는 대로 폭발하기 때문에 가족과 의료진이 다루기 힘든 단계이다.

③ 타협

죽음을 부정하더라도 피할 수 없음을 인지하고 환자는 타협을 시도한다. 어쩔 수 없는 현실을 신체적으로나 정신적으로 그대로 수용하며 종교인, 의사와 타협하여 통증이나 고통을 덜고자 하고 생명의 연장을 바란다. 더 나아가 절대자와 타협하여 고통없는 영원한 삶을 누리려 착실한 행동을 보이고 특별한 헌신을 맹세하기도 한다.

④ 우울

더 이상 분노나 타협의 여유가 없이 거대한 상실감이 밀어닥치고 우울에 빠지게 된다. 처음에는 외적 관계에서 우울증이 나타나고 나중에는 내적 관계에서 우울증이 나타난다. 전자를 '소극적 우울증'이라 하고 후자를 '적극적 우울증'이라 한다.

'소극적 우울증'이란 자신의 신체적 변화나 사후의 인적, 물적 변화에서 오는 우울증이며 '적극적 우울증'이란 죽음에 대한 자신의 무력함에서 오는 실망으로서 우울증으로, 죽음으로 세상의 모든 인연과 영원히 이별을 해야 한다는 자기 존재에 대한 근원적인 우울증이다. 따라서 그들의 슬픔과 아픔을 그대로 인정해주고 위로해주는 것이 죽음을 보다 편안한 마음으로 수용하는데 도움이 될 수 있다.

⑤ **수용**

죽음의 마지막 단계로 환자들은 '머나먼 여정을 떠나기 전에 취하는 마지막 휴식'과 같은 시간을 맞는다. 환자는 본인의 의지와 상관없이 수면을 취하는데 이는 신생아의 수면과 비슷하지만 마지막 순간을 예고하는 점에서 차이가 있다. 이 시기는 감정의 공백기에 가깝다. 일종의 평안과 수용의 단계로 들어가면서 환자는 본인을 포함한 모든 것에 무관심해진다.

퀴블러 로스는 죽음에 직면한 환자들이 다섯 단계의 과정을 거치며 어떤 형태로든 희망을 가지고 이들 다섯 단계들은 여러 단계가 혼합되어 서로 교체되거나 겹치면서 발생하기도 한다는 것을 발견하였다.

결국 죽음은 생명이 있는 존재가 생명을 잃어가는 과정으로 보고 있다. 이런 관점은 죽음을 단순히 육체의 죽음으로만 보고 있지 않음을 시사한다. 죽음을 단편적으로 보지 않을 때 삶 가운데에서 죽음을 받아들일 수 있고 죽음을 삶의 중요한 부분으로 인정하게 된다.

죽음을 받아들이고 인정하는 것은 생명의 소중함과 삶의 귀중함을 인식할 수 있는 좋은 계기로 삶을 이해하지 못하면 죽음도 이해할 수 없고 죽음을 이해하지 못하면 삶도 결코 이해할 수 없다 할 수 있다(박현정, 2015).

(2) 죽음의 특징

죽음은 긍정적인 것도 부정적인 것도 아닌 그저 육체의 소멸이라는 자연적인 현상이다. 일반적으로 사람들은 죽음을 부정적으로 인식하는 경우가 많은데 그 이유는

'산자로부터 죽은 자의 멸실'이라는 박탈감이 깔려있기 때문이고 이를 '박탈이론'이라고 한다. 산자는 죽은 자를 다시 볼 수 없고 그와의 많은 기억들을 지워야 하며 그것을 대신할 아무것도 없다는 것이다. 사실 죽은 자의 입장에서는 죽음 자체가 없는 것이며 죽음의 성격은 산자의 입장에서 결정지어진다.

죽음은 다음과 같은 특징이 있다.

① 대상의 평등 : 어떤 생명체든 죽음을 피할 수 없다.
② 시간의 평등 : 죽음은 언제든지 일어날 수 있다.
③ 장소의 평등 : 죽음은 어디서든 일어날 수 있다.
④ 예측 불가능성 : 누가 언제 어디서 어떻게 죽음을 맞이할지 예측할 수 없다.
⑤ 무경험의 평등 : 죽음은 누구도 경험할 수 없다.
⑥ 불가역성 : 죽은 후 이전 삶의 영역으로 돌아올 수 없다.
⑦ 유한성 : 영원히 살 수 있는 사람은 없다.
⑧ 불가지성 : 죽음은 미지의 세계로 입증되지 않은 세계이다.

6) 법적 죽음

법적인 죽음은 의사가 죽음을 판정한 후 이를 기초로 죽음을 법적으로 인정한 경우를 말한다. 어떤 사람이 죽음을 맞은 후 그의 재산이 유족이나 상속자에게 분배되는데 이때 법적 권위에 의해 판단하게 되는 것이다. 법률적 죽음의 과정은 신체적, 의학적 죽음의 과정이 완전히 끝난 후에 진행이 된다. 그 과정은 자연인이 생명을 잃고 더불어 인격 곧, 일반적 권리 및 능력을 상실하고 재산적 권리 의무의 상속이 시작함으로써 시작된다(웰다잉융합연구회, 2016). 그러나 법적인 죽음은 의학적 진술에 의거한 유기체 전체의 죽음을 의미하기도 하지만 그 밖의 다른 이유로 행방을 찾을 수 없을 경우에도 선고될 수 있다. 예를 들어 베트남 전쟁에 참전했던 군인의 생사를 확인할 수 없거나 포로로 사로잡혀 일정 기간 동안 돌아오지 않을 경우에 그는 법적으로 죽은 것으로 선고될 수 있다(이이정, 2011).

법률적으로 사람이 단순히 실종된 경우 또는 그 생사를 알 수 없는 경우에 5년이 지나면 사망한 것으로 간주한다. 특별한 경우 즉 비행기 추락사, 천재지변에 의한 사고로 인하여 생사를 알 수 없는 경우에는 1년 뒤 사망한 것으로 간주한다(웰다잉융합 연구회, 2016).

법률상 문제가 되는 의학, 과학적 사망을 연구하여 법 운영에 도움을 주고 인권옹호에 도움을 주는 분야가 '법의학'이다. 법의학은 변사자에 대한 검안·부검 및 법의학적 증거물의 검사로 살인·상해에 대한 강력한 증거를 제공받아 범인색출, 죄의 유무 판정, 형량의 결정 등에 응용된다. 민사상으로는 출생·사망·혼인·이혼·친자관계·연령 및 정신이상의 유무 등의 판단에 강력한 근거를 제공하여 합리적인 법 운영에 기여하게 된다.

즉 죽음과 관련된 법적인 자문을 통해 공정한 사회적 안정을 꾀할 수 있는 것으로 '법의학'의 주요 업무는 다음과 같다.

첫째, 죽음의 선고이다. 이는 의사의 전문적 권한에 속하기 때문에 신중을 기해야 한다.

둘째, 개인 식별이다. 신원을 알 수 있는 경우에는 문제가 되지 않겠으나 그렇지 못한 경우 특히 범죄와 관련된 경우가 많기 때문에 신원 확인이 필수적이다.

셋째, 사망의 종류를 판별하는 것이다. 이는 인권에 직접적인 영향을 끼치는 사항으로 사망의 종류로는 자연사·외인사(外因死)·변사로 크게 구별되며 외인사는 자살·타살·사고사로 구분된다. 외인사와 사망의 종류를 판별할 수 없는 불명의 경우 등을 합하여 변사라 칭한다.

넷째, 사인의 규명이다.

다섯째, 사망시간의 측정으로 의료행위 중 사망하거나 목격자가 있는 경우에는 문제되지 않겠으나 이미 사망한 채로 발견된 시체에서는 경과 시간을 역산하여 사망시간을 정한다.

이처럼 사망 신고를 끝내고 고인의 재산적 권리·의무의 상속이 마무리 되었을 때 법률적 죽음의 과정이 끝난다.

죽음은 누구에게나 공평하게 주어진 기회지만 삶을 마무리 할 때 법률적 죽음 또한 죽음을 준비한 자들만이 누릴 수 있는 사안이다.

3. 죽음의 의미

죽음은 모든 신체적・정신적 기능이 회복될 수 없는 정지를 의미하며 이것은 보편적으로 받아들여지는 사실이다. 죽음의 의미를 몇 가지 범주로 나누어 알아보면 다음과 같다.

1) 의미로서의 죽음

죽음은 삶을 영원한 것이 아닌 일시적인 것으로 만들고 삶의 의미를 파괴한다. 죽음은 그 안에 아무런 의미도 가지고 있지 않고 인간의 삶에서 모든 가능성과 의미를 빼앗아간다고 전제한다.

자신이 죽을 것이라는 인식이 인간으로 하여금 살아있는 동안 무언가를 하도록 만들고 시간의 경과는 각 순간에 무언가를 하도록 요구한다. 또한 한정된 삶 동안 치열하게 살고자 하는 의식은 창의력으로 작용하며 삶의 가장 높은 정신적 가치는 죽음에 대한 생각에서 비롯될 수 있으므로 죽음은 파괴적인 힘뿐만 아니라 건설적인 힘이 있다고 볼 수 있다.

2) 아름답고 평온한 죽음

죽음은 충만감을 느끼는 순간이며 비로소 삶이 완성되었다는 것을 의식하는 순간으로 보고 죽은 사람에게 가장 아름다운 옷을 입혀 안치하였다. 또 삶에 지쳤거나 병들어서 자신이 무용한 존재라고 생각하는 사람에게 죽음은 고통의 종결, 구원과 해방의 의미로 환영받을 수 있고 이러한 사람들에게 죽음은 조용하고 평온한 안식으로 느껴질 수도 있다.

3) 소멸로서의 죽음과 변화로서의 죽음

인간을 육체적・물질적 존재로만 전제하고 죽음을 생물학적인 사실, 즉 신체의 소멸, 육체적・물리적 기능의 정지로만 여기기 때문에 인간이 죽은 후에는 아무것도 남지 않는 자아의 '소멸' 상태가 되는 것으로 생각한다. 그러나 죽음을 삶의 단계라고 생각한다면 죽음은 삶의 적이 아니라 한 단계의 삶에서 다른 단계의 삶으로의 통과 혹은 '변화'인 것이다. 죽음을 내세의 다른 삶으로 안내하는 통과의례로 생각하는 견해가 이에 해당한다.

4) 벌로서의 죽음

구약성경에 따르면 아담과 이브는 불멸성을 갖고 있었지만 하느님의 명령을 어긴 죄 때문에 에덴동산에서 추방당하는 벌을 받았고 원죄로 알려진 그들의 죄 때문에 그들과 자손들은 하나님이 선물한 불멸성을 잃어버렸다. 이처럼 죽음을 인간 생명의 자연스러운 상태로 보기보다는 '죄'라고 부르는 어떤 결정적 요인 때문에 인간 생명 속에 들어온 비정상적인 상태, 즉 인간의 죄에 대한 신의 심판으로 보는 것이다(이이정, 2011).

5) 상실로서의 죽음

죽음과 죽음의 과정에서 우리는 사랑하는 사람, 건강한 외모, 재산, 직장, 미래 등 우리가 가진 모든 것을 잃게 된다. 죽음으로써 우리가 잃게 되는 것을 살펴보면 다음과 같다.

(1) 경험의 상실로서의 죽음

죽음에 의해 야기되는 상실 중에서 경험 능력의 상실은 젊고 내향적이며 지적인 사람이 전통적인 종교나 사회적 질서를 믿는 노인들보다 더 높은 관심을 보였다. 그러나 일생의 마지막 단계에 있는 죽어가는 사람은 병이 깊어져 혼란상태가 되거나 의식을 잃어 희로애락을 느끼고 경험하는 능력에 큰 의미를 두지 않을 수 있다.

(2) 사람의 상실로서의 죽음

죽음은 사랑하는 사람과 영원히 이별하는 것이다. 죽음은 이승의 인연과의 단절이며 이승에 대한 애착을 끊고 떠나는 과정으로 사랑하는 사람의 상실이라 할 수 있다.

(3) 통제력의 상실로서의 죽음

죽음은 자신에게 어떤 일이 일어날지를 알 수 없게 만들고 앞으로 일어나는 일을 자신의 의지에 따라 조절하고 통제할 수 있는 능력을 상실하게 만든다. 인생 말기 단계의 죽어가는 사람은 에너지의 감소와 신체적 쇠약 등 다양한 이유에 의해 일상생활에 필요한 활동(식사, 수면, 배설, 이동 등)을 모두 다른 사람에게 의존하게 되고 자신의 치료에 관련된 결정에서도 배제되기 쉽다.

(4) 꿈의 상실

우리는 많은 꿈들 즉 명예, 성공, 부, 행복한 가정 등에 대한 소망 등을 가지고 있다. 그러나 죽음은 꿈을 실현할 기회를 빼앗아 가는 사건인 것이다.

죽음은 슬프지만 끝이 아닙니다.

최근에 저는 한 친지에게 전화를 걸었습니다. 그 분은 눈물을 걷잡지 못해서 전화를 제대로 받지 못했습니다. "어떤 영문인가"고 묻는 저의 질문에 그녀는 대답했습니다.

"나는 지금 신문에 게재된 슬픈 기사를 읽고 있습니다. 이제 생후 6개월 밖에 되지 않은 아이가 뇌종양으로 3개월 이내로 죽는다는 선고를 의사로부터 받았다는 기사입니다. 더욱 나를 슬프게 한 것은 그 아이의 아버지는 명문대학교의 의과대학 암전문의라는 점이었습니다. 사진으로 보는 그 아이의 똘똘한 눈빛이 내 가슴을 너무도 아프게 하여 눈물을 억제하기가 어렵습니다."

죽음을 눈 앞에 둔 그 아이와 아무런 인적 관계가 없는 분이 그렇게 슬플진대 그 아이 부모의 슬픔은 오죽하겠습니까? 뇌 속 깊은 곳에 자리잡은 종양은 수술도 하지 못한다는 사실을 저는 제 아내의 경우에서 체험했습니다. 왜 이런 고통이 우리에게 있고 그런 고통을 어떻게 이겨내야 할지 저도 아픈 가슴을 달랠 수가 없었습니다.

생사학(生死學)을 창시한 퀴블러 로스 박사는 죽음에 처한 어린이들에게 자주 번데기 모양의 인형을 사용했습니다. 그는 번데기 모양의 인형을 자기가 직접 만들어 죽음에 처한 어린이들에게 죽음을 설명했습니다. 번데기의 배에 달린 지퍼를 열면 그 속에서 예쁜 나비 인형이 나옵니다.

그는 암이나 불치병에 걸린 아이들에게 다음과 같이 설명합니다. "여러분의 몸은 헝겁으로 만든 번데기와 마찬가지입니다. 죽음에 의해서 여러분의 영혼은 이 육신으로부터 벗어나서 저 나비처럼 예쁘게 날아 천국으로 올라갑니다. 죽음은 결코 끝이 아닙니다."

이렇게 수 많은 어린이들을 위로하고 격려하며 희망을 심어준 로스 박사도 우주를 향해 떠난다고 말하면서 밝은 모습으로 별세를 했다고 합니다.

노벨 평화상을 받았고 일생 동안 빈민들의 복지를 위하여 봉사하시다가 생을 마감한 테레사 수녀도 죽음에 관하여 이렇게 말했습니다.

"죽음은 고향으로 가는 것이다. 죽음은 삶의 계속이고 완성이다. 사람은 죽으면 어떻게 될지 두려워하기 때문에 죽기 싫어한다. 죽음이 무엇인지 안다면 죽음을 두려워하지 않을 것이다. 우리는 살아왔던 그대로 죽기 마련이다. 죽음이란 육신의 죽음일 뿐이지 영혼은 계속 유지된다. 죽음은 결코 끝이 아니다."

죽음이 없다면 영생의 의미는 없어집니다. 사랑하는 가족이나 친구로부터 죽음이 일시적으로나마 우리를 분리시키기 때문에 영생의 의미가 있고 영생이 고마운 것입니다. 배고파 보지 않은 사람은 음식의 고마움을 모르고 병을 앓아보지 않은 사람은 건강의 중요성을 느끼지 못합니다. 마찬 가지로 죽음은 우리에게 영생의 희망과 영원한 즐거움을 알게해 주는 과정입니다.

은퇴자들을 위한 잡지(AARP)사가 50세 이상의 성인 1,011명을 상대로 내세를 믿느냐는 질문을 했습니다. 80%의 여성과 64%의 남성이 내세를 믿는다고 답했습니다. 전체적으로는 73%가 내세를 믿는다고 응답했습니다. 흥미로운 사실은 나이가 많으면 많을수록 내세를 믿는다는 비율이 높았습니다.

버나드대학교 시걸(Segal) 교수의 조사에 의하면 연수입이 $75,000 이상인 미국인 중 78%가 천국을 믿지만 연수입이 $25,000 이하의 미국인들은 90%가 천국을 믿는다고 했습니다. 대학을 졸업한 미국인 들 중 77%가 천국을 믿는 반면 고졸 이하의 미국인들은 89%가 천국을 믿는다고 응답했습니다.

비록 큰 차이는 아니지만 돈이 많을수록, 그리고 교육 수준이 높을수록 천국을 믿는 경향이 감소한다는 조사결과는 "부자가 하늘 나라에 들어가는 것보다 낙디가 바늘 구멍으로 들어가는 것이 더 쉽다"는 성경말씀을 생각해보지 않을 수 없습니다.

저의 개인적인 생각입니다만 내세를 믿는 사람들은 확신하는 부류와 내세가 있을 것이라고 믿기는 하지만 확신을 갖지 못하는 부류가 있을 것입니다. 한편, 사후의 내세가 절대로 없다고 확신을 하는 사람들은 아마도 1%도 되지 않을 것입니다.

내세에 관하여 가르쳐 달라는 제자의 요청에 공자님은 "죽기 전의 일도 다 알지 못하는데 어찌 죽은 후의 일을 알겠느냐?"고 답했습니다. 사후에 대한 가르침을 포함하는 것이 종교라고 정의를 한다면 공자의 가르침 즉 유교는 생활의 지침이지만 종교는 아니라고 말할 수 있습니다.

그래도 공자님은 *爲善者 天報之以福 爲不善者 天報之以禍* 즉 "선을 행하는 자는 하늘이 복으로 갚아 주지만 선을 행하지 않는 자는 하늘이 화로 갚아준다."고 말씀하여 그가 내세를 믿는다는 암시적 가르침을 주었습니다. 내세를 믿든 안믿든 내세가 있을 가능성을 고려하면서 선을 행하는 것이 마음의 안정을 줄 것입니다.

출처: 조선닷컴, 홍병식, "죽음은 슬프지만 끝이 아닙니다.", http://danmee.chosun.com/site/data/html_dir/2009/08/13/2009081301421.html, 2008. 07. 25.

죽음을 기억하라

한동안 우리 사회를 풍미했던 웰빙(Well-being) 열풍이 한풀 꺾이고 나자 그 후 웰다잉(Well-dying) 이 등장했으며 이것 역시 지금은 잠잠해졌다. 그리고 웰 다잉이 회자될 때 '메멘토 모리'라는 말도 함께 사용되었다.

'죽음을 기억하라(Memento Mori)'.

이 말은 시간과 사람에 여러 가지로 해석될 수 있겠다.

어떤 이에게는 인생무상을 뜻하는 말이 될 수도 있고 또 어떤 이에게는 우리가 반드시 직면하게 되는 죽음을 통해서 삶에 경각심을 불러일으키는 경구도 될 것이다.

우리가 아무리 '웰다잉'에 대해 이런저런 이야기로 말하고 온갖 의미와 해석을 부여해도 죽음에 대한 본능적인 공포는 쉽게 떨쳐낼 수가 없다. 죽음을 이야기하는 한 그 내용이 어떤 것이라 할지라도 어둡고 축축하고 음산한 하데스(그리스 신화의 지옥)를 거니는 기분에서 벗어날 수 없다. 우리가 죽음 그 자체에 초점을 맞춘다면 웰 다잉의 의미는 공허하고 불안한 그림자에 불과할 것이다.

'좋은 죽음(Well-dying)'은 죽음 그 자체가 좋다는 뜻이 아니라 '죽음을 기억하고 준비하는 것'에 중심을 두고 있는 말이다. 삶의 끝 어디엔가 존재할 죽음을 수용하고 미리 준비하는 것은 비단 죽음만이 아닌 삶 속에서도 큰 의미를 지닌다.

사람들은 자신의 마지막 순간, 죽음을 앞두고 일생이 후회없는 삶이기를 바란다.

끝이 없을 것만 같은 삶도 언젠가는 끝나게 마련이며 누구도 자신의 죽음을 예측하지 못하기 때문에 '메멘토 모리'는 우리로 하여금 삶의 순간순간에 충실케 하는 것이다.

필자가 학생들에게 부여하고 있는 강의 과제의 하나는 '생전유언 쓰기'이며 이러한 과제의 동기는 역시 '메멘토 모리'에 있다. 단지 죽음을 대비하는 것이라면 유언을 쓸 사람들은 죽음을 앞둔 사람들뿐이겠지만 젊은 학생들에게까지 유언을 써보라고 하는 것은 '메멘토 모리'의 의미를 이해시키기 위함이다.

이 과제를 통해 학생들은 언젠가 있을 자신의 마지막 순간을 경계로 하여 그 경계 안에서의 삶, 그리고 자신을 둘러싸고 있는 모든 사람들과의 관계를 다시 한 번 성찰하여 우리 모두의 삶이 사랑과 배려라는 근원적 관심으로 넘쳐흐를 수 있음을 확인하는 계기가 될 수 있을 것이다.

우리 모두 잠깐만 시간을 내어 속으로 뇌어 보자, Memento Mori...!!

출처: 경남신문, 조현, "죽음을 기억하라", http://www.knnews.co.kr/news/articleView.php?idxno=1071580, 2013. 05. 03.

〈관련 동영상〉

1. 「죽음 1초전에 경험하게 되는 것들」

죽음을 맞이하기 전에 겪게 되는 임사체험사례를 조사한 미국의 레이몬드 무디 박사는 200여명의 사람의 체험담을 분석한 결과 상당한 부분에서 공통된 점을 발견함

출처: https://youtu.be/82zB7DLi96I

2. 「베로니카, 죽기로 결심하다」

Memento mori – 죽음을 기억하라.

죽음을 기억하면서 우리는 남의 기대에서 벗어나 나만의 기준으로 삶을 살아갈 수 있다.

출처: 죽음, 삶을 빛나게 하는 어둠 | 소설 | 책그림
https://youtu.be/HiIDxVAs1-I

3. 「죽음에 대한 두려움」

"제가 한 오십이 넘다 보니까 20대, 30대에는 그런 생각 할 조차 여유가 없었는데 나이가 들다 보니까 이런 죽음에 대한 죽음의 두려움에 대한 생각이 많이 나는 것 같습니다. 이런 죽음의 두려움을 어떻게 극복을 할 수 있을까 많이 궁금합니다."에 대한 법륜스님의 답변이다. 불교를 포함한 다양한 종교적의 관점을 보여주고 있다.

출처: 법륜스님의 희망세상만들기
https://youtu.be/-KCjLD6Vqt0

4. 「구약, 신약 애니메이션」

일반인들이 다가가기 힘들수도 있는 구약성서, 신약성서에 대한 설명을 에니메이션으로 쉽게 표현하였다.

출처: 구약, 신약 애니메이션(10분)
https://youtu.be/2b1qd7xsOal

제 2 장

죽음교육

메멘토 모리, 죽음을 기억하라

- 인간은 삶의 한복판에서 죽음을 생각한다. 궁극적으로 삶 그 자체를 죽음에서 버림받지 않게 하려고 하기 때문이다.
- 오직 한번뿐이니까 성실해야 하고 진지해야 하는 삶, 그건 죽음이 안겨준 선물이다.
- 인간은 자신의 죽음을 내다봄으로써 죽음을 사유하고 죽음을 간직하고 죽음과 함께 살아가는 것이다. 죽음과 함께 살지않는 삶은 있을 수가 없다.
- 죽음을 삶의 끝자락에서만 생각하는 것은 숙제를 미루는 것과 같다.
  죽음은 삶의 한복판에서 생각해야 한다.
  네거리 한복판에서 우리가 행방을 결정하듯이 말이다.
  다 건너가서 행방을 생각한다는 것은 있을 수도 없는 일이다.
- 죽음이 있어서 삶이 사라지거나 지워지는게 아니다.
  죽음때문에 우리들은 악착같이 살아야 하는 것이다.
- 죽음은 삶이 끝나면서 시작되는 게 아니다. 삶 속에서 삶과 함께 자란다.
  그것은 삶이 없이는 죽음이 있을 수 없다는 사실 하나만으로도 입증되고 남는다.

– 김열규

- 삶이 소중한 이유는 언젠가 끝나기 때문이다.

– 프란츠 카프카

- 나는 '반드시' 죽을 것이다. 그렇다면 나는 '어떻게' 살아야 하는가?

– 셸리 케이건

- 인간이 죽음과 화해하지 못할 때 자신의 죽음을 받아들이지 못할 때 죽음은 불안이 된다.

– 프로이트

Ich bin der Welt abhanden gekommen
나는 이 세상에서 잊혀지고

Ich bin der Welt abhanden gekommen,
Mit der ich sonst viele Zeit verdorben,
Sie hat so lange nichts von mir vernommen,
Sie mag wohl glauben, ich sei gestorben!

나는 이 세상에서 잊혀졌다.
그토록 많은 시간을 허비했던 세상으로부터.
이제는 그 누구도 나의 일을 듣지 못하네.
아마도 내가 죽은 것이라 생각하겠지.

Es ist mir auch gar nichts daran gelegen,
Ob sie mich für gestorben hält.
Ich kann auch gar nichts sagen dagegen,
Denn wirklich bin ich gestorben der Welt.

그것은 나와는 상관없는 일이니
다른 이들이 내가 죽었다 생각한들
그것을 나는 부정하지 않는다.
사실 이 세상에서 죽은 것과 다름없으니.

Ich bin gestorben dem Weltgetümmel
Und ruh' in einem stillen Gebiet.
Ich leb' allein in meinem Himmel,
In meinem Lieben, in meinem Lied

나는 떠들썩한 세상의 동요로부터 죽었고,
고요의 나라 안에서 평화를 누리네.
나의 천국 안에서 조용히 쉬고 있다.
내 사랑의 품에서, 내 노래의 품에서.

Gustav Mahler 구스타프 말러 (1860–1911)

출처 : 이지영, 클래식 정원, 대전예술의전당, 2014. 06.

제 2 장

죽음교육

죽음학(thanatology)이란 종교, 철학, 문학, 예술 등 주로 인문계의 다학제적인 방식으로 죽음과 관련있는 다양한 주제를 종합적으로 다루는 학문 분야를 의미한다. 접두어인 'thanato-'는 고대 그리스의 죽음을 의인화한 신 'thanatos(타나토스)'에서 유래한다. 러시아 생물학자 메치니코프가 출간한 「The Nature of Man」에서 'Thanatology'라는 용어를 쓰면서 사용하기 시작하였다(웰다잉융합연구회, 2016).

1. 죽음교육의 개념

죽음교육은 'Death Education'으로 죽음준비교육이라고도 한다. 죽음교육은 사전적 의미로는 인간과 죽음에 초점을 맞춘 교육이다(웰다잉융합연구회, 2016). 죽음교육은 죽음과 관련된 지식을 유용하게 하며 죽음에 대한 가치와 태도가 인간행동에 어떻게 영향을 미치는지에 대한 인식의 기회를 제공하는 사회적 활동을 말한다. 죽음교육은 죽음상담도 포함하고 있는데 죽음상담이란 자신의 죽음이나 의미있는 타자의 죽음으로 인한 심각한 상실감의 위기로부터 회복할 수 있도록 하는 일련의 상호

과정을 의미한다.

죽음교육의 다른 정의로는 죽음의 참된 의미를 가르치고 죽음에 대한 바른 태도를 갖게 함으로써 삶을 더욱 건전하게 살아가도록 돕는 교육이다(이기숙, 2001). 다시 말해 죽음교육은 죽음의 과정과 현상을 다루는 형식적인 프로그램을 제공하는 시도로 죽음과 관련된 정보를 알리고 어떤 태도를 조장하는 시도, 즉 죽음이 삶이라는 사실에 대해 교육하는 것이다.

죽음교육은 처음에는 집에서 부모 혹은 종교인과 같은 지역사회의 전문가가 죽음의 의미, 죽음의 과정, 사별 등 죽음과 관련된 교육을 하는 것에서 시작되었다.

죽음교육은 무형식으로 가족이나 교회와 같은 사회집단 안에서의 상호작용을 통해서 시작되거나 개인이 자신의 경험을 통해 혹은 살아가면서 만나게 되는 사람으로부터 배우게 되는 죽음에 대한 교훈들, 죽음과 관련된 서적 등을 통해 얻게 되는 죽음에 대한 통찰 등을 모두 포함한다.

죽음을 자연스럽게 접할 수 있는 기회가 점점 희박해져 가는 현대 사회에서 가정과 지역사회 교육은 더 이상 죽음에 대해 사람들을 교육하는 데 충분하지 못하게 되었다. 따라서 1960년대에 들어서면서 학문 분야로서의 죽음교육이 등장하고 죽음과 죽음 현상에 대한 형식적・제도적 프로그램을 제공하려는 시도들이 증가하면서 죽음교육이라는 학문 분야는 죽음과 관련된 주제에 대한 지식, 태도, 기술이 교육・학습되는 과정으로 죽음의 과정과 죽음 현상을 중점적으로 다루고 그 개념 안에 지식 전달, 태도와 행동 변화 등의 요소가 포함되는 것이라 할 수 있다(Warren, 1989).

또 죽음교육은 죽음을 주제로 여러 학문 분야가 공동으로 연구하는 다학제적 성격을 띠고 있는 '죽음학'과 '교육'이 접목되어 성립된 것이기 때문에 다차원적인 성격을 띠고 있고 이것은 죽음교육의 개념을 정의할 때도 그대로 반영된다.

죽음교육이 프로그램화되면서 사람들이 무엇을 알고자 하고 어떻게 느끼고 어떻게 행동하고 무엇을 가치있게 여기는지와 관련하여 죽음교육의 개념을 인지적・정의적・행동적・가치적 차원의 용어로 구분하여 다음과 같이 설명하고 있다(Corretal, 2000).

첫째, 죽음교육의 인지적 차원으로 죽음과 관련된 경험에 대한 정보를 제공하고 이러한 경험을 이해하도록 돕는 지적인 시도이다.

둘째, 죽음교육의 정의적 차원으로 죽음, 죽음의 과정, 사별과 관련된 감정 및 정서를 다루려는 교육적 시도다.

셋째, 죽음교육의 행동적 차원으로 죽음과 관련된 행동에 관한 고찰이다.

넷째, 죽음교육의 가치적 차원으로 인간의 삶을 지배하는 기본적인 가치를 확인하려는 교육적 시도다.

삶은 죽음과 밀접히 관련되어 죽음은 인간이 삶을 이해할 수 있도록 하는 필수적인 가치관들을 제공할 수 있다. 말기환자의 생명 연장, 안락사 문제, 죽음의 판정, 뇌사, 자살 문제 등은 단순한 지식만의 문제가 아니라 가치관과도 관련되는 주제로 자신의 가치관을 되돌아보고 재평가하여 삶과 죽음에 관련되어 보다 확고한 가치관을 갖도록 돕는다.

레비톤(Leviton, 1977)은 교육이 실시되는 시기 혹은 대상을 중심으로 죽음교육의 성격을 다음의 세 가지 차원으로 설명하고 있다(이이정, 2011).

첫째, 죽음교육은 죽음에 대한 초기 예방 혹은 예방적 건강교육이다. 죽음교육은 개인과 사회로 하여금 죽음이라는 필연적인 사건과 결과에 대해 준비시킬 수 있다. 죽음교육은 미리 죽음과 비탄을 생각하고 학습해서 죽음에 의해 병적 상태에 빠지지 않도록 예방하는 역할을 할 수 있다.

둘째, 죽음교육은 개입적 측면을 가지고 있다. 죽음교육은 죽음 문제로 고통받는 사람에게 직접 개입하여 활동할 수 있는 능력을 배양하도록 도울 수 있다.

셋째, 죽음교육은 사후 개입적·치유적 효과를 가진다. 죽음교육은 사람들로 하여금 위기를 이해하고 이러한 경험으로부터 배우도록 도울 수 있다. 죽음이 발생한 이후의 반응들에 개입하여 부정적인 영향을 치유하는 역할을 할 수 있다.

1) 죽음교육의 필요성

현대에는 의학기술의 발전으로 수명연장의 기술이 진보되어 임종과정을 연장하는 결과를 가져옴과 동시에 뇌사, 장기이식, 안락사, 존엄사 등 죽음에 대한 정의를 이

슈화하였다. 또한 수명연장으로 인해 그 어느 때보다 고령인구가 증가하였으며 자신의 죽음에 대비하고자 하는 사회적 의식이 확산되면서 잘 사는 것만큼 의미있게 죽음을 맞이해야 한다는 사회 문화적 공감대를 형성하였다(서혜경, 2009).

2. 죽음교육의 역사

죽음교육이라는 분야가 사회에 널리 알려지기 시작한 것은 1960년대부터라고 할 수 있지만 넓은 의미에서의 죽음에 대한 교육은 고대부터 계속되어 왔다.

티베트에서는 '사자의 서'와 같은 문서를 통해 죽은 후에 영혼이 어떻게 되는지, 영혼들의 안전한 여행을 위해 어떠한 준비가 필요한지를 상세히 설명하고 있다. 또 중세 유럽에서는 종교인이나 임종자들을 돕는 사람들이 사용할 수 있도록 만들어진 '죽음의 기술(Ars moriendi)' 혹은 '왕생의 기술'이라는 안내서가 이용되었다.

한 영혼이 구원을 받느냐 못받느냐는 죽는 순간에 결정되기 때문에 죽어가는 사람이 사탄의 공격을 받는 죽음의 순간은 가장 위험한 순간으로 죽어가는 사람의 침상에서 종교인이나 사제는 이들이 사탄의 공격과 유혹을 극복하여 잘 죽을 수 있도록 도와주는 역할을 하였다. 고대나 중세의 죽음교육은 사람이 마지막 숨을 거두는 순간 혹은 숨을 거둔 후 심판의 시련을 어떻게 준비하고 대처해야 하는지를 주로 다루었다(Kastenbaum, 2007).

죽음교육이 태동하고 가장 활발히 실시되고 있는 미국을 중심으로 현대적 의미의 죽음교육이 성립되고 발전한 과정을 파인의 연구에 기초하여 죽음교육의 역사를 탐색기, 발전기, 대중화로 나누어 살펴본다(Pine, 1977).

1) 탐색기(1928-1957)

Eliot, Lindemann, Feifel을 중심으로 죽음교육에 대한 탐색이 시작되었다.

학 자	연구 내용	연구 성과
Eliot(1930)	비탄과 사별에 대한 연구	비탄의 사회 생리학의 발전
Anthony(1940)	아동이 성인과 다르게 죽음 인식	아동의 죽음 개념 연구의 기초 제공
Lindemann(1944)	비탄, 사별, 애도 이론의 기초	비탄은 병적인 것이 아니라 정상적 증상임을 확인
Raether(1953)	장의사 대상의 죽음교육	장의사와 장례관습에 관한 연구 지원
Habenstein & Lamers(1955, 1960)	장의사들의 역할, 장례관습, 장례와 매장관습에 대한 비교	죽음교육 교재로 이용
Feifel(1956)	죽음에 대한 다학제적 접근 강조	죽음교육 발달에 기여
Farberow & Shneidman(1957)	자살행동의 복잡성 연구	죽음학과 자살학 발달에 공헌

2) 발전기(1958-1967)

다양한 학술 분야의 연구에 힘입어 죽음교육의 질적인 발전과 더불어 다양한 죽음 관련 학술지의 등장으로 죽음교육의 양적 발전을 거듭하게 된다.

죽음교육 분야에 행동과학적 관점을 도입하였고 새롭게 등장하는 분야로서의 죽음교육과 죽음에 관심이 있는 학자 집단을 널리 알리는 계기가 되었다.

학 자	연구 내용	연구 성과
Feifel(1959)	실험연구 결과를 바탕으로 행동과학적 관점 도입	죽음학 학자 집단을 알리는 계기
Saunders(1959)	말기환자 돌봄에 대한 연구	죽음 관련 종사자들 교육에 큰 영향
Parkes(1959)	임종환자 돌봄과 죽음문제 연구	〃
Lifton(1963)	히로시마의 원자폭탄 대참사에 대한 반응 연구	죽음과 불멸에 대한 현대적 개념의 이론적 틀 마련
Fulton(1963)	임종환자 돌봄, 사별, 장례관습 등 다학제적인 강좌 운영	미네소타 대학에 최초의 정규 강좌로 '죽음학' 개설
Omega(1966)	죽음준비교육 최초 뉴스레터	죽음교육 발달에 지대한 공헌
Kutscher(1967)	'죽음학회' 설립	죽음, 죽음과정, 사별, 비탄에 대한 연구 실시

3) 대중화(1968-)

죽음교육 강좌가 대학을 통해 전국에 보급되고 죽음의 문제에 대한 인식확대에 힘입어 1968년 메사추세츠병원의 정신과가 중심이 되어 오메가 프로젝트를 시작하였다.

학 자	연구 내용	연구 성과
Worden & Weisman(1968)	임종환자와 그 가족에 대한 상담	죽음학 지식 축적
Glaser & Strauss(1968)	죽음과정의 시간적 측면 분석	'죽음의 궤도' 모델 제시로 임종자와 가족의 심리적 측면 강조
Leviton(1969)	죽음과 자살에 대한 체계적 교육의 필요성 주장	학교 교육의 일환으로 죽음준비교육 실시 주장
Kastenbaum	'Center for Psychological Studies of Dying, Death and Lethal Behavior' 건립	죽음관련 다양한 연구수행과 양질의 교육 프로그램 제공
Kübler-Ross (1969)	임종환자의 문제와 죽음의 관계모델 연구	죽음인식 운동의 확산
Kastenbaum & Aisenberg(1972)	죽음, 노화, 자살, 살인 등 죽음관련 주제의 저서 발간	죽음연구 필독서

또한 죽음학 관련 조직 및 저서를 살펴보면 다음과 같다.

연도	조직 및 저서	성 과
1976	'Association for Death Education and Counseling' 죽음교육과 상담을 위한 협회 설립	죽음관련 세미나, 워크숍, 집단토론 참여 가능
1977	'Death Education' 발간	죽음교육과 죽음상담, 완화의료 관련 연구 발표

기타 '죽음 연구', '자살과 생명을 위협하는 행동(Suicide and Life Threatening Behavior)', '소생(Anabiosis)', '완화의료(The Journal of Palliative Care)', '타나토스(Thanatos)' 등 다양한 죽음 관련 학술지가 발간되었다.

3. 죽음교육 프로그램의 목적

죽음교육 프로그램이란 죽음과 관련된 정보를 제공함으로써 죽음이 삶의 과정임을 인식할 수 있도록 해주는 프로그램을 의미한다(Warren, 1989).

죽음교육 프로그램은 학자에 따라 다음과 같은 다양한 목적을 가지고 있다.

1) 죽음 불안 해결을 통한 건강한 죽음 수용

사람들이 가지는 죽음 불안과 공포를 해결하고 자살성향을 개선하여 건전한 신체적·정신적 발달을 도모하고 건강한 죽음, 즉 죽음 수용에 이르도록 도와준다(Leviton, 1977; Warren, 1989).

2) 자신의 삶에 대한 가치관의 재평가

죽음교육은 삶과 죽음, 사후의 세계에 대한 탐색을 통해 자신의 가치관을 반성, 재평가하고 유한한 존재로서 자신의 장점과 한계를 평가하도록 도와준다(강선보, 1996; Corr et al, 2000; Knott, 1979; Leviton, 1977).

3) 죽음, 임종, 사별과 관련된 요구에 대한 전문성 배양을 통한 돌봄의 질 개선

죽음, 임종, 사별과 관련 분야에서 일하게 될 전문가들이 죽음과 관련된 지식을 탐구하고 인간관계와 의사소통, 죽어가는 환자와 그 가족을 인간적으로 다루는 종합적인 기술과 지식을 학습하여 죽어가는 한자기 편안한 죽음을 죽을 수 있도록 도와준다(Corr et al, 2000; Durlak, 1994; Knott, 1979; Kübler Ross, 1969).

4) 죽음의 공론화를 통한 죽음의 직시와 두려움 타파

죽음이라고 하는 중요한 주제에 대해 자유롭게 생각하고 이야기할 수 있는 기회를 제공하여 죽음에 대한 금기를 타파하고 죽음을 공론화하여 사람들이 죽음을 직시하고 대처할 수 있도록 도와주고 죽음을 두려워하지 않고 살 수 있도록 도와준다(Leviton, 1977).

5) 죽음과 관련된 윤리적, 의학적, 법률적 문제의 이해를 통한 대처능력 배양

죽음교육은 죽음과 죽음의 과정을 둘러싼 윤리적 문제(무의미한 생명연장, 안락사 등)나 의학, 법률과 관련된 문제(뇌사, 장기이식, 장기기증, 유언과 상속 등) 등을 이해할 수 있는 기회를 제공하여 죽음을 맞이하는 사람들이 다른 사람과 편안하게 소통하고 상호작용할 수 있도록 돕는다. 또한 남아있는 사람들이 상실과 사별에 대한 문제 해결 방법을 학습하여 임종관련 환경에 대한 대처능력을 습득하도록 도와준다(Kübler Ross).

6) 인간으로 인한 죽음의 예방 및 축소

죽음교육은 대규모 죽음의 원인이 되고 있는 핵참사, 전쟁, 기아나 환경 파괴 등으로 사람들이 사망하게 될 가능성의 예방 및 축소에 도움이 될 수 있다(Leviton, 1977).

7) 장례관련 비용에 대한 교육

죽음교육은 장례관련 비용 문제에 대한 교육을 통해 불필요한 비용의 낭비를 막을 수 있는 대처방안을 습득하도록 도와준다(Leviton, 1977; Morgan, 2001).

"자살 예방의 해법 역시 생명 교육(죽음준비 교육)에 있다"
- 오진탁 교수가 말하는 죽음의 의미

"웰빙은 웰다잉 통해 완성"

일상에 삶만 있을 뿐 죽음이 자취를 감춘 지 오래인 한국사회는 좀처럼 삶의 질 면에선 후진국에서 벗어나지 못하고 있다.

죽음에 대한 총체적 접근, 생명교육(죽음준비 교육) 실시 등 죽음의 질 향상을 위한 사회적 노력과 제도적 장치가 미비돼 있다.

"삶과 함께 있는 죽음을 인정하지 않는다는 것은 곧 삶을 부정하는 겁니다. 삶과 죽음은 동전의 양면처럼 함께 있을 수밖에 없어서이죠. 아무리 잘 살았다 한들 죽음을 편안히 맞이하지 못했다면 그 사람은 '잘 살았다'고 할 수가 없어요. 웰빙이란 삶에만 한정되는 문제가 아니라 '잘 죽는 것' 즉 웰다잉과도 깊은 관련이 있습니다. 죽음은 끝이 아니라 삶의 연장이요 완성입니다. 안타깝게도 우리는 지금까지 인간다운 삶의 권리만 생각했을 뿐 존엄한 죽음의 권리는 생각해보려 하지 않았어요. 죽음이란 부정적인 것, 회피하거나 외면하고 싶은 그 무엇이라고만 인식해온 거지요."

"우리의 몸은 고치 속에 있는 번데기와 같습니다. 죽음에 의해 우리 영혼은 번데기에서 벗어나 저 나비처럼 예쁘게 날아서 하늘로 올라가는 겁니다. 죽음이 결코 끝이 아니라는 뜻이죠. 이는 죽음에서 희망을 읽느냐 절망을 읽느냐의 차이입니다. 사람이 죽어가는 마지막 모습은 그가 삶을 어떻게 살았나 하는 존재의 가치를 거짓 없이 드러내는 거울입니다."

독일의 문호 괴테도 다음과 같이 영혼불멸을 외쳤단다.
'죽음이란 해가 지는 것과 마찬가지다. 우리의 눈으로부터 벗어나 볼 수 없게 되더라도 태양은 지평선을 향해 조금도 변함없이 빛나고 있다. 우리의 생명 또한 마찬가지로 죽은 뒤에도 변함없이 계속 존재한다. 내세에 대한 희망을 지니지 못한 사람은 이미 이 세상에서 죽어 있는 셈이다.'

이 역시 '기(氣)가 변해서 형체가 생겨나고 형체가 변화해서 삶이 있게 되는 등 삶과 죽음은 자연의 변화과정에 불과하다'는 중국 전국시대의 사상가 장자(莊子)의 생사관과 일맥상통한다.

터부시되는 현실에 드문 임종실

"예전에는 집에서 임종하고 집에서 장례를 치렀는데 지금은 병원에서 죽음을 맞고 장례식장에서 장례를 치르는 게 대부분이지요. 가족이 임종마저 직접 보지 못하는 일도 많습니다. 이는 바람직한 임종장소인 자기 집을 잃어버렸기 때문입니다. 병상에 방치돼 힘겹고 쓸쓸하게 운명의 시간을 기다리는 환자와 가족들은 최후의 순간에 철저하게 외면당하지요. 힘든 투병생활을 하다 갑자기 위급상황이 닥치면 심장마사지니 뭐니 하여 응급조치를 취하기 위해 가족들은 병실 밖으로 쫓겨나게 되는 거고요."

웰빙만 있을 뿐 웰다잉이 없고 장례는 있을지언정 임종문화가 실종된 절름발이식 현실의 이면에는 예비 의사와 예비 간호사들에 대한 생명 교육(죽음준비 교육)이 부재하기 때문이기도 하다.

"의과대학에서 예비 의사와 간호사들에게 죽음을 가르치지 않아요. 병의 치료에만 초점을 맞추고 있지요. 의과대학 교육 시스템도 바뀌어야 합니다. 병을 고치는 일과 함께, 임종자를 편안하게 떠나보내는 일도 해야 합니다. 그런데 우리의 병원들은 병실(삶)과 장례식장(죽음) 사이에 단절만 있을 뿐 삶에서 죽음으로 이행하는 과정이 생략돼 있어요. 대부분의 대형병원에 병실과 장례식장만 있고 호스피스 병상, 임종실을 운영하는 곳이 드물다는 사실은 우리의 생사문화 현주소를 그대로 말해줍니다."

삶과 죽음의 단절은 세계 최고를 기록하는 자살률과도 무관치 않다. 죽으면 모든 것이 다 끝난다는 생각, 즉 죽음에 대한 오해 때문에 쉽게 삶을 포기한다는 것이다.

"자살 예방의 해법 역시 생명 교육(죽음준비 교육)에 있다"

"인간은 태어나는 순간부터 죽음을 향하고 있습니다. 죽음은 삶의 마지막에 일어나는 사건이 아니라 삶 자체와 함께 진행되는 거죠. 이처럼 삶과 죽음은 분리되지 않아요. 성장의 마지막 계기인 죽음을 수용하지 않거나 수용하지 못하는 사람은 죽음뿐 아니라 삶에서도 아무것도 배우지 못합니다. 우리가 종교적 수행을 하는 이유 또한 죽음 준비, 즉 삶의 준비에 있지요. 어느 날 갑자기 죽음이 찾아오더라도 담담하게 평온한 마음으로 죽는 것이야말로 삶에서 이룰 수 있는 최대의 성취입니다."

"죽음, 일상 대화 주제로 올릴 수 있어야"

"삶을 아름답게 마무리하려면 죽음을 일상 대화 주제로 자연스럽게 올릴 수 있어야 한다"며 죽음 관련서를 읽는 것도 한 가지 방법이라고 조언한다. 죽음에 대한 거부감을 희석할 수 있다는 이유에서다. 만나는 사람은 반드시 헤어지게 되고 떠난 자는 반드시 돌아온다는 '회자정리(會者定離) 거자필반(去者必返)'의 의미를 깊이 이해하게 되면 편안히 작별하고 다음의 만남을 기약할 수 있다는 것이다.

"국내에서 매년 약 26만 명이 임종합니다. 그 중 아름다운 마무리가 과연 얼마나 될까요? 아름다운 마무리를 위해선 죽으면 다 끝나는 게 아니라 새로운 시작이라는 성찰이 무엇보다 필요해요. 사전의료의향서, 사전장례의향서 등을 미리 준비하고 유서도 작성해둘 필요가 있고요. 또 가족 간에 평소 죽음에 대해, 임종방식에 대해 허심탄회하게 얘기를 나누다 보면 갑자기 헤어질 시간을 맞더라도 죽음과 작별을 순순히 받아들일 수 있습니다. 어느 날 갑자기 죽음이 임박했을 경우 당사자가 자기 죽음을 수용하고 가족도 사랑하는 이의 임종을 받아들일 수 있어야겠죠. 그랬을 때 '이젠 떠나겠다' '편안히 떠나시라'며 서로 작별하는 게 가능할 겁니다."

"우리가 추구할 것은 삶만의 행복이 아니라 삶과 죽음을 관통하는 행복이어야 한다. 웰다잉이 빠진 웰빙과 행복은 결코 반쪽도 되지 못하는 허깨비에 불과하다"고 재삼 강조했다. 아름답게 마무리하는 사람이 늘어나야 우리 사회 전체적으로 죽음의 질과 함께 삶의 질도 향상될 수 있다는 것.

죽음은 빈부귀천을 떠나 만인에게 평등하게 다가온다는 사실을 환기한다. '누구나 죽는다'는 사람의 평등, '언제든지 죽을 수 있다'는 시간의 평등, '어디서든 죽을 수 있다'는 장소의 평등, '누구 언제 어디서 죽을지 정해져 있지 않다'는 예측 불가능성의 평등이 그것. '메멘토 모리(죽음을 기억하라)'라는 격언의 엄연함을 잊지 말자는 얘기다.

"품위 있는 생의 마감, 아름다운 마무리를 잘 표현한 대표적 시가 이형기 시인의 '낙화'입니다. '가야 할 때가 언제인지를 / 분명히 알고 가는 이의 / 뒷모습은 얼마나 아름다운가'라는 대목이 압권이지요."

출처: 연합이메진, 오진탁, "삶과 죽음은 하나"
http://www.yonhapnews.co.kr/bulletin/2017/11/08/0200000000
AKR20171108177500805, 2017. 12. 10.

〈관련 동영상〉

1.「다큐프라임 - 생사탐구 대기획 데스(Death)」

지금까지 누구도 쉽게 말하지 못했던 '죽음'에 대한 이야기를 역사학, 물리학, 심리학, 의학 등의 분야를 통해 심도 있게 다룬 다큐멘터리 프로그램

출처: ebs 다큐프라임
https://youtu.be/WJrx0wP2xAQ?list=PLuoYPzolbCoNyR64W-aaiE8CyA1ZVe0f9

2.「Melete thanatou(멜레테 타나투), 죽음의 연습」

이 프로그램은 재단법인 플라톤 아카데미와 이화여자대학교가 함께 기획하고, SBS CNBC가 촬영한 인문학 아고라 'Beautiful Life - 아름다운 삶과 죽음'의 강연입니다.

출처: 인문학 아고라, Beautiful Life, 강영안
https://youtu.be/kqBek1lPC9k

제 3 장

식물인간과 뇌사

제 3 장

식물인간과 뇌사

1. 뇌의 구조와 기능

우리 몸은 중추신경계에 의해 총괄됨으로써 하나의 유기체를 이루며 한 개체로 활동하며 중추신경계는 뇌와 척수로 구성되어 있다.

1) 뇌

뇌는 두개골의 딱딱한 뼈와 세 겹으로 된 뇌막으로 둘러싸여 있으며 뇌막과 두개골 사이에는 공간이 있다. 이 공간에는 액체가 있어 뇌의 충격을 막아주어 뇌를 보호하고 있다. 뇌는 1,100~1,700g 정도의 무게로 산소 소모량이 전체 소비량의 20%를 차지하는 막대한 에너지를 요구하는 기관이다.

뇌는 대뇌, 간뇌, 중뇌, 교, 연수, 소뇌로 이루어져 있으며 중뇌, 교, 연수를 합하여 뇌간이라고 한다. 뇌간은 생명과 직결되어 있어서 약간의 손상만으로도 생명에 지장이 생긴다.

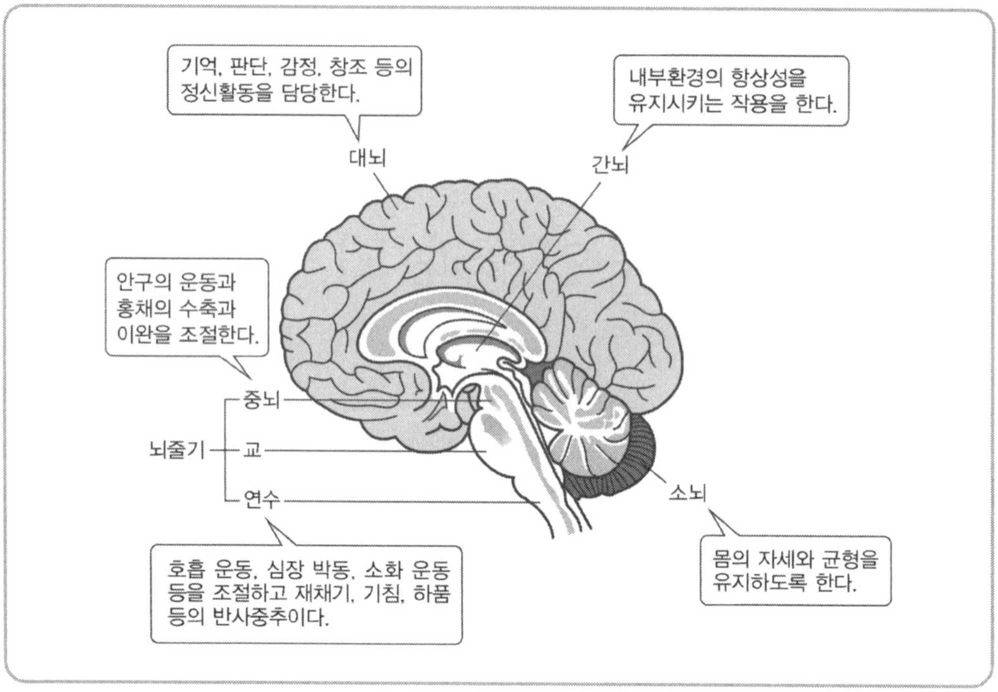

(1) 대뇌

뇌의 대부분을 차지하며 좌우 두 개의 반구로 나뉘어져 있고 표면에는 주름이 있어 표면적이 넓다. 대뇌반구의 표면은 대뇌피질로 신경세포체가 밀집되어 있어 회백색을 띠므로 회백질이라 하고 심층부위는 대뇌수질로 신경섬유가 밀집되어 백질이라 한다. 대뇌는 감각신호를 받아들이고 수의적 운동 반응을 조절하기 전에 통합을 수행하는 최종적 통제실이다.

대뇌는 학습과 기억, 언어와 발음 등 정신활동의 중추이다.

(2) 소뇌

대뇌의 뒤쪽 바로 아래에 위치해 있으며 대뇌와 같이 좌우 반구로 나누어지고 피질은 회백질, 수질은 백질로 되어 있다. 표면에는 많은 주름이 있으며 운동신경과 감각신경이 모두 소뇌를 거쳐 대뇌에 연결된다. 또한 몸 각 부위의 골격근과 평형감각을 수용하는 내이(內耳)로부터 오는 정보에 따라 근육운동을 조절함으로써 몸의 자세를 유지시키는 중추이다.

(3) 간뇌(사이뇌)

대뇌의 바로 아래쪽에 있는데 중뇌로 덮여있어서 겉에서는 보이지 않는다. 간뇌는 시상과 시상하부로 나뉘어지며 바로 아래쪽에 뇌하수체가 있다. 시상은 통각, 시각, 촉각, 미각, 청각 등 모든 감각에 대한 전도로의 중계소로 즐거움이나 불쾌감 등 정서적 기전에 관여하며 복잡한 반사운동을 일으키는데 관여한다. 따라서 시상에 손상이 오면 동통, 온도, 촉각에 대한 예민성이 강화되거나 감소되며 정서적 기전에 이상이 생겨 성격 변화를 일으킬 수 있다. 시상하부는 자율신경 조절중추로 체온, 혈당량, 삼투압 조절의 기능을 가지며 뇌하수체 호르몬의 분비 조절, 내장의 기능 조절 등을 통하여 내부 환경의 항상성을 유지시키는 작용도 한다.

(4) 중뇌

간뇌의 아래쪽, 숨뇌의 위쪽에 위치하며 대부분 축삭돌기로 되어 있고 감각신경과 운동신경의 통로가 된다. 중뇌에는 안구의 운동과 홍채의 운동을 조절하는 중추가 있다. 이 밖에도 몸의 균형을 유지하고 자세를 바로잡는 중추가 있는데 이것은 소뇌와 밀접한 관계를 가지고 있다.

(5) 연수(숨뇌)

맨 아래쪽에 자리 잡고 있어 척수와 연결된다. 연수는 뇌를 통과하는 모든 신경이 지나며 여기에서 신경섬유와 교차가 일어난다. 연수에는 반사중추와 자동중추가 있다. 반사중추는 기침, 하품, 딸꾹질, 재채기, 눈물분비 등을 조절하며 자동중추는 심장 운동, 소화 운동, 호흡 운동 등을 조절한다.

(6) 교

연수와 같이 호흡을 조절하고 시각과 청각 자극에 반응하는 머리 움직임에 관여하는 반사통제실을 가지고 있다.

2) 척 수

연수에 이어진 중추신경으로써 척추로 싸여있다. 척수의 단면을 보면 안쪽에는 신경세포체가 모여있는 H자 모양의 회백질이 있고 바깥쪽에는 신경섬유가 모여있는 백질이 있다. 백질의 앞쪽과 뒤쪽에는 각각 1개씩 좌우로 돌기가 있는데 앞의 것이 전근이고 뒤의 것이 후근이다. 이들 둘은 척수에서 조금 떨어진 위치에서 합쳐져 양쪽에 한 쌍의 척수신경을 이룬다.

2. 식물인간(지속적 식물상태, Persistent Vegetative State)

1) 정 의

사고나 질병에 의해 대뇌피질에 손상을 입어 마치 식물처럼 아무런 움직임도 할 수 없고 의식도 없는 상태로 뇌간에 의해 호흡이나 소화기능 등 생명유지에 필수적인 기능만을 하는 상태를 식물인간이라고 부른다(출처 : 위키백과).

실외투증후군 또는 천연성 의식장애라고도 하며 심각한 뇌손상을 입은 환자가 1~3개월 이상 지속적인 혼수상태로 구체적으로는 다음과 같다.

(1) 대뇌의 기능(인지기능)이 없어졌으나 뇌간의 기능은 유지

(2) 뇌간의 정상적 기능으로 환자는 눈을 뜨고 깨어 있으며 수면-각성 주기가 유지되고 호흡과 심장 그리고 위장운동 등 자율신경 기능 유지, 즉 생각할 수 있는 능력과 외부 자극에 대한 의식적인 반응 능력은 모두 없어졌으나 생명유지를 위한 기본적인 능력(호흡, 심장, 위장 등)은 유지

(3) 의미있는 의식적인 움직임이나 생각할 수 있는 능력없이 외부의 영양공급에 의존하여 생명유지

2) 원 인

대뇌의 표층부인 대뇌피질에서 수백억의 신경세포가 운동, 감각, 의식 등의 작용

을 하는데 대뇌피질이 손상을 입으면 운동기능과 의식이 정지된다. 식물인간의 원인은 매우 다양하며 대표적으로는 다음과 같다.

(1) 두부외상 : 교통사고나 기타 원인으로 두부에 심각한 손상을 입은 경우

(2) 뇌졸중이 심하거나 지속적으로 반복해서 발생하는 경우

(3) 척수손상, 뇌혈관손상, 뇌척수종양, 일산화탄소 중독 등의 경우

3) 임상기준

지속적 식물상태의 진단기준은 다음과 같다.

1	자신과 주변환경에 대한 인식의 증거가 없고 다른 사람과 서로 영향을 줄 수 없음
2	시각, 청각, 촉각 또는 통각에 대한 지속적이고 반복할 수 있으며 목적이 있는 수의적 행동반응의 증거가 있음
3	언어 이해나 표현의 증거가 없음
4	수면, 기상, 회전과 같은 간헐적인 각성은 있음
5	의료 또는 간병으로 생존할 수 있는 시상하부와 뇌간의 자율기능은 충분히 유지됨
6	대소변을 가리지 못함
7	뇌신경 반사와 척수반사는 다양한 정도로 남아있을 수 있음

출처: 지속적 식물상태의 진단기준 – 지속적 식물상태 종합연구소, 1994년

4) 예후

이론적으로는 기본적인 생명유지 기능은 살아있기 때문에 외부에서 영양을 공급해 주고 간병을 잘한다면 수명을 다할 수 있다. 그러나 식물인간 상태의 환자가 결국 사망하는 이유는 폐렴 등 여러 가지 합병증 때문이다. 장기적으로 자발적인 움직임 없이 누워지내야만 하기 때문에 여러 가지 합병증이 생길 수밖에 없으며 합병증으로 대부분의 식물인간 상태의 환자들은 수명을 다하지 못하고 사망한다.

또한 뇌졸중으로 인해 식물인간 상태가 된 환자들은 당뇨나 고혈압 등 여러 가지 지병을 가지고 있는 경우가 많아 이런 지병의 악화로 사망할 수도 있다.

식물인간 상태가 된 원인이 명백하고 CT나 MRI에서 대뇌의 광범위한 손상을 육안으로 확인할 수 있는 상태라면 의식이 돌아올 가능성은 없다. 그러나 아주 드물게 두

부외상을 받은 후 CT나 MRI에서 대뇌손상이 육안으로 확인되지 않음에도 불구하고 임상적으로 식물인간 상태가 지속되는 경우가 있다. 이런 환자들도 예후에 큰 차이가 없지만 식물인간 상태에서 기적적으로 의식이 돌아왔다고 하는 경우도 바로 이런 경우로 극히 일부에 한한 것이다.

따라서 보호자들은 식물인간 상태가 된 환자를 장기적으로 간병할 계획을 세워야 하고 적절한 선에서 환자의 남은 생을 정리해야 할 시점을 대비해 미리 마음의 준비를 하고 있어야 한다. 회복가능성이 없다면 전문의와 상의해서 환자의 간병수준을 정하고 환자가 남은 생을 가능한 편하게 보낼 수 있도록 해야 한다(네이버 지식백과).

3. 뇌 사

1) 정 의

뇌질환이나 교통사고 등으로 뇌간을 포함한 뇌 전체가 손상되어 뇌 기능의 비가역적 정지, 몸의 자발적인 움직임이 없고 인공호흡기가 없으면 호흡이 불가능하며 반드시 사망하는 상태를 뇌사라 한다.

일반적으로 뇌사상태가 되면 인공호흡기에 의해 호흡이 유지되고 심장 자체의 자동능력에 의하여 당분간 심장박동과 맥박, 혈압, 체온이 유지되지만 정신기능은 완전히 소실되어 깊은 혼수상태가 되고 운동기능과 감각기능도 전혀 할 수 없는 상태가 된다.

뇌사상태가 되면 인간은 개체로서의 통일성을 상실하며 생명의 회복기능싱이 전혀 없고 인공호흡기를 부착하지 않는 한 호흡정지와 함께 혈액순환도 장애를 일으킨다. 식물인간이 대뇌 손상으로 기억, 사고, 감각능력 등은 없으나 손발은 조금 움직일 수 있고 자발적인 호흡이 가능할 수 있으며 수개월에서 수년 동안 생존할 수 있을 뿐 아니라 드물게 회복도 가능한데 반해 뇌사상태는 인공호흡이나 식도위관에 의한 영양공급이 이루어지더라도 2주 이내에 심장사에 도달하게 된다.

2) 뇌사설

뇌사란 뇌기능의 불가역적 정지를 의미하며 신체의 혈액순환이나 다른 장기의 기능은 유지되고 있지만 뇌기능의 완전하고 불가역적인 와해를 의미하는 것으로 이러한 뇌기능의 정지를 개체사로 보려는 견해가 뇌사설이라 할 수 있다.

(1) 전뇌사

뇌의 모든 기능이 불가역적으로 상실된 상태를 죽음으로 본다. 대뇌와 뇌간뿐 아니라 운동중추인 소뇌를 포함한 전체 뇌의 기능이 모두 정지된 상태를 말한다. 이때 인공호흡기를 부착하면 호흡이 지속되고 심박동이 유지되면서 맥박, 혈압, 체온을 유지하다가 결국 심장사에 이르게 된다. 따라서 뇌 전체가 회복할 수 없을 정도로 파괴되었다면 비록 산소호흡기로 심장과 호흡 기능을 유지하더라도 사망한다.

전뇌사는 1981년 '미국 대통령 자문위원회 보고서'에서 전체 뇌 기능의 완전하고 불가역적인 상실은 사망의 명백한 기준으로 제시되었으며 현재 세계 대부분의 사법권에서 헌행법으로 허용하고 있다. 일본은 장기이식을 위해 조달될 장기의 경우에 한정하여 1997년에 뇌사를 채택하였고 우리나라도 1999년 2월 '장기 등 이식에 관한 법률'이 통과되어 2000년 2월 9일부터 전뇌사를 인정하고 시행하고 있다(이종원, 2012).

(2) 뇌간사

호흡이나 심박기능 등 신체를 통합하는 기능을 가진 뇌간이 죽은 경우 사망으로 간주한다. 뇌간은 대뇌와 척수를 이어주는 다리역할을 하는 뇌의 부분으로서 대뇌에서 나가는 운동신경과 대뇌로 들어오는 감각신경의 중요한 통로이며 뇌신경의 중요한 요지이다. 뇌간은 생명유지에 불가결한 호흡, 체온을 유지시키는 중추가 있고 의식을 조절하는 기능이 있다. 뇌간에 장애가 일어나면 의식은 혼수상태가 되고 호흡이나 체온조절 등 생명유지에 필요한 기능이 정지된다.

영국에서는 뇌간사를 전뇌사의 필연적이며 충분조건으로 간주하여 뇌간기능의 불가역적인 정지를 죽음의 기준으로 받아들인다. 뇌간은 뇌의 가장 중요한 부위로서 뇌간의 기능이 정지되면 뇌 전체의 기능상실로 연결되므로 뇌간의 기능정지를 사망의 시점으로 보는 것이다. 뇌간이 전뇌의 생리학적인 핵심이 되며 전뇌사가 뇌간의 기능 정지를 포함하므로 뇌간사와 전뇌사를 동등한 개념으로 보는 것이다. 일반적으로 성인의 심장은 뇌간사 1주 이내에 멈추며 어린아이는 2주 이내에 멈추게 된다.

뇌의 전체 구조나 상호간의 기능을 전부 확인할 수 없는 불확실한 상황에서 뇌간의 기능이 정지했음에도 불구하고 일부 대뇌의 기능이 유지되는 경우가 있을 수 있다면 뇌간사는 대뇌사보다 더 급진적인 주장이 될 수도 있다(이종원, 2012).

(3) 대뇌사

의식을 관장하는 대뇌의 기능이 멈추는 것만으로도 사망으로 간주한다. 대뇌 즉, 뇌의 고등기능의 영구적인 상실을 사망으로 본다. 비록 뇌간은 살아서 뇌간의 반응이 유지되더라도 대뇌가 그 기능을 상실했기에 사망으로 간주한다.

인간의 정신활동인 인식, 느낌, 기억, 의식 등을 가능케하는 부분이 대뇌피질이다. 이 기능이 정지되면 의식을 잃게 되고 기억이나 인식 그리고 느낌 또한 상실하게 된다. 대뇌의 기능을 인간 고유의 본질적인 기능으로 본다면 대뇌 기능의 상실은 인격적인 인간으로서는 이미 끝났다고 볼 수 있다.

대뇌사를 주장하는 학자들로는 컬버와 거트(C. M. Culver & B. Gert), 벤자민(Martin Benjamin), 비치(R. M. Veatch), 길레트(G. Gilett), 위클러(D. Wiker) 등이 있다. 컬버와 거트는 자의식의 영구적인 상실을 죽음의 충분조건으로 보면서 대뇌사를 주장하였다. 벤자민 또한 죽음이 전뇌사 기준보다는 뇌사 기준에 근거하여 결정되어야만 한다고 주장하면서 무뇌아와 식물인간 상태의 환자도 죽은 것으로 선언되어야 한다고 주장한다. 컬버와 거트는 식물인간 상태의 환자가 죽었다고 보더라도 이들에게 심정지를 유도하는 죽음을 의도적으로 초래하게 해서는 안 된다고 하였다. 하지만 환자가 이미 죽었으므로 장기이식을 위해 이들로부터 장기의 적출은 정당화될 수 있다고 보았다.

대뇌사를 주장하는 이들의 입장은 장기이식의 가능성을 열어놓기 위한 의도로 해석되지만 현실적으로 수용하기는 어렵다. 만약 대뇌사를 인정하면 자발적으로 호흡하는 자도 죽은 것으로 보기에 논란이 된다. 영구적인 무의식 상태에서도 뇌간은 여전히 기능을 발휘하기에 호흡이나 자극에 대한 무의식적인 반응은 일어난다. 따라서 대뇌사를 인정하게 되면 식물인간이나 무뇌아도 죽은 것으로 간주하게 된다. 식물인간의 경우 뇌간의 기능은 어느 정도 정상적이기에 호흡, 혈액순환, 체온 등은 인공적인 보조 장치의 도움없이도 유지할 수 있어 간병을 잘 하고 인공영양과 수액을 지속적으로 공급한다면 수개월이나 수십 년도 살 수 있다.

또한 무뇌아의 경우 뇌간은 있지만 대뇌피질이 없기에 식물인간 상태와 비슷하다고 할 수 있다. 하지만 무뇌아는 태어난지 1-2주 이내에 죽게 되기 때문에 1994년 6월 미국의학협회에서는 무뇌증 소아를 장기공급원으로 이용할 것을 권고한 적이 있었으나 1996년 1월에 번복되었다. 무뇌아는 가장 취약한 상태에서 장기적출의 대상이 될 수밖에 없었고 그들의 부모 또한 사회적 압력에 순응할 수밖에 없었다.

영구적인 식물인간이나 무뇌아의 경우 전뇌사적 사망기준에 따르면 생존해 있는 것으로 간주되지만 대뇌사에 따르면 사망한 것이 된다. 따라서 대뇌의 기능 상실을 죽음의 기준으로 수용하려는 입장은 급진적이며 윤리적으로도 많은 문제점을 지니기에 현실적으로 수용하기에는 어렵다고 판단한다(이종원, 2012).

3) 뇌사의 윤리적 문제

의식능력의 불가역적인 상실과 개체 전반 통합기능의 불가역적인 중단을 포함하는 개념으로서 뇌사를 죽음의 새로운 기준으로 제시되었다.

(1) 신체의 통합기능 상실

생명이란 전체로서의 유기체 기능이 통합된 상태를 말하는데 뇌, 심장, 폐의 상호작용이 이러한 통합기능을 결정하는 핵심요인이다. 이 중에서 뇌는 전체로서의 유기체를 통합하는 핵심적인 기능을 하는 중추기관이다. 따라서 뇌기능의 불가역적인 상실은 전체로서 유기체의 통합기능이 상실되었다는 것을 의미하기에 죽음의 기준이 될 수 있다.

(2) 인격성 상실

뇌사는 생물학적으로는 죽음의 진행과정에 있는 과도기적 상태라 볼 수 있지만 사회・심리학적인 측면에서는 이미 인격성을 상실하였기 때문에 인격적인 죽음으로 간주된다. 영구적인 식물인간 상태의 환자는 생물학적 의미로는 살아있지만 주체적으로 반응하고 행동하는 인격체로서의 기능은 상실하여 죽은 것으로 간주된다. 인식의 영구적인 상실이 인격적인 죽음이라면 식물인간 상태의 환자들은 더 이상 인격이 아니라고 볼 수 있다. 따라서 식물인간 상태의 환자들은 인격이 없는 생물학적인 유기체로서 존재하지만 진정한 존재 의미를 상실한 상태라고 볼 수 있다. 뇌기능이 돌이킬 수 없을 정도로 완전히 상실하게 되면 인간적인 삶이 불가능하기 때문에 죽음으로 인정해야 하며 인격성을 상실한 유기체를 살리기 위해 노력하는 것은 부족한 의료자원의 낭비이며 가족들에게는 정신적, 경제적 부담을 주게 된다는 것이다(R. M. Veatch).

하지만 인격성을 상실했다는 기준만으로 죽음을 성급하게 판단하는 것은 심각한 문제를 야기할 수 있다. 저능아, 의식상실의 식물인간, 치매성 질환을 앓는 노인이나 알츠하이머 환자들 또한 인격성으로 판단할 때 배제당할 가능성이 있다.

따라서 바람직한 죽음판정의 기준은 모든 의식과 지각능력의 상실과 함께 전체 뇌기능의 정지로 신체적인 통합성까지 상실되는 개념이어야 한다. 그러므로 회복 불가능한 환자들에 대한 치료중단을 결정해야 하는 경우나 장기이식이 필요한 경우에는 대뇌사와 같은 부분뇌사는 논란의 여지가 많고 전체 뇌 기능의 상실에 근거하여 뇌사를 판정하는 것이 바람직하다(이종원, 2012).

4) 뇌사판정기준

'장기 등 이식에 관한 법률'에 의거 다음의 선행조건 및 판정기준에 모두 적합하여야 한다.

(1) 선행조건

① 원인질환이 확징되어 있고 치료될 가능성이 없는 기질적인 뇌병변이 있어야 한다.

② 깊은 혼수상태로서 자발호흡이 없고 인공호흡기로 호흡이 유지되고 있어야 한다.

③ 치료 가능한 급성 약물중독(마취제, 수면제, 진정제, 근육이완제 등 기타 독극물), 대사성 또는 내분비성 장애(간성 혼수, 유독성 혼수, 저혈당성 뇌증 등)의 증거가 없어야 한다.

(2) 판정기준

① 외부자극에 전혀 반응이 없는 깊은 혼수상태

② 자발호흡의 불가역적 소실

③ 양안동공의 확대고정

④ 뇌간반사의 완전소실 : 광반사, 각막반사, 안구 두부반사, 전정 안구반사, 모양체 척수반사, 구역반사, 기침반사

⑤ 자발운동, 제뇌강직, 제피질강직, 경련 등이 나타나지 않는다.

⑥ 뇌파검사 : 뇌파를 검사하여 평탄뇌파 30분 이상임을 확인한다.

⑦ 소아에서의 판정기준

㉠ 생후 2개월~1년 사이의 소아는 48시간 간격으로 2회의 판정기준 검사와 뇌파검사를 한다.

㉡ 생후 1세에서 5세 사이는 성인에서와 같이 2회의 판정기준 검사와 1회의 뇌파검사를 하되 24시간의 간격을 두어야 한다.

㉢ 6세 이상의 소아는 성인에서와 같다.

5) 뇌사시 병태생리학적인 변화

임상적으로 뇌사자의 병태생리학적 변화는 두개 내압 상승에 의해 발생하는 허혈이 진행하는 과정과 뇌간 기능의 소실로 뇌사가 완료된 과정을 거쳐 발생한다.

두개 내압의 상승에 따른 호르몬 분비 변화와 이로 인한 카테콜라민의 분비 변화, 그리고 염증성 현상 등의 복잡한 상호작용이 뇌사자의 병태생리학적 변화에 기여한다. 이러한 변화로 인해 대부분의 뇌사자는 적극적인 관리부재시 심혈관계를 포함한 다장기 기능부전으로 진행하게 된다(조형진, 2015).

4. 뇌사와 식물인간의 차이

뇌사는 식물인간과 엄격히 구별되며 뇌사 상태에서만 장기기증이 가능하다(그림

3-1).

	뇌사	식물인간
손상부위	뇌간을 포함한 뇌 전체	대뇌의 일부
정신상태	심한 혼수상태	무의식 상태
기능장애	심장박동외 모든 기능이 정지	기억/사고 등 대뇌 장애
운동능력	움직임 전혀 없음	목적없는 약간의 움직임 가능
호흡상태	자발적 호흡 불가	자발적 호흡 가능
경과내용	필연적으로 심정지하여 사망	수개월~수년 후 회복 가능성 있음
기타	장기기증 대상	장기기증 대상이 될 수 없음

〈뇌손상 부위〉

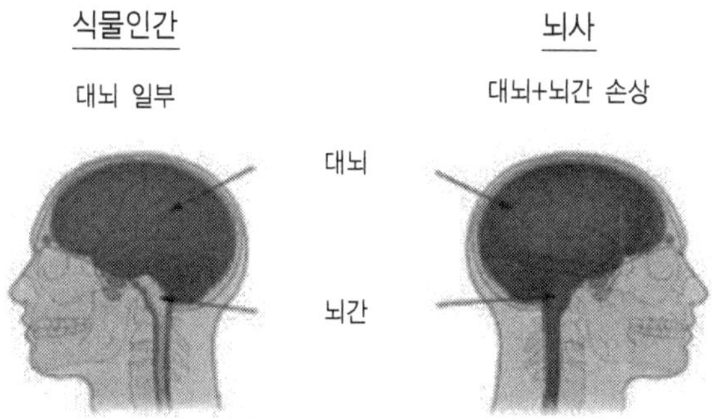

[그림 3-1] 뇌사와 식물인간의 차이

뇌사장기기증 제도 허점, 유가족 두번 울린다

전북대학교병원은 지난 6월 중순 뇌사자들의 장기기증이 잇따르고 있다고 발표했다.

당시 병원의 발표에 따르면 지난 5월 31일 A(5)양이 간과 신장 2개를 기증했고 6월 6일 교통사고로 뇌사판정을 받은 B(73)씨가 간과 신장 2개를, 며칠 뒤인 11일에는 C(50)씨도 교통사고 뒤 신장 2개를 기증하고 생을 마감했다.

이들이 기증한 장기는 만성질환 환자들에게 이식됐고 그들은 새 생명을 얻게 됐다.

하지만 이중 한 유족이 "당시 장기기증은 어쩔 수 없는 선택이었다"고 토로해 논란이다.

이런 주장을 한 유족에 따르면 당시 병원 측으로부터 환자가 뇌사상태에 빠졌다는 이야기를 듣고 장기기증을 권유 받았다.

병원 측은 장기기증을 권유하며 유족들에게 "장기기증 동의를 해야만 뇌사판정이 가능해지고 환자에게 부착된 인공호흡기를 뗄 수 있다"고 설명했다는 것. 이런 말을 듣고 유족은 깨어날 가능성이 없는 환자를 보내주기 위해 장기기증에 동의했다.

이 과정에서 병원 측이 법과 제도를 어긴 것은 전혀 없다.

병원에 따르면 오히려 병원은 장기기증을 기다리고 있는 환자들을 살리기 위해 최선을 다했다.

다만 동의과정에서 유족들의 마음에 상처가 났고 서운한 감정이 남았다.

더구나 동의과정에서 유족은 신장기증만 동의하려는데 병원 측에서는 추가 기증을 권유해 약간의 실랑이까지 벌어지기도 했다.

당시 유족으로부터 동의서를 받은 간호사는 "그때 그분들이 동의를 하면서 '우리는 어쩔 수 없이 (동의를)하는 것'이라고 여러번 말했다"고 전했다.

질병관리본부 장기이식관리센터에 따르면 뇌사는 뇌간을 포함한 뇌 전체가 손상돼 심장박동을 제외한 모든 기능이 정지된 상태로 자발적 호흡도 불가능하다.

결국 인공호흡기에 의지해 심장은 뛰지만 평균 2주안에 사망에 이르게 된다.

이 때문에 식물인간과 다르게 장기기증의 대상이 된다.

관련 법률에 따라 뇌사 장기기증은 뇌사상태 환자에 대해 유족들이 장기기증 동의후 뇌사판정을 받고 진행된다.

즉 장기기증 동의가 있어야만 뇌사판정이 가능해진다.

만약 뇌사상태 환자에 대한 장기기증 동의가 없으면 자연사할 때까지 병원 측은 사망 선고를 할 수 없다.

이런 이유로 환자 가족들은 장기기증을 권유받고 이를 거절하기 힘든 상황에 놓인다.

게다가 장기기증을 동의하면 진료비, 장례비 등을 지원받을 수 있고 일부 지자체에서는 장기기증 장려를 위한 조례를 통해 별도의 지원까지 하고 있다.

결국 환자 가족들은 '숭고한 선택' 대신 '어쩔 수 없는 선택'으로 내몰릴 수 있다는 것. 아울러 이런 이유로 일각에서는 이런 지원대책들이 오히려 순수한 기증 행위를 방해한다는 목소리도 나오고 있다.

사랑의장기기증운동본부 관계자는 "이런 제도와 지원대책들이 기증자들을 오해받게 만드는 등 순수성을 침해하는 부작용을 일으킨다"며 "장기기증 권유는 매우 섬세한 감정 작용까지 고려해야 하는 일"이라고 조언했다.

한편, 전북대병원은 지난 1998년부터 지금까지 뇌사자로부터 신장 347개, 간 157개, 심장 47개 등 총 723개의 장기를 기증받아 성공적으로 이식에 성공했다.

출처: 전북중앙신문, 뇌사장기기증 제도 허점, 유가족 두 번 울린다.
http://www.jjn.co.kr/news/articleView.html?idxno=725366, 2017. 09. 13.

뇌사와 식물인간

얼마 전 큰 인기를 얻었던 판타지 드라마를 재미있게 보았다. 보는 내내 감동으로 코가 빨개진 딸아이도 귀여웠고 영혼이 바뀐다는 익숙한 소재를 살짝 비틀어 만든 내용도 좋았다. 훌륭한 연기, 감칠맛 나는 대사 또한 나무랄 데가 없었다. 극중에 잠깐 비치는 책 '이상한 나라의 앨리스'가 베스트셀러 목록에 오르는 것을 보니 그 인기를 짐작할 만하다.

그런데 실소를 금치 못하게 한 장면이 옥에 티로 남는다. 교통사고를 당한 주인공을 놓고 의사가 '제 판단은 뇌사입니다.'라고 하는 장면이다. 의식은 없지만 인공호흡기도 없이 혼자 숨을 잘 쉬고 있는데 뇌사라는 말이 나왔다. 판타지 드라마도 지켜야 할 규칙은 있어야 한다. 해리 포터는 빗자루를 타고 날지만 기차는 기차역에서 출발하는 것이 맞다. 바로 그날 인터넷을 통해 왜 적절한 자문을 구하지 않았는가 하는 질책과 함께 오류를 정확히 지적하는 글들이 올라왔다. 어쨌든 아직 뇌사와 식물인간 그리고 혼수상태라는 말의 사용에 있어 혼동이 있어 보인다.

뇌사와 식물인간의 차이를 이해하기 위해서는 간단한 뇌구조와 기능을 알면 도움이 된다. 사람의 뇌는 여러 부분으로 나뉘어 있지만 크게 보면 대뇌, 소뇌, 그리고 뇌간으로 나눌 수 있다. 대뇌는 뇌에서 가장 큰 자리를 차지한다. 다른 동물과 달리 인간에게서 가장 크게 발달한 곳이다. 매체에서 흔히 보는 쭈글쭈글한 주름을 갖는 호두 같은 부분이 대뇌피질이다. 이 대뇌를 떠받치고 있는 듯한 기둥 모양의 뇌가 뇌간이다. 뇌간은 곧 척수로 연결된다. 그리고 소뇌는 뇌간 뒤에 머리로 보면 뒤통수 아래쪽에 위치한다. 일단 우리가 생각하고 판단하고 기억하고 말하는 것과 같은 기능은 대뇌에서 이루어진다고 보면 된다. 뇌간은 눈동자와 얼굴 근육을 움직이는 일 들을 하는 뇌신경들이 나오고 숨을 쉬는 것과 같은 몸의 자율적인 기능을 유지하는 자리다. 우리가 깨어 있도록 신호를 보내는 자리이기도 하다. 소뇌는 우리의 움직임이 세밀하고 조화롭게 되도록 만들어 준다.

우리가 '의식'이라고 말하는 기능은 실제로는 '각성'과 '인지' 두 부분으로 나누어진다. 각성은 깨어 있는 상태를 말하고 인지는 우리가 자극을 받아들이고 이를 해석하고 기억하며 또 대책을 세우는 것과 같은 뇌의 사고기능을 말한다. 각성은 뇌간이 주도적인 역할을 하며 인지는 대뇌피질의 기능이다.

혼수상태란 어떤 원인에서든 뇌에 손상이 가해져 주위 자극을 적절하게 받아들이지 못하거나 알맞은 대응을 하지 못하는 상태를 말한다. 식물인간 상태는 혼수상태 후에 시간이 경과하였으나 대뇌피질이 전체적으로 회복불능의 손상을 입어 기능을 하지 못하는 경우다. 뇌간의 기능이 살아 있으므로 환자는 눈을 뜨는 게 가능하고 자는 시간과 깨어 있는 시간도 나누어진다. 많은 경우 인공호흡기의 도움없이 숨을 쉴 수 있으나 호흡이 약하거나 기도가 제대로 유지가 안 되어 부분적으로 기계의 도움이 필요한 경우도 있다. 스스로 자세를 바꾸거나 하는 자발적인 움직임은 불가능하다. 그리고 대뇌의 기능이 없으므로 생각할 수 있는 사고기능이 없다. 한마디로 각성 기능은 살아 있으나 인지 기능이 없는 상태다. 그래서 식물인간 상태라는 말이 붙는다.

뇌사는 대뇌와 더불어 뇌간까지 모두 복구 불능의 손상을 입어 뇌의 전체 활동이 정지된 경우다. 따라서 인지, 각성, 호흡 모두 제로 상태다. 심장은 뛰고 있으나 뇌간에서 뻗어 나오는 뇌신경의 기능도 없다. 식물인간 상태는 합병증이 없다면 몇 년이고 생존이 가능하나 뇌사는 며칠을 넘기기 어렵다. 뇌사는 장기이식으로 연결될 수 있고 한 생명의 끝을 이야기하는 것이므로 함부로 선언해서는 안 된다. 그래서 복잡한 뇌사 판정 과정이 있는 것이다.

다시 드라마로 돌아가서 제대로 만들어 보자. 당시 의사가 '현재 환자는 뇌 손상을 입어 혼수상태에 있는데 그 정도가 심하여 식물인간 상태가 될 가능성도 있습니다.'라고 말했으면 자연스러웠을 것이다. 꼭 뇌사라고 말하고 싶었으면 최소한 인공호흡기가 연결되어 있어야 한다. 사소한 듯 보이지만 중요한 차이가 있어 한번 짚고 넘어간다.

출처 : 서울신문, 이상건, "뇌사와 식물인간", http://www.seoul.co.kr/news/newsView.php?id=20110305026006, 2011. 03. 05.

〈관련 동영상〉

1. 「27명에게 새 생명...꿈꾸던 천국으로 떠난 소녀」

불의의 교통사고로 뇌사에 빠진 18세 소녀가 전 세계 27명에게 새 생명을 선물하고 하늘나라로 떠났습니다. 이 소녀의 부모는 독실한 천주교 신자였던 딸의 평소 뜻을 존중해 장기를 기증하기로 했습니다.

출처: YTN NEWS
https://youtu.be/hSyKbunegV0

2. 「장기기증 오해, 뇌사와 식물인간 제대로 구별해야」

새로운 삶의 빛 줄기, 아름다운 나눔 '장기기증'

우리나라 인구 100만 명 당 8.4명 장기기증을 하고 있는 현실. 스페인의 경우 100만 명 당 35.1이 장기기증을 하고 있는 것과 비교를 한다면, 우리나라의 장기기증 현실은 갈길이 멀어 보인다. 새로운 삶의 빛 줄기를 선사하는 장기기증. 우리나라에서는 왜 여전히 활발하게 이루어지지 않는 것일까? 박진아의 인사이드쇼 보도국을 통해 심재민 기자와 함께 알아보도록 하자.

출처: 시선뉴스, 인사이드 쇼
http://tv.naver.com/v/1001684

제 4 장

장기기증과 이식

제 4 장

장기기증과 이식

1. 조직과 장기의 기증

의료기술 중 장기이식 분야의 발달은 생명이 꺼져 가는 환자의 장기를 장기가 필요한 타인에게 이식함으로써 새 생명을 찾게 해 주고 회복을 가능하게 하였다. 그러나 어려운 수술법과 면역요법의 발전으로 수술 성공률을 높인 의료기술의 발전은 사회에서 악용하는 일이 생기면서 논란을 불러일으키고 있다. 따라서 이러한 악용 가능성을 배제하기 위해 장기기증 관련법이 제정되었고 국립의료원 산하에 국립장기이식관리센터(KONOS)를 설립하여 국가가 독점적으로 관리하고 있다.

1) 장기기증 관련법

「장기 등 이식에 관한 법률」(1999. 2. 8. 제정)은 장기 등의 기증・이식에 관한 대표적인 법률로써 뇌사자의 정의, 뇌사 판단 기준, 장기 등의 적출 요건 등을 정하고 있다. 여기서 '장기 등' 이란 사람의 내장이나 그 밖에 손상되거나 정지된 기능을 회복하기 위하여 이식이 필요한 조직으로서 신장・간장・췌장・심장・폐・골수・안구, 그 밖에 사람의 내장 또는 조직 중 기능 회복을 위하여 적출・이식할 수 있는 것으로써 대통령령으로 정하는 것을 의미한다.

「인체조직 안전 및 관리 등에 관한 법률」(2004. 1. 20. 제정)은 장기와는 다른 인체조직의 기증·관리 및 이식 등에 필요한 사항을 정하고 인체조직의 적정한 수급과 안정성을 도모하여 국민보건 향상에 이바지함을 목적으로 하는 법률이다. 여기서 '인체조직'이란 뼈·연골·근막(筋膜)·피부·양막(羊膜)·인대·건(腱)·심장판막 및 혈관을 말한다. 이 법은 이식에 적합하지 아니한 B형 또는 C형 간염·매독·후천성면역결핍증후군 등 전염성 질환에 감염되거나 감염이 의심되는 조직, 치매 등 퇴행성 신경 질환을 가진 기증자의 조직, 사망 원인이 분명하지 아니한 기증자의 조직, 유해성 물질에 노출된 기증자의 조직, 암세포의 전이 우려가 있는 조직, 그 밖에 이식 대상자의 생명·신체에 위해를 가할 우려가 있어 이식에 적합하지 아니하다고 보건복지부령이 정하는 조직 등은 이식의 대상에서 제외하도록 규정하고 있다(동법 9조).

「혈액관리법」(1970. 8. 7. 제정) 및 「후천성면역결핍증 예방법」(1987. 11. 28. 제정)에 따라 의사 또는 의료기관은 장기(인공장기를 포함)·조직의 이식 등 인체면역결핍바이러스의 감염 위험이 있는 매개체를 사용하기 전에 인체면역결핍바이러스의 감염 여부를 검사하여야 한다. 이러한 검사를 받지 않거나 검사결과 인체면역결핍바이러스에 감염된 것으로 나타난 혈액·장기·조직은 사용하여서는 안 된다.

장기 등 이식에 관한 법률 (약칭 : 장기이식법)

[시행 2022.12.22.] [법률 제18623호, 2021.12.21., 일부개정]

제1장 총칙

제1조(목적) 이 법은 장기 등의 기증에 관한 사항과 사람의 장기등을 다른 사람의 장기 등의 기능 회복을 위하여 적출(摘出)하고 이식(移植)하는 데에 필요한 사항을 규정하여 장기 등의 적출 및 이식을 적정하게 하고 국민보건을 향상시키는 데에 이바지하는 것을 목석으로 한다.

제2조(기본이념) ① 장기 등의 적출 및 이식은 인도적 정신에 따라 이루어져야 한다.

② 장기 등을 기증하려는 사람이 자신의 장기 등의 기증에 관하여 표시한 의사는 존중되어야 한다. 이 경우 장기 등을 기증하려는 사람의 의사는 자발적인 것이어야 한다.

③ 장기 등을 이식받을 기회는 장기 등의 이식이 필요한 모든 사람에게 공평하게 주어져야 한다.

④ 장기 등의 적출 및 이식은 윤리적으로 타당하고 의학적으로 인정된 방법으로 이루어져야 한다.

출처: 국가법령정보센터 http://www.law.go.kr/lsInfoP.do?lsiSeq=142393&efYd=20140131#0000

인체조직안전 및 관리 등에 관한 법률 (약칭 : 인체조직법)

[시행 2021.8.17.] [법률 제18447호, 2021.8.17., 일부개정]

제1장 총칙

제1조(목적) 이 법은 사람의 신체적 완전성을 기하고 생리적 기능회복을 위하여 인체조직의 기증・관리 및 이식 등에 필요한 사항을 정함으로써 인체조직의 적정한 수급과 안전성을 도모하고 국민보건향상에 이바지함을 목적으로 한다.

제2조(기본이념) ① 인체조직의 기증・관리 및 이식은 인도적 정신에 따라 행하여져야 한다.

② 자신의 인체조직 기증에 관하여 표시한 의사는 존중되어야 한다. 이 경우 그 의사는 자발적이어야 한다.

③ 인체조직의 이식을 필요로 하는 사람은 사회적・경제적 조건 등에 관계없이 공평하게 이식을 받을 수 있는 기회를 가져야 한다.

④ 인체조직의 기증・관리 및 이식은 윤리적으로 타당하고 의학적으로 인정된 방법에 의하여 행하여져야 한다.

출처: 국가법령정보센터 http://www.law.go.kr/lsInfoP.do?lsiSeq=180884&efYd=20160505#0000

혈액관리법

[시행 2023.6.22.] [법률 제18626호, 2021.12.21., 일부개정]

제1조(목적) 이 법은 혈액관리업무에 관하여 필요한 사항을 규정함으로써 수혈자와 헌혈자(獻血者)를 보호하고 혈액관리를 적절하게 하여 국민보건의 향상에 이바지함을 목적으로 한다.
[전문개정 2012.10.22.]

제2조(정의) 이 법에서 사용하는 용어의 뜻은 다음과 같다. 〈개정 2021.3.23., 2021.12.21.〉

1. "혈액"이란 인체에서 채혈(採血)한 혈구(血球) 및 혈장(血漿)을 말한다.
2. "혈액관리업무"란 수혈(輸血)이나 혈액제제(血液製劑)의 제조에 필요한 혈액을 채혈・검사・제조・보존・공급 또는 품질관리하는 업무를 말한다.
3. "혈액원"이란 혈액관리업무를 수행하기 위하여 제6조제3항에 따라 허가를 받은 자를 말한다.
4. "헌혈자"란 자기의 혈액을 혈액원에 무상(無償)으로 제공하는 사람을 말한다.
5. "부적격혈액"이란 채혈 시 또는 채혈 후에 이상이 발견된 혈액 또는 혈액제제로서 보건복지부령으로 정하는 혈액 또는 혈액제제를 말한다.
6. "채혈금지대상자"란 감염병 환자, 약물복용 환자 등 건강기준에 미달하는 사람으로서 헌혈을 하기에 부적합하다고 보건복지부령으로 정하는 사람을 말한다.
7. "특정수혈부작용"이란 수혈한 혈액제제로 인하여 발생한 부작용으로서 보건복지부령으로 정하는 것을 말한다.

8. "혈액제제"란 혈액을 원료로 하여 제조한 「약사법」 제2조에 따른 의약품으로서 다음 각 목의 어느 하나에 해당하는 것을 말한다.
   가. 전혈(全血)
   나. 농축적혈구(濃縮赤血球)
   다. 신선동결혈장(新鮮凍結血漿)
   라. 농축혈소판(濃縮血小板)
   마. 그 밖에 보건복지부령으로 정하는 혈액 관련 의약품

8의2. "원료혈장"이란 혈액제제 중 혈장분획제제(혈장을 원료로 일련의 제조과정을 거쳐 얻어진 의약품)의 제조를 위하여 혈액원이 혈장분획제제 제조업자에게 공급하는 혈장을 말한다.

9. "헌혈환급예치금"이란 제14조제5항에 따라 수혈비용을 보상하거나 헌혈사업에 사용할 목적으로 혈액원이 보건복지부장관에게 예치하는 금액을 말한다.

10. "채혈"이란 수혈 등에 사용되는 혈액제제를 제조하기 위하여 헌혈자로부터 혈액을 채취하는 행위를 말한다.

11. "채혈부작용"이란 채혈한 후에 헌혈자에게 나타날 수 있는 혈관미주신경반응 또는 피하출혈 등 미리 예상하지 못한 부작용을 말한다.

[전문개정 2012.10.22.]

출처: 국가법률정보센터 http://www.law.go.kr/lsInfoP.do?lsiSeq=188087&efYd=20170603#0000

후천성면역결핍증 예방법 (약칭 : 에이즈예방법)

[시행 2020.9.12.] [법률 제17472호, 2020.8.11., 타법개정]

제1장 총칙 〈개정 2013.4.5.〉

제1조(목적) 이 법은 후천성면역결핍증의 예방·관리와 그 감염인의 보호·지원에 필요한 사항을 정함으로써 국민건강의 보호에 이바지함을 목적으로 한다. [전문개정 2013.4.5.]

제2조(정의) 이 법에서 사용하는 용어의 뜻은 다음과 같다.

1. "감염인"이란 인체면역결핍바이러스에 감염된 사람을 말한다.
2. "후천성면역결핍증환자"란 감염인 중 대통령령으로 정하는 후천성면역결핍증 특유의 임상증상이 나타난 사람을 말한다.

[전문개정 2013.4.5.]

출처: 국가법률정보센터 http://www.law.go.kr/lsInfoP.do?lsiSeq=193398&efYd=20170418#0000

2) 장기기증의 종류

장기기증에는 크게 생체기증, 뇌사기증, 사후기증 등이 있다.

(1) 생체기증

살아있는 기증자로부터 적출할 수 있는 장기로 신장은 정상적인 것 2개 중 1개, 간장・골수・췌장・췌도・소장은 의학적으로 인정되는 범위 안에서 그 일부를 기증할 수 있고 혈액과 조혈모세포(골수)도 생존시 기증이 가능하다.

이처럼 생체기증은 기증자가 살아 있을 때 할 수 있는 기증으로 16세 미만인자의 장기적출은 법으로 금지되어 있고 16세 이상인 미성년자의 장기 등은 배우자, 직계존・비속, 형제자매 또는 4촌 이내의 친족에게 이식하는 경우를 제외하고는 이를 적출할 수 없다. 생체기증자의 장기 등을 적출할 때에는 본인이 동의한 경우에 한하여 이를 적출할 수 있고 16세 이상 20세 미만의 미성년자의 경우에는 부모의 동의까지 얻어야 한다.

우리나라에서는 서양에 비해 뇌사자의 장기기증이 적은 반면에 가족 간의 생체 기증은 활발하게 이루어지고 있다. 가족끼리의 이식 혹은 교환 이식은 개인주의적인 서양과 달리 우리나라의 가족 중심적인 유교 문화의 영향으로 아내가 남편에게 자식이 아버지에게 장기이식을 하는 비율이 상당히 높다(이상목, 2010).

(2) 뇌사기증

뇌사판정을 받은 자가 기증하는 것으로 한 사람의 뇌사자가 심장 1개, 간장 1개, 신장 2개, 각막 2개, 췌장 1개, 폐장 2개 등 최대 9가지 장기를 기증할 수 있다. 뇌사 기증자의 장기를 적출할 경우에는 본인이 뇌사 또는 사망 전에 장기 등의 적출에 동의한 경우에 이를 적출할 수 있고 다만 본인의 동의가 있다 하더라도 그 가족 또는 유족이 장기 등의 적출을 명시적으로 거부하는 경우에는 이를 적출할 수 없다. 또 본인이 뇌사 또는 사망 전에 장기 등의 적출에 동의 또는 반대하였다는 사실이 확인되지 아니한 경우로써 그 가족 또는 유족이 동의한 경우에 이를 적출할 수 있다. 이처럼 본인이나 유족이 기증 의사를 밝힌 경우 뇌사판정위원회의 엄정한 판정을 거쳐 장기기증이 이루어진다.

(3) 사후기증

죽은 후에 하는 기증으로 각막 2개와 조직(뼈, 피부, 연골, 심장판막)이 기증 가능하다. 각막 기증의 경우 5세에서 80세까지의 건강했던 사람으로 간염, AIDS, B형·C형 간염, 활동성 폐혈증, 백혈병, 임파종, 각종 전염성 질환만 없으면 근시, 원시, 난시, 색맹에 관계없이 기증할 수 있고 사망한 후 6시간 이내에 각막을 적출해야 한다. 또한 사망이 임박한 경우 의학적 조치 후 심장이 멎게 되는 심장사의 경우 신장, 간장 등의 장기를 기증할 수 있다. 사후기증은 사망 후 15시간 이내에 조직 채취가 이루어져야 하며 조직이 채취된 후에는 원상 복구하여 유해를 가족에게 돌려주며 장례 절차 등은 유족의 의사에 따른다.

3) 기증 절차

(1) 장기기증

장기기증자 등록신청서와 장기기증 동의를 확인할 수 있는 서류를 구비하여 전국의 장기이식 등록기관 중에서 한 곳을 선택하여 본인이 직접 장기기증자 등록신청을 하여야 한다. 장기기증자가 살아 있는 자가 아니라 뇌사자 또는 사망한 자인 경우에는 그 가족이나 유족 중에서 1인이 대신하여 등록신청을 할 수 있다. 장기기증 희망 등록의 취소는 언제든지 가능하고 미성년자의 경우는 신청 시에도 보호자의 동의가 필요하다.

(2) 조혈모세포 기증

조혈모세포는 골수나 말초혈, 제대혈 속에 포함되어 있으며 백혈구, 적혈구, 혈소판 등 혈액 세포를 만들어 내는 조혈(造血) 조직이다. 이 조혈모세포에 이상이 생기면 백혈병과 재생불량성빈혈 등 난치성 혈액 질환에 걸리게 되는데 건강한 조혈모세포를 이식받으면 완치될 수도 있다.

(3) 인체조직 기증

뇌사 시나 사후, 생전 시에 인체조직을 기증하는 것으로 뼈, 연골, 근막, 건, 인대,

피부, 양막, 심장판막, 혈관 등의 기증이 가능하다.

4) 장기이식 절차

(1) 뇌사자로부터의 장기이식

뇌사판정대상자관리전문기관에서 국립장기이식관리기관에 이식대상자 선정을 요청하고 국립장기이식관리기관에서는 이식대상자 선정 프로그램에 따라 장기별 이식대상자를 선정하여 이식의료기관에 알린다.

2. 장기이식

1) 장기이식 정의

장기이식이란 신장, 간, 췌장, 심장, 폐 등의 고형장기와 각막, 골수, 뼈, 인대, 연골, 심장판막 등의 조직 또는 피부 등 모든 종류의 신체의 구성부분을 이식하는 의료행위를 의미한다. 특히 질병 혹은 선천성 기형으로 인해 제 기능을 하지 못하게 된 장기 혹은 신체의 일부를 다른 장기로 교체하는 시술을 의미하기도 하며 기존의 치료법으로 회복하기 힘든 각종 말기환자의 장기를 뇌사자 및 생체에서 기증된 건강한 장기로 대체하는 수술을 말한다. 또한 어떤 조직 또는 장기의 파손된 기능을 대신할 목적으로 원래 존재하는 장소에서 다른 장소로 조직 또는 장기를 옮기는 것을 말한다. 장기기증과 관련하여 장기이식 수술이 세계 각국에서 보편화되면서 죽음의 정의가 새롭게 제시되었지만 법적, 윤리적 문제가 발생하고 있다.

2) 장기이식 역사

장기이식은 고대에서도 시행되었다고 한다. 기원전 3세기 무렵 성 코스마와 다미안은 질병에 걸린 환자의 다리를 절단하고 흑인 노예의 다리를 붙여 치료하였지만 면역학에 대한 개념이 없었기 때문에 이식은 실패로 돌아갔다. 근대 이전에는 이러한 문제로 인해 대개 실패하였지만 1869년 르버딘(J. L. Reverdin)에 의해 자가 피부이식이 성공적으로 행해진 이후에는 장기이식술이 중요한 시술법이 되었다.

1945년 독일의 란트슈타이너와 후프나겔은 일란성 쌍둥이에게서 신장이식을 성공하여 기능적인 장기이식의 새로운 장을 열었지만 쌍둥이가 아닌 다른 사람으로부터의 장기이식은 급성 및 만성 거부반응으로 말미암아 시도되지 못하고 있었다. 그러나 1960년대에 면역억제제가 등장하면서 면역학적으로 다른 사람의 장기도 이식할 수 있게 되었고 그 중에서도 1967년 남아프리카공화국의 버나드 박사에 의한 심장이식의 성공은 획기적인 사건이 되었다. 심장이식을 위해서는 이식용 심장이 살아서 박동할 때 떼어낼 필요가 있었으므로 이는 심장사를 죽음으로 보는 전통적인 시각에 대한 많은 논란을 불러일으켰다. 1970년 이후에는 신장과 심장은 물론 폐, 간장, 췌장 등 다양한 내장기관의 이식이 가능해졌으며 장기이식은 각종 원인에 의한 장기 손상의 최종적인 해결책으로 주목을 받고 있다.

우리나라는 1969년 가톨릭의대에서 생체 신장이식에 성공함으로써 장기이식의 장을 열었다. 1979년에는 뇌사자로부터 신장이식에 성공했고 1983년에는 가톨릭의대 골수이식센터에서 동종골수이식을 적용하여 백혈병을 치료하는 데 성공했다. 1988년에는 서울대 의대에서 뇌사자로부터의 간이식에 성공했으며, 1992년에 서울중앙병원에서 뇌사자의 심장이식에 성공했다. 1989년에 대한의사협회의의 '뇌사판정기준안'이 확정되었는데 뇌사를 죽음의 또 다른 기준으로 인정하자는 이 안은 많은 논란을 불러 일으켰으며 그 결과 1999년에 「장기 등 이식에 관한 법률」이 제정되어 뇌사판정과 장기기증을 위한 제도적 틀이 마련되었다. 이 법률에 의거하여 국립장기이식관리센터(KONOS)가 설치되어 장기기증과 배분의 전반적인 관리를 담당하고 있다. 우리나라에서는 이식대기자에 비해 장기이식 건수는 크게 부족하여 장기이식을 위한 장기의 공급이 매우 큰 문제로 남아 있다.

3) 장기이식 유형

장기이식의 종류는 여러 가지로 분류할 수 있으나 일반적으로 다음과 같이 분류하고 있다.

첫째, 장기의 성격에 따라 장기와 조직으로 분류할 수 있다. 장기로는 신체기관에 있는 심장, 신장, 폐, 간장, 췌장, 소장 등이 있으며 조직으로는 피부, 연골, 인대 등이 있다. 장기는 보통 일정한 형태와 고유한 기능을 가진 고형 장기(solid organ)를 의미하지만 우리나라는 「장기 등 이식에 관한 법률」에서는 각막과 골수도 장기로 분류한다. 조직은 일정한 형태가 없이 비슷한 기능을 하는 세포들의 집합으로서 피부나 인대, 뼈, 연골 등이 이에 해당한다.

둘째, 장기의 출처에 의해 자가이식, 이종이식, 동종이식으로 분류가 가능하다. 자가이식은 자기 자신의 조직과 장기의 위치를 옮기는 것을 말하며 자신의 몸 일부를 떼어 다른 부위로 옮기는 것이기 때문에 면역 거부 반응이 생기지 않아서 오래 전부터 사용되었다. 자가 피부이식이나 지방 혹은 뼈의 이식이 이에 해당한다. 그리고 이종이식은 종류를 달리하는 동물로부터 옮기는 것을 말하며 인간이 아닌 다른 종의 동물로부터 장기나 조직을 떼어 이식하는 것을 말한다. 동종이식은 타인의 것을 옮기는 경우로 타인의 몸에서 장기나 조직을 적출하여 이식하는 것을 말한다.

셋째, 장기의 형상에 의한 분류로 전 장기이식은 장기 전체를 통째로 옮기는 것이며 부분 장기이식은 간 이식에서처럼 장기 전체가 아닌 장기의 일부를 떼어 이식하는 것이 여기에 해당된다.

넷째, 장기 제공자의 생사에 따른 분류로 생체 장기이식과 사후 장기이식, 뇌사자 장기이식으로 나눌 수 있다. 생체기증은 산 사람으로부터 장기나 조직을 적출하여 이식하는 것이며 살아있는 사람의 경우에는 신장 1개, 간장의 일부 및 췌장의 일부, 소장의 일부 등의 고형장기와 사고나 질병으로 인하여 신체에서 적출된 일부 뼈나 피부의 기증이 가능하다.

사후 장기이식의 경우는 죽은 사람으로부터 장기나 조직을 적출하여 이식하는 것을 말하며 사망 후 기증으로는 신장·간장 등의 일부 고형장기와 각막·뼈·피부·인대·심장판막 등의 각종 조직의 기증이 가능하다. 뇌사자 장기이식은 뇌사자로부터 장기나 조직을 적출하여 이식하는 것이며 뇌사 시에는 심장·신장·간·췌장(이자)·폐 등의 고형장기와 각막·피부·뼈 등 인체의 거의 모든 부분이 기증 가능하다(정화성, 2013). 이들 장기는 심장사 또는 뇌사판정 이후 가족의 동의하에 기증이 가능하다.

뇌사기증	의학검사를 통해 뇌사판정을 받은 장기를 기증
사후기증	죽은 이후에 기증. 주로 각막 기증. 유족에게 소정의 장제비가 지급됨
생체기증	살아있을 때 할 수 있는 기증. 의학적으로 인정되는 범위 안에서 신장 2개 중 1개, 간장, 골수의 일부분을 기증할 수 있음

4) 장기이식 현황

장기이식은 기증자의 생체에서 건강한 장기를 추출하여 치료가 불가능한 말기 환자들의 장기를 대체하는 기술로서 지속적으로 발전해왔으며 이식된 장기의 거부반응이 일어나지 않도록 새롭고 향상된 면역억제제가 개발되어 이식의 성공률은 높아졌다. 1967년 12월 남아프리카공화국 버나드 박사가 세계 최초로 뇌사자로부터 심장을 적출해 난치의 심장병 환자에게 심장이식수술 시행에 성공하였다. 그럼에도 불구하고 심장을 이식받은 환자는 거부반응으로 18일 후 사망하였다. 우리나라에서는 1988년 3월, 서울대 의대 김수태 교수에 의해 처음으로 간 이식 수술이 성공하였는데 이때 간을 제공한 환자는 14세의 뇌사자였다. 심장이식수술에는 생명력있는 건강한 심장이 필요한데 심장박동이 정지된 후에는 부패가 시작되어 이식에 부적합하다. 따라서 심장과 같은 장기는 임종한지 얼마되지 않은 사람의 체내로부터 적출하여 이식해야 한다. 만약 이식 시간이 지체된다면 장기들은 빠른 속도로 파괴되어서 결국 이식할 수 없게 된다.

만약 죽음을 전통적 방식인 심폐사만을 인정한다면 기증자의 심폐기능이 멈출 때까지 기다리는 동안 대부분의 장기는 이식에 부적합하게 부패되어버린다. 그러면 장기이식은 현실적으로 불가능해진다. 이러한 현실을 직시하여 심폐사를 대체할 수 있는 개념으로 뇌사를 받아들이면 수많은 사람들의 장기이식 대기시간을 단축할 수 있다. 전체 뇌 기능이 멈춘 상태인 전뇌사를 사망으로 인정한다면 신장, 간장, 췌장, 심장, 폐, 각막 등 살아있는 장기를 이식하는 것이 가능하다(정화성, 2013).

3. 「장기 등 이식에 관한 법률」

1) 기본이념 및 목적

「장기 등 이식에 관한 법률」은 국민보건의 향상을 목표로 하며 장기기증에 관한 사항과 장기 등의 적출 및 이식에 필요한 사항을 규정한다.

기본 이념으로서 장기 등의 적출 및 이식은 인도적 정신에 따라 이루어져야 하며(제2조 제1항) 기증자의 자발적인 의사는 존중되어야 하며(제2조 제2항) 장기이식의 기회는 이식대기자 모두에게 공평하게 주어져야 한다. 즉 장기 등의 적출 및 이식이 윤리적으로 타당하고 의학적으로 인정된 방법으로 이루어져야 한다.

또한 「인체조직안전 및 관리 등에 관한 법률」 도 사람의 신체적 안전성을 기하고 생리적 기능회복을 위해 인체조직의 기증·관리 및 이식 등에 필요한 사항을 정함으로써 인체조직의 적정한 수습과 안정성을 도모하고 국민보건향상에 이바지함을 목적으로 하며 인체조직의 기증·관리 및 이식은 인도적 정신에 따르도록 규정한다.

2) 장기 등 이식윤리위원회 및 장기이식관리기관

「장기 등 이식에 관한 법률」에서 장기 적출 및 이식과 뇌사판정 등에 관한 자문에 응하기 위하여 보건복지부에 장기 등 이식윤리위원회를 두며 위원회는 위원장을 포함한 15인 이상 20인 이하의 위원으로 구성된다. 장기 등의 이식에 관한 사항을 적정하게 관리하기 위하여 장기이식관리기관을 두되 국립장기이식관리기관은 보건복지부 소속기관 중에서 보건복지부령으로 정하는 기관으로 한다. 장기 등 기증자, 기증희망자, 이식대기자의 등록에 관한 업무를 수행하려는 자는 대통령령으로 정하는 시설·인력 등을 갖추고 보건복지부장관으로부터 장기이식등록기관으로 지정받아야 한다. 등록기관은 장기기증자 또는 이식대기자 등의 등록 및 신체검사에 관한 업무를 담당한다.

3) 장기 등의 적출 · 이식의 금지

「장기 등 이식에 관한 법률」에서 장기이식에 적합하지 않은 감염성 병원체에 감염된 장기, 암세포가 침범한 장기, 이식대상자가 정해지지 않은 경우에 장기 등의 적출은 금지된다. 또한 16세 미만의 미성년자, 임산부, 해산일로부터 3개월이 지나지 않은 사람, 정신질환자, 지적장애인, 마약 · 대마 또는 항정신성 의약품에 중독된 사람의 장기에 대해서도 적출이 금지된다. 16세 이상의 미성년자의 장기 등은 배우자 · 직계존 · 비속 · 형제자매 또는 4촌 이내의 친족에게 이식하는 경우를 제외하고는 적출이 허용되지 않는다.

4) 장기 등의 기증에 관한 동의

「장기 등 이식에 관한 법률」은 장기 등의 적출에 있어서 본인 또는 가족의 동의를 원칙적 요건으로 요구한다. 즉 살아있는 자의 장기 등은 본인이 동의한 경우에만 적출할 수 있으며 16세 이상인 미성년자의 장기 등과 16세 미만인 미성년자의 골수를 적출하고자 하는 경우에는 본인의 동의 외에 그 부모의 동의가 추가적으로 요구된다. 뇌사자 및 사망자의 장기 등은 본인이 뇌사 또는 사망 전에 동의한 경우에 장기적출이 가능하지만 가족 또는 유족이 이를 명시적으로 거부하는 경우에는 적출이 허용되지 않는다. 본인이 뇌사 또는 사망 전에 장기 등의 적출에 동의 또는 반대하였다는 사실이 확인되지 않는 경우에는 그 가족 또는 유족의 동의로써 적출이 가능하다. 이러한 동의를 할 수 있는 가족, 유족, 배우자, 직계존 · 비속, 형제자매가 없는 경우에는 4촌 이내의 친족의 순서를 따르게 된다.

5) 장기 등의 적출시 준수 사항

장기 등을 적출하고자 하는 의사는 우선 「장기 등 이식에 관한 법률」 제23조의 규정에 의한 동의 사실을 확인한 후 본인과 그 가족에게 장기 등 기증자의 건강상태, 장기 등의 적출수술의 내용과 건강에 미치는 영향, 장기 등의 적출 후 치료계획, 기타 장기 등 기증자가 그 적출과 관련하여 사전에 알아야 할 사항들을 충분히 설명해야 한다.

6) 장기와 장기 기증자의 범위

「장기 등 이식에 관한 법률」은 살아있는 사람, 뇌사자 및 사망자 모두로부터 장기 등의 적출을 인정하고 있으며 적출 또는 이식 대상 장기의 범위에 대하여 명문으로 규정하고 있다(제4조 제1호). 즉, '장기 등'이라 함은 사람의 내장이나 그 밖에 손상되거나 정지된 기능을 회복하기 위하여 이식이 필요한 조직으로서 신장, 간장, 췌장, 심장, 폐, 골수, 안구, 췌도, 소장, 위장, 십이지장, 대장, 비장으로 정하고 있다. 뿐만 아니라 살아있는 자로부터 적출할 수 있는 장기 등은 정상적인 신장 2개 중 1개, 간장·골수 및 대통령령이 정하는 장기 등은 의학적으로 인정되는 범위 안에서 그 일부만을 적출할 수 있도록 그 대상을 더욱 제한한다(동법 제11조 제5항).

'장기 등 기증자'란 '다른 사람의 장기 등의 기능회복을 위하여 대가없이 자신의 특정한 장기 등을 제공하는 자'로 정의하고 있으며 장기 등의 매매행위 등을 금지하고 있다(동법 제7조). 또한 「인체조직안전 및 관리 등에 관한 법률」에서도 '조직기증자'라 함은 보건복지부령이 정하는 바에 따라 대가없이 특정한 조직을 제공하는 자로 정의하고(제3조 제2호) 인체조직의 매매행위 등을 금지시키고 있다(제5조). 유상의 대가로서 이루어지거나 이를 교사, 알선, 방조하는 등의 행위 등에 의한 장기제공계약은 동서양속에 반하는 반사회질서의 법률행위로서 무효라고 할 것이며(민법 제103조) 이를 위반할 경우에는 「장기 등 이식에 관한 법률」 제40조, 「인체조직안전 및 관리 등에 관한 법률」 제33조에 의해 형사처벌의 대상이 된다.

7) 장기 등의 적출 요건

「장기 등 이식에 관한 법률」을 토대로 장기이식은 뇌사자의 장기를 적출 및 이식하는 뇌사 이식을 원칙으로 하며 사망자로부터 장기 적출·이식하는 사체 이식이 있다. 그리고 살아있는 자로부터의 이식인 생체 이식은 이를 보완하는 개념이다.

우리나라의 「장기 등 이식에 관한 법률」에 명시된 장기이식의 요건은 다음과 같다(정화성, 2013).

<table>
<tr><th></th><th>생체 기증자</th><th>뇌사 또는 사망 기증자</th></tr>
<tr><td>적출 가능 장기</td><td>신장 2개 중 1개, 골수, 간장의 일부, 위, 십이지장, 대장, 비장(소장과 동시에 이식가능)</td><td>이식가능한 모든 장기
(신장, 간장, 췌장, 심장, 폐, 각막)</td></tr>
<tr><td>적출 금지자</td><td>① 16세 미만 미성년자
② 임산부 또는 해산일로부터 3개월이 경과되지 않은 자
③ 정신질환자, 지적장애자
④ 마약, 대마 또는 향정신성 약품 중독자</td><td>① 뇌사자나 사망자가 정신질환자나 정신지체인으로써 본인의 사전 동의가 없는 경우
② 해부 또는 검사가 필요한 경우</td></tr>
<tr><td>적출 요건</td><td>본인의 동의
단, 16세 이상인 미성년자의 장기 등과 16세 미만인 미성년자의 골수는 본인 외에 부모의 동의 필요</td><td>① 본인의 동의
단, 가족이나 유족이 명시적으로 거부하는 경우는 적출불가
② 본인의 동의 또는 반대사실이 확인되지 않는 경우→가족 또는 유족의 동의(단, 16세 미만자는 부모의 동의)</td></tr>
<tr><td>동의 요건</td><td colspan="2">① 본인의 동의 : 본인이 서명한 문서에 의한 동의 또는 「민법」의 유언에 관한 규정에 따른 유언의 방식으로 한 동의
② 가족 또는 유족의 동의 : 가족 또는 유족의 순서*에 따른 선순위자 1명의 서면 동의. 다만, 선순위자 1명이 미성년자이면 그 미성년자와 미성년자가 아닌 다음 순서의 가족 또는 유족 1명이 함께 동의한 것이어야 하고 선순위자가 행방불명이거나 그 밖에 대통령령으로 정하는 부득이한 사유로 동의를 할 수 없으면 그 다음 순위자가 동의
③ 뇌사자 또는 사망자의 장기 등의 적출에 관한 그 가족 또는 유족의 거부 의사표시는 가족 또는 유족의 순위에 따른 선순위자 1명이 하여야 한다.

* 가족 또는 유족의 범위 및 순서
① 배우자 ② 직계비속 ③ 직계존속 ④ 형제자매
⑤ ①~④ 사이에 해당하는 가족 또는 유족이 없는 경우에는 4촌 이내의 친족</td></tr>
</table>

8) 「장기 등 이식에 관한 법률」의 시행상의 문제점

장기이식과 관련된 법·제도적 측면에서 자주 지적되는 것 중 하나는 「장기 등 이식에 관한 법률」이 장기이식을 위한 법이라면 장기이식의 기회를 확대할 수 있어야 그 입법 취지에도 부합할 것이라는 것이다. 그런데 현행 「장기 등 이식에 관한 법률」이 시행된 이후 공급되는 장기의 절대수가 감소했고 따라서 각막뿐 아니라 장기이식의 수혜자가 줄어들고 있다. 현행 「장기 등 이식에 관한 법률」과 국립장기이식관리센터의 역할이 이식대상자의 선정(장기분배의 문제)에 집중하고 있음으로써 발생한 문제로 다음과 같은 문제점들을 고려해야 한다.

(1) 동의의 문제

생전에 장기기증자가 자신의 의사를 명확히 표시하는 행위인 자기결정권과 가족(유족)의 사망자에 대한 보호권에 있어서 동의의 문제는 매우 중요하다.

「장기 등 이식에 관한 법률」에 의해 장기이식을 할 때 선순위자가 없을 경우 차순위를 인정하는 것은 동의 부분에서 문제가 된다. 법에서 정한 차순위는 가족(유족)이 없는 경우 4촌 이내의 친족까지 인정하고 있다. 그리고 뇌사자가 생전에 동의를 하였더라도 가족의 반대 시에는 장기이식을 할 수가 없으며 결국 뇌사자의 기증여부에 대한 동의는 본인의 의사보다는 가족들의 동의에 따라야 한다는 것이 법률상의 문제이다. 몇몇의 나라에서는 가족의 반대 의사가 없을 때 동의로 추정한다.

우리나라의 경우는 사전 동의에 대한 부분이 매우 부족하여 본인이 서명한 문서의 동의나 민법의 유언규정에 의한 유언방식으로 동의하는 것(제12조)만을 동의로 인정하고 있다.

그러나 대부분의 나라들은 법을 통해 사전기증의사를 밝히게 하여 장기기증의 기회를 높이고 있다.

(2) 뇌사판정의 문제

뇌사 기증자에 대한 논의는 뇌사판정을 죽음으로 인정하는 전제하에서 출발한다. 장기이식에 있어서 뇌사판정의 신속함과 정확성은 매우 중요하며 그 이유는 뇌사판정으로부터 장기이식까지 걸리는 시간과 관련하여 장기의 기증상태를 최적으로 유지하여야 하기 때문이다. 뇌사판정부터 기증자로 결정날 때까지 걸리는 시간이 길수록 장기의 기증률은 떨어지고 또한 관리 비용 부담으로 기증자나 수혜자 모두에게 불리하다. 따라서 뇌사판정은 신속하고 정확하게 이루어져야 한다.

(3) 장기분배 문제

장기의 정의로운 분배가 이루어져야 한다는 부분은 장기이식 대기자들에게는 큰 의미가 있으며 모든 사람이 동등하게 건강과 생명의 보호를 위해 배려받을 권리를 지니고 있음은 생명에 대한 기본권에 포함되어 있다. 이러한 권리는 사회적, 경제적 상황과는 무관하며 최상의 치료를 받을 권리로서 보장된다. 「장기 등 이식에 관한 법률」에는 '장기 등의 이식을 필요로 하는 모든 사람이 장기 등을 공평하게 이식받을 수 있는 기회가 보장되도록 하여야 하며 장기 등의 적출 및 이식이 적정하게 이루어지도록 하여야 한다.' 라고 명시하고 있다(제5조).

(4) 생체 이식에 관련된 문제

살아있는 사람의 장기기증에 대한 순수성 평가는 장기 등의 매매행위를 금지하기 위한 목적으로 각 기관에서 관련 직원들과 보증인들이 관여하여 이루어지고 있으나 장기기증자가 작성한 '신청서와 동의 서류' 그리고 순수성 평가로 이식을 진행할 수 있도록 기관장이 승인을 하는 경우가 대부분이다. 그런데 순수성 평가과정이 형식에 그쳐 법적인 승인 하에 매매거래를 할 수 있는 여지가 있다. 자신이 원하지 않는 이식을 강요당하는 경우도 있으며 미성년자인 16세를 기준으로 본인과 부모의 동의로 결정하는 것이 문제이다. 또한 「장기 등 이식에 관한 법률」에는 의사가 본인 여부를 확인해야 한다고 명시되어 있으나(제23조) 의사가 하는 경우는 소수 병원에 불과하고 순수 기증이식의 경우 대기자 우선순서도 법률에 제시되어 있으나 이와 상관없이 병원 자체의 내규를 정하여 실행하고 있는 병원도 있다.

(5) 장기매매 문제

또한 「장기 등 이식에 관한 법률」에도 분명히 '재산상의 이익을 대가로 장기이식을 금지하고 있다'라고 명시되어 있다(제7조). 이처럼 「장기 등 이식에 관한 법률」이 장기매매의 방지를 위해서 존재하지만 불법적이며 은밀한 장기매매행위는 근절되고 있지 않다. 그리고 장기 수혜자에 비해 장기 제공자가 부족하기 때문에 음성적인 장기매매의 가능성이 높아지고 있다.

(6) 기증자 예우 문제

뇌사자의 가족들은 타인의 아픔을 덜어주기 위해 가족을 잃은 슬픔 속에서도 장기기증을 통한 장기적출의 여부를 판단해야 하는 상황에 처하게 된다. 이러한 상황 속에서 가족들은 복잡한 입장과 심정에 처하게 되며 극도로 민감해지기 마련이다. 이러한 가족들에게서 장기기증의 동의를 받아내고 사후처리에 대해 지원하는 일은 고도의 상담원만이 해낼 수 있다. 그럼에도 국립장기이식관리센터는 뇌사 기증자의 상담 전문가를 양성하는 교육프로그램도 없이 운영하고 있으며 이러한 이유로 뇌사판정과 기증절차가 복잡하여 기증 의사를 중도에 번복하여 장기기증을 포기하는 심각한 문제가 발생한다. 병원에서도 뇌사 기증자와 그 가족에 대한 배려와 편의를 고려하여야 한다.

장기기증에 관한 권한

(선택사항)

본인은 아래와 같이 기증할 권한을 본인의 환자 대변인에게 명확히 부여합니다.

(당신의 바람을 반영한 어떤 [항목]이든 표시하십시오.)

☐ 이식, 치료, 의학적 연구나 교육 목적을 위해 필요한 모든 장기나 신체 일부분

☐ 이식, 치료, 의학적 연구나 교육 목적을 위해 아래에 열거된 장기나 신체 일부분

____

☐ 해부학적 연구를 위해 전신

☐ (선택사항) 본인은 본인의 장기가

____

(의사명, 병원명, 학교명, 장기은행명 또는 개인 이름을 기재하십시오.)

로 기증되기를 원합니다.

이 기증은 본인이 사망과 동시에 효력을 발휘할 것입니다. 본인이 본인의 환자 대변인에게 부여한 다른 권한과 달리 이 권한은 본인의 사망 후에도 여전히 유지됩니다.

____

(만일 당신이 당신의 환자 대변인에게 이 권한을 부여하기를 원한다면, 서명해주십시오.)

“아들 시신 뒤처리하라니… 이 꼴 보려고 장기기증 했나”

최근 사랑의장기기증운동본부에는 하루 수백 통씩 장기기증 서약을 취소하겠다는 전화가 쏟아졌다. 질병관리본부 장기기증센터도 뇌사자 장기기증을 취소하고 싶다는 가족들 문의가 빗발쳤다. 실제 일주일 만에 1000여명이 장기기증 의사를 철회했다. 지난해 장기기증자(573명) 두 배 가까운 숫자다. 지난 9일 있었던 한 보도가 도화선이었다. 숨진 아들의 장기를 기증한 허모씨는 언론 인터뷰에서 “(장기기증) 수술을 다 끝낸 아들의 시신을 나한테 데리고 가라고 했다”며 “내가 이 꼴을 보려고 (아들의) 장기기증을 결정했나 엄청나게 후회했다”고 말했다.

장기기증이 이뤄진 병원에서 2시간여 떨어진 지역 장례식장으로 운구하는 과정에서 혼선이 있었다는 게 관계자들 설명이다. 병원과 계약을 맺은 장례업체에서 앰뷸런스를 부르고 시신을 차 안까지 옮겼지만 직원들이 동행하지 않았고 앰뷸런스엔 유족 한 명만 함께 탄 것으로 알려졌다. 해당 병원 측은 “고인과 단둘이 장례식장으로 이동하는 과정에서 담당 코디네이터도 없는데다가 차가 많이 흔들려 유족의 감정이 상했던 것 같다”고 했다.

현재 뇌사자가 장기를 기증하면 유족은 진료비 180만원과 장례비 360만원을 지원받는다. 장기이식센터 장기기증지원과 최기호 과장은 “장기기증은 대부분 대형병원에서 하기 때문에 절차는 잘 갖춰져 있는 편”이라며 “다만 아직 우리나라 병원 상당수는 장례지원에 그칠 뿐 기증자나 유족에 대한 예우는 소홀한 실정”이라고 했다. 그는 “단순히 금전적 지원에 머물 게 아니라 유족에 대한 정서적 지원, 장기기증자에 대한 사회적 추모 분위기가 뒤따라야 한다”고 했다.

우리나라 인구 100만명당 뇌사 장기기증자 수는 9.96명(2015년)으로 미국(28.5명)의 3분의 1 수준이다. 미국은 기증자 가족을 위한 추모 행사를 열고 기증자 가족끼리 모임을 갖는 분위기가 활발하다. 지난해 1월 미국 유학 중 교통사고를 당한 한국인 김유나(당시 19세)씨의 장기를 기증받은 27명은 애리조나 장기기증 네트워크에 감사편지를 보내 고인의 부모에게 전달했다.

장기기증자 차별신고센터에는 '간 이식을 했는데 민간보험사에서 보험 가입을 거부한다', '아버지에게 간 이식을 했는데 군에서 승진 때 불이익을 받았다' 같은 상담이 꾸준히 들어온다고 한다. 장기기증자 사후부터 이식 수술, 장례까지 전반적 절차를 담당하는 코디네이터에 대한 열악한 처우도 문제로 지적된다. 늘 인력 부족에 시달리다 보니 장기기증 진행 과정에서 유족의 정서적인 면까지 세심하게 살피기 어렵다는 것이다. 서울의 한 대형병원 장기이식 코디네이터는 "통상 장기기증은 30시간 동안 모든 절차가 진행된다"며 "코디네이터가 두 명뿐이라 장기기증이 마무리될 때쯤이면 녹초가 된다"고 했다.

서울성모병원은 장기기증에 대한 인식 변화가 필요하다는 목소리를 반영해 2009년부터 자체적으로 장기기증자에 대한 예우 절차를 마련했다. 코디네이터가 수술실에 함께 들어가고 장기 구득(求得)을 마치면 깨끗이 닦은 시신 위에 흰 국화를 놓아준다. 수술 전 의료진은 다음과 같은 기도문을 읽는다.

"잠시 후면 ○○님은 소중한 몸을 아픈 이를 위해 내어주고 세상을 떠나게 될 것이지만 그의 선한 뜻을 기억해주시고 함께 해주십시오."

출처: 조선닷컴, [Why] "아들 시신 뒤처리하라니… 이 꼴 보려고 장기기증 했나", http://news.chosun.com/site/data/html_dir/2017/10/20/2017102002239.html, 2017. 10. 21.

1. 장기이식으로 사랑 전하고 떠난 3살 주환이…뇌사 상태서 4명에게 기증

급성 바이러스성 뇌염으로 뇌사 상태에 빠진 3살 남아(주환이)로 17일간 치료를 했지만 의식이 돌아오지 않았다. 부부는 '채 피지 못한 꽃봉오리지만 다른 사람의 몸에서라도 피어났으면 좋겠다'는 생각으로 주환이의 장기기증을 결정했다. 주환이의 심장・간・좌우 신장은 네 명에게 무사히 전달되었다.

출처: 장기이식으로 사랑 전하고 떠난 3살 주환이…뇌사 상태서 4명에게 기증, JTBC 뉴스, 2016. 01. 06. 15:57.

2. 낯선 이에게 새 삶 안겨주는 장기기증

뉴질랜드 웰링턴의 큐바 스트리트에서 20대의 한 청년(마이클)이 갑자기 쓰러졌다. 정신을 잃은 채 병원으로 실려갔지만 이튿날 아침에 뇌출혈로 인해 소생 가망성이 없는 뇌사판정을 받게 되고 상태가 점점 악화되면서 생애를 마쳤다. 생전 마이클은 장기기증에 대해 사람이라면 마땅히 해야 될 일이라며 적극적인 자세를 보였고 가족들로서는 그의 삶이 어디에선가 이어지길 원해 양 눈・간・좌우 신장・심장・폐 등을 7명의 각기 다른 사람들에게 기증했다.

출처: 낯선 이에게 새 삶 안겨주는 장기기증, The KOREAPOST 뉴스, 2017. 04. 26. 20:50.

3. 프랑스인 모두 장기기증자?

프랑스에는 장기기증을 명확히 거부하지 않는 모든 사망자를 장기기증자로 간주하는 법이 시행된다.

지난 1일 영국 가디언지의 보도에 따르면 새 법안은 사망자가 생전에 장기기증 거부의 뜻을 밝히지 않았다면 가족이 반대해도 장기 적출에 동의한 것으로 판정한다는 내용을 담았다. 장기기증을 거부하는 이들은 생전에 가족이나 친척에게 자기 서명을 한 문서를 남기거나 구두로 명확하게 반대 의사를 밝혀야 한다.

새 법에 따라 장기기증이 아니라 장기기증을 거부하는 사람이 미리 이름을 등록해야 한다. 현재 사망 뒤 장기 전체나 일부 적출을 원치 않는 명단엔 약 15만 명이 이름을 올렸다. 프랑스 정부는 장기기증 거부 등록을 우편 대신 인터넷으로 신청받을 계획이며 SNS 등을 통해 해당 절차에 대한 설명을 제공하고 있다.

출처: 프랑스인 모두 장기기증자?, YTN, 2017. 01. 05. 14:10.

강원도내 장기이식의 빛과 그늘

의학이 발전했어도 예나 지금이나 크게 사정이 나아지지 않는 분야가 있는데 바로 인간의 신체를 대처할 수 있는 인공장기의 개발이다.

인공장기에는 줄기세포 장기, 바이오 이종장기(동물의 장기를 이용한 인공장기), 전기기계장치 인공장기(인공심장) 등이 있다. 이들 인공장기의 성공적인 임상 적용을 위해서는 의학적, 윤리적 문제 등 해결해야 할 과제가 많은 상황이다. 결국 제 기능을 다한 신체 장기를 대처할 수 있는 방법 중 사람과 사람 사이의 장기이식이 지금으로서는 가장 현실적이다.

장기기증은 뇌사장기기증, 생체장기기증, 그리고 사후기증으로 이뤄지고 있다. 뇌사장기기증과 생체장기기증이 효과적이며 사후기증은 제한적인 장기에서만 가능하다.

특히 심장, 췌장, 폐와 같은 장기는 거의 전적으로 뇌사장기기증에 의존하고 있다. 국내에서 장기이식은 2000년 1,303건에서 2015년에는 4,107건으로 15년 동안 3배 이상 증가했는데 2015년 강원지역의 전체 건수는 총 100건으로 국내 타 지역과 비교 시 상대적으로 낮다.

특히 뇌사장기기증의 경우는 뇌사판정과 동시에 이식과 관련된 수술이 가능한 병원까지의 이송 시간 등이 이식 수술의 성공에 중요한 요인이 될 수 있다. 그러나 강원도의 경우는 사회적, 경제적 그리고 지리적 특성에서 난관이 있다.

그중에서도 산악지역이 많고 영동과 영서로 나뉘는 지리적 특성은 신속을 요하는 이식과 관련된 수술에 불리한 환경적 요소가 될 수 있다. 또한 이식 이후 환자 상태에 대한 정기적 진료와 관찰이 성공의 여부를 결정하는 중요한 부분이지만, 도내의 이식과 관련된 전문 의료진 확보와 시설 확충이 매우 열악한 상황이다.

최근 필자가 근무하고 있는 병원에서 뇌사자 판정과 동시에 장기기증을 위한 수술이 이뤄졌고 고귀한 희생을 통해 생명이 꺼져가는 환자들이 새로운 삶과 빛을 다시 찾을 수 있었다.

과거에는 이러한 절차와 과정들이 인력과 시설이 완비된 서울 지역의 몇몇 대형병원이 주도할 수밖에 없었으나, 그 과정에서 중요한 시간이 지체되고 서울에 연고가 없는 기증자들의 가족들과 친지들이 타지에서 신체적으로나 정서적으로 힘든 고충을 겪어야 했다.

이러한 어려움을 극복하기 위해 강원도 내의 장기이식 활성화가 절실하게 요구되고 있지만 우리 강원도의 장기이식과 관련된 미래 상황은 그다지 밝지만은 않은 실정이다.

의료 인력의 부족, 병원 경영의 부담, 의료 기술 발전 투자의 부담 등 당면한 과제가 너무 많기 때문이다.

그러므로, 장기이식과 연관된 인력과 시설 장비에 정책적인 투자가 절실한 상황이다. 강원도 내 우리 가족, 친지, 그리고 이웃들의 건강을 책임질 수 있고 선진 의료서비스를 제공해 줄 수 있는 거점 병원의 안정적 정착을 위해 많은 지혜와 노력을 기울일 때다.

출처: 강원일보, 이승환, "강원도내 장기이식의 빛과 그늘",
http://www.kwnews.co.kr/nview.asp?s=601&aid=217020800055, 2017. 02. 09.

〈관련 동영상〉

1. 「장기기증 서약자 중 첫 실제 기증 사례」

지난 1999년 우연히 방송을 본 뒤 아들과 함께 장기기증 서류를 작성했던 박기월 씨는 2004년 11월을 잊지 못합니다.

김상진 씨가 서른한 살의 나이 갑작스런 뇌동맥류 파열로 쓰러졌기 때문인데요.

잊고 있던 장기기증 서류를 다시 맞닥뜨린 것도 아들의 뇌사판정 당일.

힘든 마음에 많이 망설였지만 가족들은 "속 깊던 아들이라면 약속을 지켰을 것"이라는 생각에 장기기증에 동의했습니다.

출처: YTN NEWS
http://www.ytn.co.kr/_ln/0103_2017091
https://youtu.be/GHmSzhv0lJA

2. 「한국 장기기증원 공익광고」

지하철 역내에서 온에어 되는 장기기증원 광고입니다. 실제로 장기기증을 받으신 분들이 광고의 모델로 참여 하셨습니다.

한국장기조직기증원
Korea Organ Donation Agency

출처: 한국 장기기증원
http://www.koda1458.kr/koda/intro.do
https://youtu.be/BPaA3aBbMKw

제 5 장

자 살

자 살

– 류시화 –

눈을 깜박이는 것마저
숨을 쉬는 것마저
힘들 때가 있었다

때로 저무는 시간을 바라보고 앉아
자살을 꿈꾸곤 했다

한때는 내가 나를 버리는 것이
내가 남을 버리는 것보다
덜 힘들 것이라고 생각했다

나무가 흙 위에 쓰러지듯
그렇게 쓰러지고 싶었다

그러나 나는
아직 당신 앞에
한 그루 나무처럼 서 있다

제 5 장

자 살

1. 자살의 정의

세계보건기구의 정의에 의하면 자살은 '치명적인 결과를 초래하는 자해 행위'라고 하였고 자해 행위란 '어느 정도의 자살의도를 갖고 그 동기를 인지하면서 자기 자신에게 가한 상해'라고 정의한다. 즉 자살은 행위자가 스스로를 죽이려는 의도를 가지고 행한 죽음으로 자신에게 가한 폭력이다.

자살은 의학적, 법적, 사회적 요인에 따라 차이가 있지만 일반적으로 자발적, 의도적으로 자신의 생명을 끊는 행위로써 고의적으로 자신에게 부과한 죽음이다(안용민, 2012).

미화된 자살뿐 아니라 비장하게 숭고화되는 자살도 있다. 정치적으로 암울했던 시기에 자신의 몸을 불살라 인간해방과 민주주의를 외친 젊은이들은 열사로 불린다. 지금도 팔레스타인 청년들은 자주적인 독립국가를 쟁취하기 위해 제 몸에 폭탄을 두르고 자살 테러를 감행하고 있고 이들의 자살은 단순한 자기살해가 아니라 대의를 위한 자기희생으로 해석된다(토마스 브로니쉬, 2002).

2. 자살의 어원

1) 영어 suicide : 라틴어의 Sui(자신) + caedo(죽이다)
2) 한자 自殺 : 자기를 살해한다
3) 독일어 Selbstmord : Selbst(자기) + Mord(죽이다)

자살이라는 용어는 대부분의 문화권에서 단순한 죽음이 아닌 살인이라는 부정적인 의미가 깔려있는 것이다.

3. 자살과 자살기도(Stengel, 1969)

1) 자살

당사자가 자유의사에 의하여 자신의 목숨을 끊는 행위

2) 자살기도

(1) '준 자살'이라고도 함
(2) 스스로 자기의 목숨을 끊으려고 꾀하는 일 또는 계획이나 행동
(3) 환자가 자발적이고 의도적으로 자해를 하는 경우
(4) 어떤 물질을 치료상의 용량을 초과하거나 일반적으로 소비되는 수준 이상으로 복용하거나 또는 환자가 약효를 발휘할 수 있다고 믿는 만큼 복용하는 행동

3) 자살과 자살기도 집단의 차이점

(1) 두 집단은 규모에서 서로 차이가 나는데 자살기도자 집단이 자살자 집단보다 몇 배나 더 크다.

(2) 성별 및 연령은 서로 다르다.
자살자 집단의 경우 남자가 더 많으며 자살기도자 집단은 여자가 더 많다. 나이가 많은 층에서는 자살자 수가 더 많고 낮은 연령대에서는 자살기도의 수가 많다.

(3) 자살기도자 집단의 성원이 다른 집단 즉, 자살자 집단으로 옮겨가는 경향은 비교적 적다.

(4) 성공한 자살기도 즉, 자살의 경우는 그것으로 개인의 삶이 끝나게 됨에 반해 실패한 자살기도는 개인의 삶에서 의미심장한 사건이 되며 그 사람이 겪는 삶의 상황, 특히 주변 사람들과의 관계에서 결정적인 변화를 불러일으키는 경우가 많다.

4) 자살과 자살기도 집단의 공통점

(1) 자살기도가 여러 번 감행될수록 자살이 성공할 가능성이 커진다.

(2) 자살기도의 경우는 여성이, 자살의 경우는 남성이 훨씬 많기는 하지만 꽤 많은 수의 여성이 자살하며 또 상당한 수의 남성이 자살기도를 한다.

(3) 장차 자살할 가능성이 높은 사람들의 특성, 즉 자살할 가능성을 예측할 수 있게 해주는 특성은 성공한 자살자 뿐아니라 자살하지 않은 사람들에게도 적용되는 것이 상당 부분 존재한다.

(4) 실패한 자살기도가 그것을 시도한 개인이 겪는 삶의 상황을 결정적으로 변화시킬 수 있는 의미심장한 사건이 되기는 하지만 긍정적인 전환이 될지 아니면 그 사람의 삶을 끝장내는 성공한 자살기도가 될지는 알 수 없는 일이다.

5) 자살의 실태

(1) 여성보다 남성의 자살률이 높다.

(2) 나이가 많을수록 자살률이 높다. 이는 남성과 여성 모두 마찬가지이며 연령이 높아질수록 남성과 여성의 자살률은 서로 비슷해진다.

(3) 자살기도율은 여성이 높다. 자살기도를 하는 사람들의 연령분포는 자살자의 경

우와 반대된다. 즉 15~30세의 젊은 연령집단, 특히 여성이 훨씬 높은 비율로 나타난다.

(4) 이민자들이 자살을 더 많이 한다.

6) 자살을 유발하는 위험 요소들

UN과 세계보건기구의 보고서에 의하면 자살의 위험을 높이는 위험 인자들은 의학적, 사회적, 인구학적, 경제적, 심리적 측면에 걸쳐 다양하며 각 측면의 위험 인자들은 복잡한 상호작용을 통해 한 사람이 최종적으로 자살을 선택하도록 이끈다고 하였다. 따라서 특정 위험 인자를 주요 대상으로 하는 예방 프로그램만으로는 자살을 효과적으로 예방하기 어렵고 성공적인 자살예방을 위해서는 자살과 관련된 다각적 측면으로 통합된 전략을 수립해야 한다.

(1) 성별 : 자살의 경우는 남성이 위험 요소를 많이 지니고 자살기도는 여성이 많다.

(2) 나이 : 자살의 경우는 50세 이상 고령까지의 나이든 연령층이 위험하며 자살기도의 경우는 젊은 층, 특히 15~34세의 연령집단이 위험하다.

(3) 결혼 여부 : 일반적으로 이혼한 사람들, 특히 이혼한 남성에게서 자살률이 가장 높게 나타나며 이는 자살기도에도 해당된다. 이혼, 사별, 미혼의 순으로 높게 나타났다.

(4) 직업관계 : 실업과 자살 및 자살기도 사이에는 연관성이 있다.

(5) 계절적 변동 : 자살이 일반적으로 봄과 여름에 많이 일어난다는 사실은 오래전부터 알려져 있다.

(6) 도농 차이 : 많은 나라에서 자살률이 도시 지역에서 높고 농촌 지역에서 낮은 것으로 나타났다.

(7) 종교 : 특히 가톨릭 국가들에서 자살률과 자살기도율이 낮게 나타났다.

7) 자살위험 집단

앞에서의 본 바와 같이 자살과 자살기도의 경우 이혼, 사별, 미혼, 실업자의 순서로 높게 나타나고 자살의 경우에는 남성과 50세 이상의 고령층이 높고 자살기도의 경우에는 여성과 젊은 연령집단, 특히 15~34세의 연령집단 그리고 사회적으로 하층

계급의 사람들이 높은 것으로 나타났다. 특히 자살위험이 높은 집단은 다음과 같다.

(1) 우울증 환자
(2) 기타 정신병 환자(특히 정신분열증 환자)
(3) 알코올 중독자 및 기타 중독자
(4) 범죄행위를 저지른 적이 있는 사람들
(5) 만성적인 불치병을 앓는 환자
(6) 노인
(7) 부부 관계에서 위기를 겪고 있는 사람들
(8) 심각한 사회적 재해를 겪고 있는 사람들
(9) 시골에서 도시로 이주한 사람들
(10) 과거에 주변에서 자살을 경험한 적이 있는 사람들

4. 자살 전 징후

자살 전 징후로는 희망의 상실(우울증), 가해욕구(공격성), 기타 정신병적 장애를 들 수 있다.

1) 희망의 상실(우울증)

(1) 우울증은 상당 기간 지속되는(최소한 2주) 우울한 기분 또는 즐거움의 상실 그리고 우울한 기분이나 슬픔에 동반되는 여러 증상이다.
(2) 증상으로는 식욕부진, 현저한 체중감소, 불면증이나 과도한 수면, 정신운동성 불안이나 정신운동성 억제(행동이 느려짐), 피로나 기력 상실, 자신이 무가치하다는 느낌, 과도하거나 부적절한 죄책감, 사고력 내지 집중력의 저하, 우유부단함, 죽음에 대해 자주 생각, 정확한 계획이 없으면서도 자살할 생각을 자주 하고 자살기도를 하거나 자살기도를 위해 면밀한 계획을 세우는 것 등이 있다.
(3) 우울증은 자살 생각 및 자살 기도를 동반한다.

2) 가해 욕구(공격성)

(1) 공격성은 어떤 대상에게 해를 입히거나 고통을 가하려는 의도 또는 실제로 고통을 가하는 행위이다.

(2) 공격성 그리고 공격성과 유사한 충동성, 흥분, 적개심은 자살적 태도에서 중요한 요인으로 자살적 태도를 인식하는 중요한 요인이 된다.

3) 기타 정신병적 장애

기타 정신병적 장애로는 알코올 중독, 정신분열증, 공황 발작 및 인격장애를 들 수 있으며 각각에 대해 살펴보면 다음과 같다.

(1) 알코올 중독(Feuerlein, 1983)

알코올 중독자는 알코올 소비의 양과 방식에 있어서 비정상적 또는 병적인 태도를 취한다. 남성의 경우 순수한 알코올 섭취량이 하루에 150ml 이상, 여성은 120ml 이상씩 최소한 서너달 이상 계속 마시는 것을 의미한다.

병적인 음주태도는 아침부터 술을 마시기 시작하는 경우를 말하며 알코올의 독성으로 인한 지방간이나 췌장손상 또는 다발성신경병증 같은 알코올과 관련된 신체적 피해를 겪는다. 또한 해고나 별거, 이혼 등 알코올과 관련하여 정신·사회적 피해를 겪고 내성과 금단증상이 생기게 된다. 주관적 차원의 금단증상이 생기고 통제력 상실, 즉 의식을 잃을 때까지 마시는 것을 말한다.

(2) 정신분열증

정신분열증이란 현실성 상실 정도가 심한 정신장애이다. 현실성 상실은 환각, 망상, 사고장애, 비정상적 정신운동, 비정상적 정동(affect) 등 증상을 말한다.

(3) 공황 발작

한 번 또는 여러 번의 발작 후 또 다시 발작이 일어날지 모른다는 두려움을 최소한 한 달 이상 지속적으로 품게 되는 것을 말한다. 이에 대한 강력한 공포나 커다란 불안감이 특정하게 제한된 기간에 나타나는 것이 공황 발작이다.

공황 발작은 다음 같은 증상을 나타낸다.

① 호흡곤란이나 가슴이 조여드는 느낌

② 정신이 혼미해짐

③ 불안감 또는 무기력감

④ 심장이 두근거리거나 맥박이 빨라짐

⑤ 몸이 떨리거나 경련이 일어남

⑥ 진땀, 숨이 막히는 느낌

⑦ 메스꺼움이나 복통

⑧ 자아감 상실

⑨ 귀가 들리지 않음

⑩ 초조감

⑪ 신열이나 오한

⑫ 흉부의 통증이나 압박감

⑬ 죽을 것 같은 공포

⑭ 미칠 것 같은 공포 또는 자제력 상실에 대한 공포 등

(4) 인격장애

인격이 경직되고 부적응적이며 사회적인 능력에 심각한 손상이 있거나 주관적인 괴로움으로 이어질 경우를 말한다. 인격장애는 반사회성 인격장애와 자기애성 인격장애가 있다.

① 반사회성 인격장애

타인의 권리를 대수롭지 않게 여기고 침해하며 반복적인 범법행위나 거짓말, 사기성, 공격성, 무책임함을 보이는 인격장애로 미국정신의학회(American Psychiatric Association)가 2013년 개정한 정신질환 진단 및 통계편람 제5판(DSM-5)에 따른 진단 기준은 다음과 같다.

㉠ 15세 이후에 시작되고 다른 사람의 권리를 무시하고 침해하는 행동 양상을 보이며 다음 중 3가지 이상의 항목에 해당되어야 한다.

ⓐ 반복적인 범법행위로 체포되는 등 법률적·사회적 규범을 따르지 않는다.

ⓑ 거짓말을 반복하거나 가명을 사용하거나 자신의 이익이나 쾌락을 위해 다른 사람을 속이는 사기성이 있다.

ⓒ 충동적이거나 미리 계획을 세우지 않고 행동한다.

ⓓ 쉽게 흥분하고 공격적이어서 신체적인 싸움이나 타인을 공격하는 일이 반복된다.

ⓔ 자신이나 타인의 안전을 무모하게 무시한다.

ⓕ 시종일관 무책임하다. 예컨대 일정한 직업을 꾸준히 유지하지 못하거나 당연히 해야 할 재정적 책임을 다하지 못한다.

ⓖ 다른 사람에게 해를 입히거나 학대하거나 또는 다른 사람의 물건을 훔치는 것에 대해 아무렇지도 않게 느끼거나 합리화하는 등 양심의 가책을 느끼지 않는다.

㉡ 진단 당시 최소한 만 18세 이상이어야 한다.

㉢ 만 15세 이전에 미국정신의학회의 진단기준에 따른 품행장애가 시작된 증거가 있다.

㉣ 반사회적 행동이 조현병이나 양극성장애의 경과 중에만 발생한 것은 아니어야 한다.

[네이버 지식백과] 반사회적 인격장애 [antisocial personality disorder]
(서울대학교병원 의학정보, 서울대학교병원)

② 자기애성 인격장애

자신에 대한 과장된 평가, 인정받고 싶은 욕구, 다른 사람에 대한 공감의 결여를 특징으로 하는 인격장애로 자기애성 인격장애 환자는 무한한 성공욕으로 가득 차 있고 주위 사람들로부터 존경과 관심을 끌려고 애쓴다. 지위나 성공을 위하여 대인관계에서의 착취, 공감 결여, 사기성 같은 행동 양식을 보인다. 특히 형제없이 자란 사람에게 많이 생기며 연극 등 예술분야, 운동, 학문연구를 하는 전문인들에게 발생하는 경향이 있다. 스스로 천재라고 생각하는 사람이 많다. 평생 유병률은

1% 정도이다.

[네이버 지식백과] 자기애성 인격장애 [narcissistic personality disorder]
(서울대학교병원 의학정보, 서울대학교병원)

5. 자살 발생이론

1) 생물학적 이론

(1) 유전이론

자살의 발생에 관한 가장 중요한 가설이다. 가족의 성원들에게 자살로 이어질 수 있는 우울증의 유전적 소인이 있다. 자살은 모방이라는 의미에서 자살은 흉내낸 것일 수도 있다(사회학적 가설). 모든 자살에는 가정 내의 갈등이나 괴로운 인생 문제가 연관되어 있을 수 있다(심리학적 가설).

① 쌍생아 연구 - 이란성 쌍생아의 유전자가 쌍생아로 태어나지 않은 형제간의 경우와 비슷한 반면 일란성 쌍생아의 유전자 배열은 거의 동일하다는 생물학적 사실을 근거로 한다. 이란성 쌍생아에 비해 일란성 쌍생아에게서 자살 또는 자살기도가 반복되는 경우가 많다면 유전때문이라는 가정이 쉽게 나오게 된다.

② 입양아 연구 – 한 명은 생물학적 부모 밑에서 성장하고 다른 한명은 양부모 밑에서 성장한 일란성 쌍생아를 연구대상으로 할 수 있다. 자살성향이 일란성 쌍생아 중에서 생물학적 부모 밑에서 성장한 경우에만 국한되어 나타났다면 그것은 자살성향의 유전성을 말해줄 수 있을 것이다.

2) 사회학적 이론

자살은 기본적으로 사회 분업의 확대와 함께 개인에 대한 사회의 도덕적 규제가 약화됨으로써 증가한다는 것이다. 뒤르껭은 분업화된 사회에서 사회성원간 서로 밀접하고 친밀한 관계를 갖지 못하거나 공통으로 받아들일 수 있는 규칙을 만들지 못하게 되면 사회 내의 각 부분간 협조가 잘 되지 않거나 사회 연대가 약화된다고 보았으며 이같은 사회적 연대의 약화는 자살과 같은 병리적 행위의 원인이라고 설명한다(Durkheim, 1897).

뒤르껭은 사회통합의 측면과 사회규제의 측면에 따라 자살을 4가지 유형으로 구분하였는데 먼저 사회통합의 측면에서 사회통합이 강하면 '이타적 자살'이 발생하고 사회통합이 약하면 '이기적 자살'이 발생한다고 주장하였다. 그리고 사회규제의 측면에서 사회규제가 강하면 '운명적 자살'이, 사회규제가 약하면 '아노미적 자살'이 발생한다고 하였다. 뒤르껭의 설명에 따르면 '이타적 자살'은 존재 근거가 인생의 외부에 존재하기 때문에 일어나며 반대로 '이기적 자살'은 인간이 존재 근거를 삶에서 찾지 못함으로써 일어나고 '아노미적 자살'은 인간의 활동이 충분히 규제되지 못함으로써 받게 되는 고통에 기인한다고 하였다.

3) 심리학적 이론

자기파괴 충동과 자기애적 위기가 이에 속한다. 자살적 태도를 지닌 환자들은 자기애적 문제에서 다음과 같은 전형적인 특징을 보인다(Henseler, 1984).

(1) 정당한 비판이나 거부에 대해서도 상처받았다고 느끼는 사람
(2) 자존심의 결핍과 함께 과도한 자존심이 형성되어 있어서 자신의 능력을 과대평가하는 사람
(3) 모욕을 느끼게 되면 엄청난 공격성의 폭발로 이어져서 주변인에게 상처를 입히는 사람

6. 자살의 예방과 치료

자살의 예방은 일차적, 이차적, 삼차적 예방으로 나누어 볼 수 있다.

1) 일차적 예방

자살 발생을 처음부터 방지하는 것으로 삶의 질 개선, 사회구조의 개혁, 개인이 지

닌 삶의 형태에 대한 사회의 관용의 촉진으로 다음과 같은 방안이 제시될 수 있다.

(1) 자살경향을 방지하고 차단하는 일반적인 조치

(2) 국민들에 대한 심리적, 정신의학적 관리 개선

(3) 자살기도 내지 자살을 금지하고 형법상 처벌 규정 제정

(4) 사회적 인식의 변화와 특정한 자살방법의 시도 통제

① 영국 - 가정용 가스의 독성이 계속 줄어들면서 자살률이 하락

② 미국 - 자살도구인 권총 사용을 법으로 엄격하게 통제하는 주의 자살률 하락

2) 이차적 예방

자살시도의 재발을 방지하는 것으로 이를 위해 전화상담서비스와 자살예방센터 등이 있다. 자살예방센터는 비전문가들과 전문가들이 함께 운영하며 다음과 같은 세 가지 종류로 나눌 수 있다(파베로).

(1) 각종 사회심리학적 기관들과 연계하여 자살방지를 위한 독립적 자살예방센터

(2) 정신병원 등 기존의 기관에 통합되어 있는 자살예방센터

(3) 다양한 훈련과 인명구조 활동이 함께 이루어지는 지역사회 정신건강센터

3) 삼차적 예방

재발 방지와 좋지 않은 후유증 방지를 의미하며 예방에서 치료에 가깝다.

삼차적 예방법으로는 약리학적 위기개입, 정신의학적 심리치료 등의 방법이 있다.

(1) 약리학적 위기개입

우울성 장애가 심각한 상태에 도달하면 기본적으로 항우울제를 사용해 약물치료를 할 수 있다. 세로토닌의 선택적 재흡수 차단제인 항우울제도 자살성향을 증가시키는 효과가 있다. 항우울제는 심각한 자살성향을 지닌 환자들에 의해 자살방법으로 사용될 수도 있는데 정신안정제보다 치명적 효과를 낸다는 사실도 고려해야 한다. 진정 효과가 충분치 않을 경우에는 효능이 약한 신경이완제나 정신안정제같이 좀 더 강력한 진정제를 추가로 주어야 할 것이다. 환각, 사고장애를 동반한 심한 정신분열증이 있는

경우에는 항정신병적 효과가 있는 약물을 투여하는 치료방법을 선택할 수 있다.

(2) 정신의학적 심리치료

① 심리치료

정신역동적 방법에는 정신분석, 심층심리학을 근거로 한 심리치료와 인본주의 심리학으로 게슈탈트치료, 사이코 드라마 등이 있다.

② 인지행동요법

인지행동요법은 행동치료, 인지치료, 인지행동치료가 서로 결합 또는 단독으로 이루어진다. 그 중 행동치료는 공포증, 불안장애 등에서 사용하는 체계적 탈감작법과 긍정적 및 부정적 강화에 기반하여 문제행동을 줄이고 바람직한 적응행동을 늘리는 조작적 조건기법으로 진행된다.

4) 자살예방교육

자살 행동은 고위험 집단을 대상으로 재활적이고 지지적인 프로그램을 제공함으로써 예방이 가능하고 경우에 따라서는 고위험 집단을 위한 특수한 개입도 필요로 한다. 뒤르껭 이후 자살에 관해 많은 연구가 다각도로 이루어짐에 따라 자살률은 전반적으로 감소하여 안정적인 추세로 접어들고 있다.

5) 국내의 자살예방 전략

국내 자살예방사업으로는 전문인력 양성, 사이버 상담 및 자살유해정보 모니터링, 민관협력 자살예방사업, 자살시도자 지원사업, 중앙자살예방센터 운영 등이 있다. 이 사업들은 교육자료 개발, 전문인력 양성, 홍보 및 캠페인, 유해정보 모니터링 등이 주된 내용으로 자살을 효과적으로 예방하기 위해 필요한 다양한 사업이 진행되고 있다.

7. 우리나라 자살현황

우리나라는 2003년 이후 최대 자살국가라는 오명을 벗지 못하고 있다. 경제협력기구 평균 자살률의 두배를 넘어서고 있어 매우 심각한 상황이다. 2010년 통계청 자료를 보면 국내 자살 사망자는 15,566명으로 인구 10만명당 31.2명으로 하루 평균 42.6명이 자살한 셈이다. OECD 회원국 평균치인 12.8명의 2.4배 수준이다. 한국에 이어 헝가리(23.3명), 일본(21.2명)의 자살이 높지만 격차가 크다(아시아경제, 2013.01.07). 자살자의 남성과 여성 성비를 보면 일반적으로 여성에 비해 남성에서 자살사망률이 높고 사회경제적 지위가 낮을수록 자살사망률이 높으며 우울증 또한 자살의 중요한 위험요인인 것으로 알려져 있다. 2014년 인구 10만명당 자살률은 27.3명으로 연간 1만 4천명에 가까운 사람들이 자살로 생을 마감하였다. 가장 중요한 기본권인 생명권을 스스로 포기하는 사람들이 지속적으로 증가하고 있다는 사실은 사회의 통합된 가치관을 약화시켜 사람들을 불안하게 하는 요소로 작용할 수 있으므로 국가적 차원에서 자살예방을 위한 적극적인 활동을 시행하는 것이 필요하다.

OECD 주요 회원국 중에서 1985년부터 2001년까지 한국보다 자살률이 높았던 국가는 일본, 핀란드, 헝가리, 슬로베니아, 에스토니아였다. 그 중 한국을 제외한 나머지 국가는 2012년을 기점으로 점차 자살률이 감소하는 추세를 보인 반면 2014년 현재 한국은 10년 이상 OECD 국가 중 자살률 1위를 기록하고 있다. 과거 높은 자살률을 기록하였다가 자살률 감소에 성공한 핀란드와 일본의 자살예방정책은 모두 국가차원의 강력한 자살예방정책의 추진이 있었다는 공통점이 있다. 핀란드의 경우 '심리부검' 중심의 국가자살예방 프로젝트를 실시하여 자살에 대한 원인을 파악하고 그 결과를 활용하여 정책을 진행하였다. 일본의 경우 2006년 자살대책기본법을 통과시키고 이에 기반하여 1,2차 자살종합대책을 수립, 체계적인 국가 차원의 자살예방정책을 지속적으로 추진해오고 있다. 두 국가 모두 이러한 국가 차원의 노력을 통해 자살률 감소를 이뤄냈다는 평가를 받는다(자살예방백서, 2016).

1) 자살의 주요 현황

(1) 사망원인 비교

통계청의 2014년 사망원인통계 자료를 통한 사망원인과 사망률을 살펴보면 2004년과 2013년의 사망원인 1위에서 3위까지는 악성신생물(암), 뇌혈관 질환, 심장 질환으로 나타났다. 하지만 2014년에는 2위였던 뇌혈관 질환이 3위로, 3위였던 심장 질환이 2위로 상승하였다. 또한 2004년 사망원인 5위에 해당되었던 고의적 자해는 10년이 지난 후 2013년과 2014년 연속으로 1단계 상승한 4위를 기록하였다(표 5-1).

[표 5-1] 사망원인과 사망률(2004, 2013, 2014) (단위 : 인구 10만명당)

순위	2004		2013		2014	
	사망원인	사망률	사망원인	사망률	사망원인	사망률
1	악성신생물(암)	132.6	악성신생물(암)	149.0	악성신생물(암)	150.9
2	뇌혈관 질환	70.1	뇌혈관 질환	50.3	심장 질환	52.4
3	심장 질환	36.7	심장 질환	50.2	뇌혈관 질환	48.2
4	당뇨병	24.2	고의적 자해(자살)	28.5	고의적 자해(자살)	27.3
5	고의적 자해(자살)	23.7	당뇨병	21.5	폐렴	23.7
6	간 질환	19.0	폐렴	21.4	당뇨병	20.7
7	만성하기도 질환	17.3	만성하기도 질환	14.0	만성하기도 질환	14.1
8	운수 사고	17.1	간 질환	13.2	간 질환	13.1
9	고혈압성 질환	10.4	운수 사고	11.9	운수 사고	11.2
10	폐렴	7.1	고혈압성 질환	9.4	고혈압성 질환	10.0

출처 : 통계청, 2014년 사망원인통계

(2) 성별 자살현황

성별에 따른 자살현황의 경우 2010년 이후로 여성의 자살률은 소폭이지만 지속적 감소세를 보이고 이와 달리 남성의 경우 2011년 최고 수치를 기록한 뒤 2014년에는 다소 낮아진 38.4명을 기록하고 있다(표 5-2). 전반적으로 남성이 여성보다 더 높은 자살률을 기록하고 있으며 2014년 기준으로 보았을 때 남성과 여성의 자살률의 차이도 점차 커지는 것으로 나타났다(그림 5-1).

[표 5-2] 성별에 따른 자살현황 비교(2010–2014) (단위 : 명, 인구 10만명당)

구분	2010		2011		2012		2013		2014	
	사망자 수	자살률	사망자 수	자살률	사망자 수	자살률	사망자 수	자살률	사망자 수	자살률
전체	15,566	31.2	15,906	31.7	14,160	28.1	14,427	28.5	13,836	27.3
남자	10,329	41.4	10,866	43.3	9,622	38.2	10,060	39.8	9,736	38.4
여자	5,237	21.0	5,040	20.1	4,538	18.0	4,367	17.3	4,100	16.1

출처 : 통계청, 2014년 사망원인통계

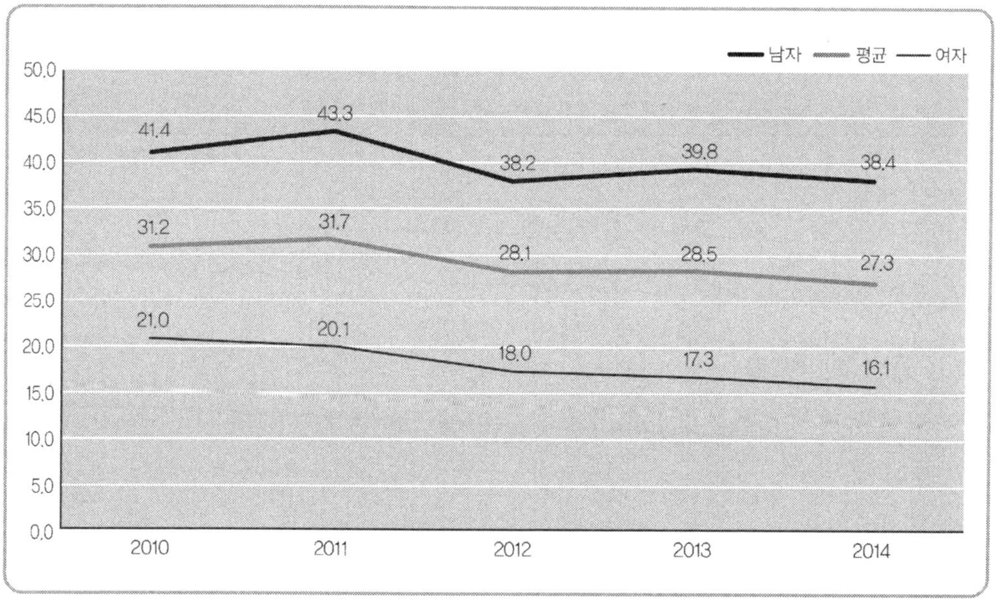

[그림 5-1] 성별에 따른 자살현황 비교 - 자살률(2010–2014) (단위 : 인구 10만명당)

(3) 연령별 자살현황

2014년 연령별 자살률을 살펴보면 80대 이상 연령층이 10만명당 78.6명으로 가장 높은 자살률을 보였고 생산가능인구연령층인 20~50대 사망자가 전체 사망자의 50%를 넘는 것으로 나타나 경제활동연령층에 대한 자살예방 사업 및 관심이 절실한 것으로 나타났다(그림 5-2).

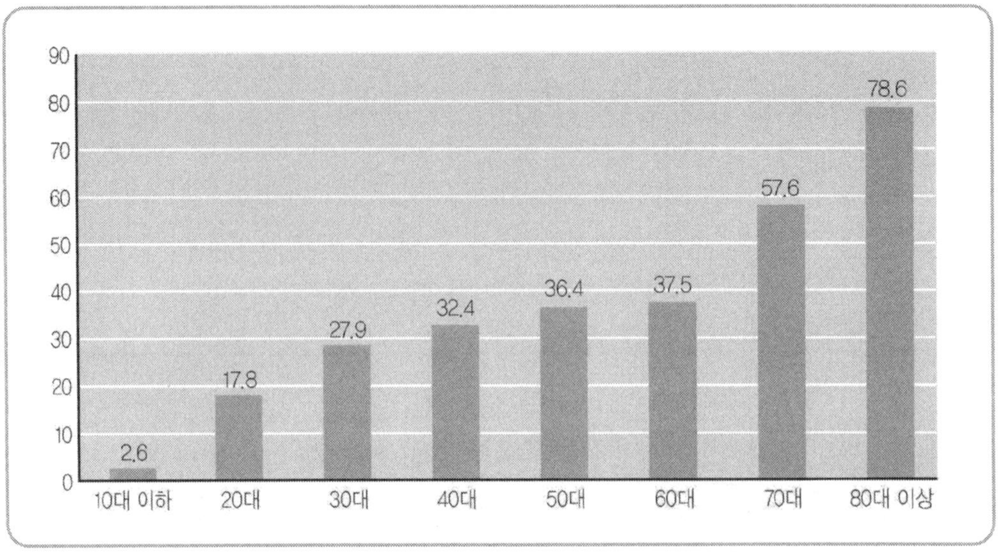

[그림 5-2] 연령별 자살률(인구 10만명당)

출처: 통계청, 2014년 사망원인통계

(4) 월별 자살현황

2014년 월별 자살현황을 보면 3월이 1,491명으로 가장 많은 자살이 발생하였고 그

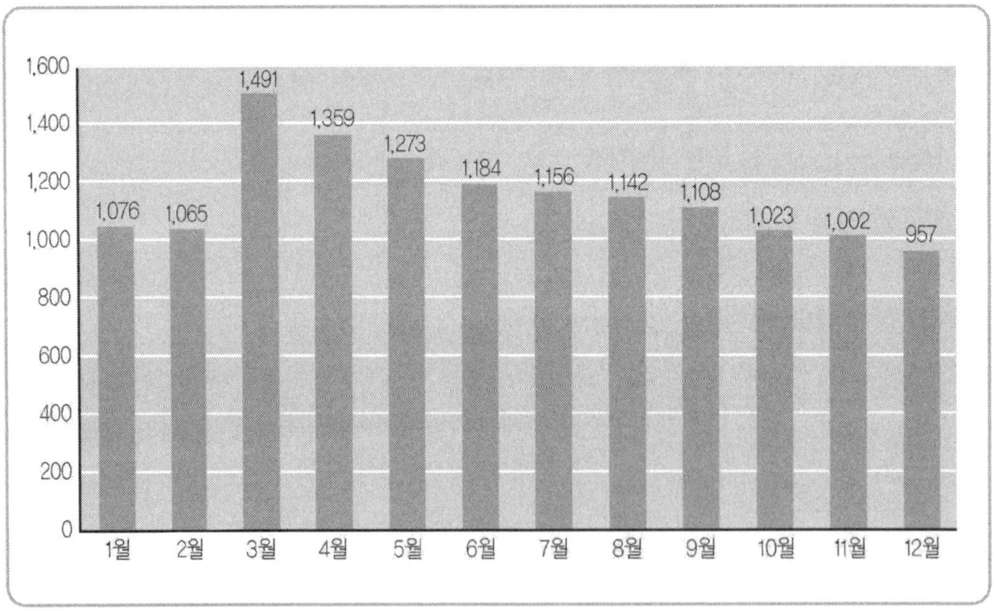

[그림 5-3] 연월별 자살자 수

출처: 통계청, 2014년 사망원인통계

후 순차적으로 4월, 5월이 높게 나타나 3월~5월 사이에 자살이 많은 것으로 나타났다(그림 5-3).

(5) 직업별 자살현황

2014년 직업별 자살현황을 보면 학생, 가사, 무직자의 자살자 수가 높고 뒤를 이어 서비스업, 단순노무 종사자의 자살자 수가 뒤를 이어 높은 것으로 나타났다(그림 5-4).

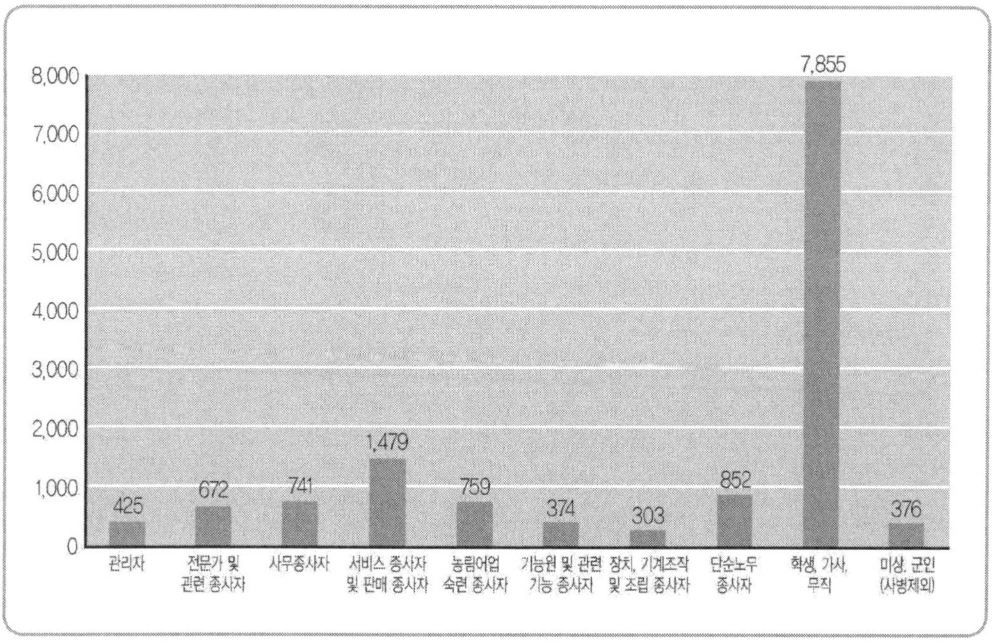

[그림 5-4] 직업별 자살자 수

출처 : 통계청, 2014년 사망원인통계

(6) 수단별 자살현황

2014년 자살 수단별 현황을 살펴보면 '목맴'이 7,150명으로 가장 높고 이어서 '가스중독', '추락', '농약음독'의 순으로 높게 나타났다(그림 5-5).

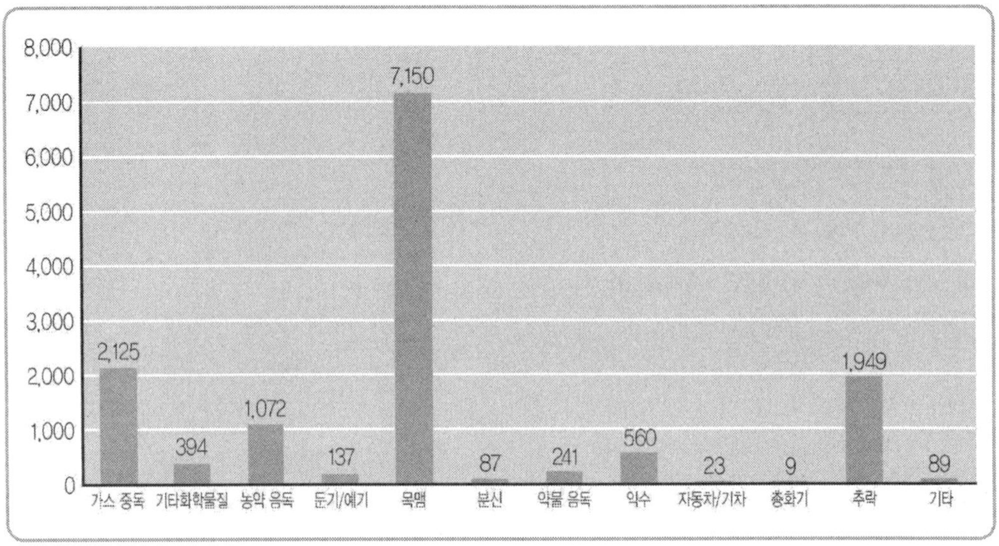

[그림 5-5] 수단별 자살자 수

출처 : 통계청, 2014년 사망원인통계

(7) 장소별 자살현황

2014년 장소별 자살현황을 알아보면 자살로 인한 사망자 수는 주택(5,919명)에서

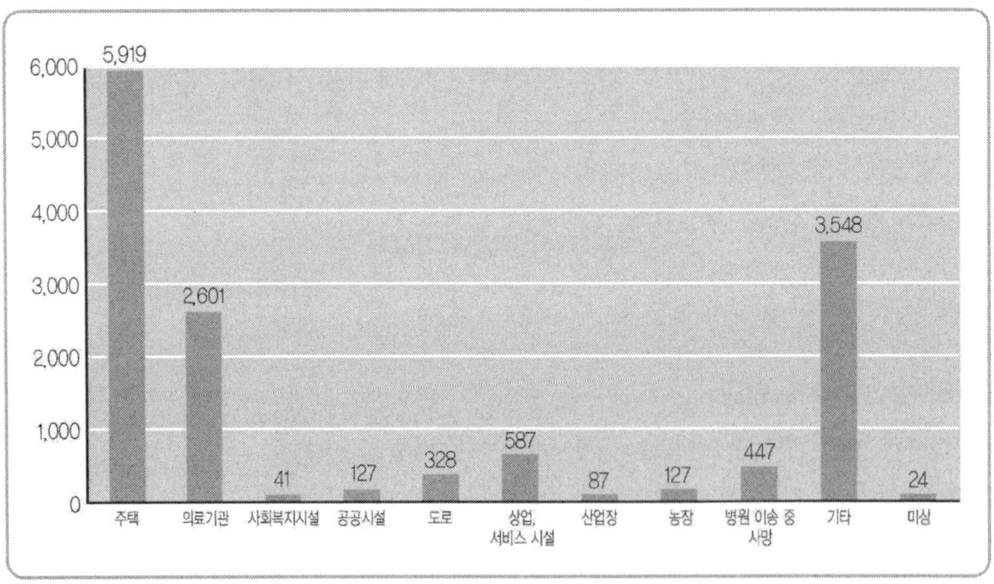

[그림 5-6] 장소별 자살자 수

출처 : 통계청, 2014년 사망원인통계

가장 많고 이어서 의료기관에서의 자살이 높은 것으로 나타났다(그림 5-6).

(8) 동기별 자살현황

자살동기로는 '정신적, 정신과적 문제'로 인한 자살이 가장 높았고 다음으로 '경제생활 문제', '육체적 질병 문제' 순으로 많은 자살자 수를 보였다(그림 5-7).

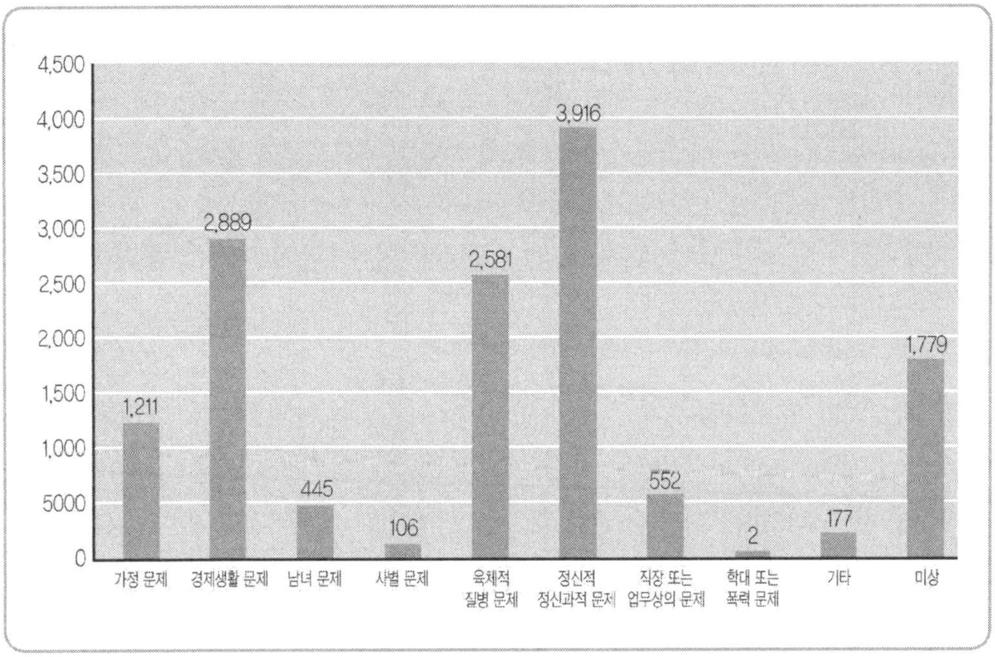

[그림 5-7] 동기별 자살현황 비교 - 사망자 수 (단위 : 명)

출처: 경찰청, 2014년 내부자료

8. 국내·외 OECD 각 국가별 주요 자살 실태와 예방활동

1) 한국

1976년 최초의 민간전화상담 기관인 '생명의전화'가 개설되어 전화상담을 통해 갈등, 위기와 자살문제 등을 상담하여 국민의 정신건강을 지키고 스트레스를 관리하여 왔다. 인터넷이 보급되면서 1998년부터 사이버상담이 시행되어 상담이 급증하여 2002년 9월부터 '사이버자살예방상담센터'(www.lifeline.or.kr)를 구축하여 상담이 진행되고 있다.

'한국생명의전화'는 2002년 사회복지공동모금회 지원사업으로 전국 4지역(서울, 부산, 대구, 전주)에서 사이버자살예방전문상담원 양성교육을 실시하였고 국제교류를 통해 자살예방 방법을 습득하여 한국의 상황에 맞게 적용하고 있다. 또한 생명의전화 국제협회는 국제자살예방협회(IASP) 정회원으로 활동하며 세계 자살예방 활동에 협력하고 있다.

2010년에는 자살사고를 20% 이상 줄이는 것을 목표로 〈자살예방대책 5개년 계획〉을 수립하고 대책을 발표하였으며 그 내용은 생명존중 문화조성 등 환경적 접근과 자살위험자의 조기 발견 및 치료, 공공부문과 민간부문의 역할 분담과 협력체계를 구축하는 것을 포함하고 있다.

(1) 자살예방 프로그램

자살예방 프로그램은 다음과 같이 다양한 방법으로 이루어지고 있다.

① 학교 지킴이 훈련

이 프로그램은 학교 직원이 위험에 처한 학생들을 인지하고 전문 정신건강서비스 기관에 의뢰하도록 돕는 것이다. 전형적인 교육적 훈련 모델로 자살에 대한 경고신호, 의뢰처와 의뢰절차 그리고 학교의 위기정책들을 포함하고 있다.

② 지역사회 지킴이 훈련

이 프로그램은 청소년과 자주 접할 수 있는 학교밖의 지역사회 사람들을 위한 훈련에 목표를 두고 있다. 이 모델의 핵심적 목표는 자살경고신호, 의뢰처, 의뢰절차에 대한 지식의 증진과 기술을 높이는데 있다.

③ 일반적 자살교육

이 프로그램은 학생들이 자살 경고 신호와 도움을 받을 수 있는 곳에 대해 많이 알수록 더 많은 도움을 청한다는 것을 가정하고 있다. 이 프로그램의 특징은 관련 사실에 대한 토론과 함께 경고 신호, 이용가능한 지역사회 자원, 도움 찾기와 문제 해결기술, 스트레스 관리기술, 의사소통, 사회적 대처능력 등에 대한 교육을 실시하는 것이다.

④ 학교 전형프로그램

이 프로그램은 모든 학생들에게 자살과 관련된 심리학 문제에 관한 설문지나 전형도구를 사용하여 기준점 이상의 점수를 받은 학생들은 학교 생활지도 상담자의 면담을 받도록 하는 것이다.

⑤ 또래지지 프로그램

학교나 혹은 지역사회에 기초한 또래지지 프로그램은 위험에 처한 청소년 간의 사귐과 대처능력 및 또래 관계 연결망을 구성하는 것을 목표로 한다. 이 또래지지 프로그램은 위험행동(약물남용 등)을 예방할 수 있다.

⑥ 전화위기서비스

자원봉사자로 구성된 전화위기서비스는 청소년들이 선호하는 전화서비스로 전통적인 서비스에서는 부족한 익명성을 유지할 수 있고 비지시적이며 밤늦게까지 상담이 가능하다.

2) 미국

미국 최초 자살예방 전문기관으로 1958년 로스엔젤레스에 '자살예방센터'가 설립되었다. 이 기관은 국립정신건강연구소에서 지원을 받아 건강 프로그램을 지역주민에게 제공하고 있다. 자살은 예방할 수 있는 중요한 정신건강 문제로 인식하고 국가 차원의 자살예방 전략을 세워 실천하고 있다.

3) 캐나다

1987년 국가적인 자살예방 전략의 개발과 실행에 관한 가이드라인에 대한 보고서가 출간되었지만 정부기관이나 기타 관련 기관에서 적극적으로 실행되지 않았다. 1993년에 개정된 보고서에서는 가이드라인 진행이 더딘 이유를 국가적 로비 집단의 부재, 자살예방에 대한 사회적 인식 부족, 인적 경제적 자원 부족, 자살 행동에 대한 사회적 낙인 때문이라고 분석하였다.

4) 중국

중국인들은 민족을 계승해야 한다는 의식이 강하기 때문에 자살이나 자살 행위에 대해 매우 부정적인 태도를 가지고 있다. 자살예방 운동은 젊은 층의 자살에 대한 토론을 중심으로 1970년대부터 시작되었다. 자살률은 지역에 따라 큰 차이를 보여 도시보다 시골의 자살률이 높고 젊은 층과 노년층의 자살률이 높았다. 중국정부는 WHO와 연계망을 구축했으며 자살예방 전략을 수립하기 위해 NGO단체인 Chinese Association for Crisis Intervention과 관련 전문가들과 협력을 꾀하고 있다.

5) 핀란드

핀란드는 유럽에서 가장 자살률이 높았고 특히 젊은 남성의 자살 문제가 심각했다. 이에 핀란드 정부는 1986년부터 1992년까지 6년간 학교·병원·사회복지기관·군대·교회 등 각계 각층의 전문가 5만명이 동원되어 1,337명에 대한 심리적 부검을 실시하였다. 핀란드 정부는 이 심리적 부검 결과를 바탕으로 자살 원인을 유형별로 분류하고 자살예방 프로그램을 마련하여 핀란드의 자살예방 전략의 개념적 틀을 제공하였다.

6) 헝가리

헝가리의 자살률은 항상 높았으며 지난 100년 간 세계에서 가장 높았다고 볼 수 있다. 자살이 교통사고로 사망하는 것보다 세 배나 많았으며 사회적 지지기반이 약한 노년층에서 가장 높은 자살률을 보였다. 국가적 자살예방 전략은 건강서비스와 지역사회 수준의 정신보건 프로그램을 향상시키고 경찰, 소방대원, 교도관, 사회복지사 등에게 특별한 자살예방 교육을 통한 자료 수집 시스템의 개발과 이에 따른 연구개발의 향상을 목표로 하고 있다.

7) 일본

2차 세계대전 이후 특히 1950년대에 일본에서는 높은 자살률이 보고되었다. 그 후 이혼율 증가, 핵가족화, 전통적 가치 붕괴, 약물 사용과 범죄의 증가, 사회적 경쟁 심화 등 다양한 사회적 변화와 문제가 있었지만 자살률은 낮아져서 인구 10만명당 17~18명으로 나타났다. 그러나 1998년 한 해 동안 자살자가 3만명을 넘어 사회문제화가 되면서 후생노동성이 일본 IND연맹(INOCHINO DENWA, 일본생명의전화)에 1억엔을 지원하여 체계적인 자살방지 대책 수립을 의뢰하였다.

자살예방에 대한 미래의 전략은 다음과 같다.

① 정신보건 전문가와의 상담에 대한 반감을 없앤다.
② 의대생이나 의사들에게 자살예방 훈련을 실시한다.
③ 지역사회 기반의 자살예방 훈련과정과 학교 기반의 자살예방 프로그램을 개발한다.
④ 노년층의 자살 문제에 초점을 둔다.
⑤ 자살에 영향받는 사람들에 대한 심리학적 도움을 제공한다.
⑥ 최근의 연구결과나 다른 나라들의 자살예방 경험들을 교환한다.

8) 네덜란드

네덜란드도 다른 많은 나라들과 마찬가지로 모든 연령에서 자살이 사망의 10대 원인에 포함되고 특히 15~34세에서는 2, 3번째의 사망원인이며 교통사고 사망률보다 자살률이 더 높은 상황이다. 자살 문제의 개선, 자살예방 프로그램의 개발과 실행, 평가 등을 위해서 Committee on Suicide of the National Council of Health가 설립되었다.

Secretary of Health에서 1989년에 자살예방에 관한 국가적 전략과 프로그램의 네 가지 기초 요소로 ① 연구와 자료 수집의 개선, ② Health Care 서비스의 향상, ③ 일반인뿐 아니라 관련기관이나 집단에 정보와 훈련 제공, ④ 특별 위험집단에 대한 Care의 증진을 제시하였다.

ㅁ "자살 보도 권고 기준 2.0" 9가지 원칙

1. 언론에 자살에 대한 보도를 최소화해야 합니다.
2. 자살이라는 단어는 자제하고 선정적 표현을 피해야 합니다.
3. 자살과 관련된 상세 내용은 최소화해야 합니다.
4. 자살 보도에서는 유가족 등 주변 사람을 배려하는 신중한 자세가 필요합니다.
5. 자살과 자살자에 대한 어떠한 미화나 합리화도 피해야 합니다.
6. 사회적 문제 제기를 위한 수단으로 자살 보도를 이용해서는 안됩니다.
7. 자살로 인한 부정적 결과를 알려야 합니다.
8. 자살예방에 관한 다양하고 정확한 정보를 제공해야 합니다.
9. 인터넷에서의 자살 보도는 더욱 신중해야 합니다.

출처 : 한국기자협회 http://www.journalist.or.kr/news/section4.html?p num=12

자살에 관한 두 가지 실험 … '베르테르 효과' vs '파파게노 효과'

유명인의 자살을 언론에서 상세하게 다루면 자살을 되레 부추기는 '베르테르 효과'(Werther effect)가 나타날 수 있다. 미국의 자살연구학자 데이비드 필립스는 유명인의 자살 사건이 언론에 보도된 이후 일반인의 자살이 급증하는 패턴을 발견했다. 즉 유명인 또는 평소 존경하거나 선망하던 인물이 자살할 경우 그 인물과 자신을 동일시해서 자살을 시도하는 현상을 모방자살(copycat suicide)이라고도 한다.

〈젊은 베르테르의 슬픔〉(Die Leiden des jungen Werthers)은 독일 문학가 괴테(1749-1832)가 1774년 출간하자 젊은 세대에게 큰 공감을 불러일으키며 베스트셀러가 되었다. 소설의 주인공 베르테르는 약혼자가 있는 로테라는 여인을 사랑하지만 그녀가 자신의 사랑을 받아들이지 않자 깊은 실의에 빠진다. 결국 베르테르는 로테와의 추억이 깃든 옷을 입고 권총 자살을 한다. 당시 유럽의 청년들은 소설에 묘사된 베르테르의 고뇌에 공감하여 자살을 시도하기도 했다.

한편 자살에 대한 언론보도를 자제함으로써 자살을 예방할 수 있는 효과를 '파파게노 효과'(Papageno effect)라고 한다. 이는 모차르트(1756-1791)의 오페라 마술피리(Die Zauber Flote)의 캐릭터 파파게노가 요정의 도움을 받아 자살 충동을 극복한 일화에서 유래되었다. 모차르트 말년의 걸작인 '마술피리'는 18세기 유행한 독일 민속음악극으로 통속적 내용에 노래와 대사가 혼합된 형태의 오페라다.

자살 문제를 풀어가기 위해서는 한 개인의 문제로 바라보기보다는 사회, 국가적인 노력과 국민, 개인의 노력이 함께 이루어져야 한다. 이에 국민과 정부, 시민단체, 관련 전문가와 자살예방활동을 하는 자원봉사자들이 공동 노력을 통해 생명의 소중함을 알리고 국민 모두가 동참할 수 있도록 노력하여야 한다. 자살예방을 위한 가장 좋은 방법은 '주변의 관심'이다. "Suicide is 100% Preventable. Speak Up, Reach Out."

출처: 자살에 관한 두 가지 실험 … '베르테르 효과' vs '파파게노 효과', The ASIAN, 2016. 09. 18.

〈관련 동영상〉

1. 「일본의 자살방지」

2005년 일본 광고협회 브론즈상 수상. H&I 주식회사의 CF

출처 : https://youtu.be/52vp6nGqYOA

2. 「자살을 막는 가장 확실한 방법」

언론을 통한 자살예방

출처 : 지식채널 e
http://home.ebs.co.kr/jisike/index
https://youtu.be/iGXQPqvFD2s

'조력존엄사' 법안발의 1년…"웰다잉 vs 자살" 찬반 여전

인권위 주최 조력존엄사 토론회 열려

"호스피스 확대 · 의료보험 개선 등 필요"

수용하기 어려운 고통을 겪는 말기 환자가 원하면 의사의 도움을 받아 스스로 삶을 마무리할 수 있도록 하는 '조력 존엄사(의사조력자살)' 법안이 발의된 지 1년을 맞았다. 여전히 찬반 의견이 팽팽한 가운데, 품위 있는 죽음(웰다잉)이 제대로 정착하려면 임종을 앞둔 말기 환자를 대상으로 한 호스피스 확대 등 사회적 안전망 확대가 시급하다는 데에는 이견이 없었다.

조력존엄사(의사조력자살)의 인권적 쟁점과 대안에 관한 토론회가 국가인권위원회 주최로 12일 서울 중구 국가인권위원회 10층 인권교육센터에서 열렸다.

회복 불가능한 질병으로 고통받는 환자가 스스로 삶을 마무리 할 수 있도록 자기결정권을 존중해야 한다는 찬성 의견과 죽음을 권리로 보장해 달라는 것은 인간의 생명을 침해하는 비윤리적 행위로 인간의 존엄성을 침해한다는 반대 의견으로 갈렸다. 하지만 조력존엄사법 입법에 앞서 호스피스 확대, 의료보험 제도 개선 등 사회적 안전망 확충이 우선돼야 한다는 데에는 공감대가 형성됐다.

윤영호 서울대병원 가정의학과 교수는 조력존엄사 입법화 추진을 통한 사회적인 웰다잉 논의가 필요하다며 사회적 안전장치 마련, 호스피스 · 연명의료결정 확대 등을 대안으로 제시했다.

윤 교수는 "국가는 품위있는 삶과 죽음을 공동체적으로 돌볼 책임이 있다"면서 "규제 중심의 연명의료결정과 '협의의 웰다잉'(호스피스 및 연명의료결정)에서 벗어나 국가적 차원에서 '광의의 웰다잉'(호스피스 · 연명의료결정 확대 · 독거노인 공동 부양 등)을 촉진하는 방향으로 대전환할 필요가 있다"고 주장했다.

그러면서 "조력존엄사 입법화 부작용을 막기 위한 사회적 안전장치 마련, 호스피스 · 연명의료결정 확대, 광의의 웰다잉 법제화 조력존엄사 법안 심의와 병행, 광의의 웰다잉 문화 조성 기금 마련이 필요하다"면서 "종교인들은 환자의 호스피스 선택 제한이라는 인권 침해를 해소하기 위한 입법을 추진해야 한다"고 강조했다.

이지효 헌법재판소 헌법재판연구원 책임연구관은 여명이 얼마 남지 않은 말기 환자에 한해 조력존엄사를 법제화해야 한다고 주장하면서 의료보험 제도 개선이 필요하다고 밝혔다.

이 연구관은 "이미 연명의료중단 논의에서 스스로 인생을 마감하는 방식을 결정하는 것에 대한 심도 있는 논의가 이뤄져 충분한 사회적 공감대가 어느 정도 형성돼 있는 것으로도 볼 수 있다"면서 "다만 의사조력자살 오남용을 방지하기 위해 의료보험 제도를 개선하고 사회적 안전망을 확충해야 한다"고 주장했다. 환자 개인이 부담해야 하는 의료비, 특히 대부분의 중증 환자의 경우 가족이 부담해야 하는 간병비와 같은 재정 부담이 크다는 것이다.

이어 "우리나라 의료보험 제도나 사회적 안전망이 실질적으로 조력자살 오남용을 방지할 수 있을 정도로 갖춰져 있다고 보기 어려운 만큼 독일처럼 특정 시기에 한정하지 않고 조력자살을 가능하게 하는 것보다 제도가 완비될 때까지라도 살아갈 날이 얼마 남지 않은 말기 환자에 한해 조력자살을 택할 수 있도록 법제화하는 방안도 고려해 볼 필요가 있다"고 말했다.

이석배 단국대학교 법과대학 법학과 교수는 환자의 자기 결정권을 강조하면서도 경제력의 영향을 받지 않을 수 있는 사회적 기반이 갖춰져야 한다고 밝혔다.

이 교수는 "임종기 이전 환자라도 의료행위를 거부하는 경우 의사를 존중해야 하는 것은 자기 결정권의 핵심"이라면서 "환자의 상태와 관계없이 자기 결정권을 온전히 보장하는 것부터 논의가 시작돼야 한다"고 말했다. 그러면서 "우선 의료비 때문에 가족이 연명의료중단을 요청하는 사례가 발생하지 않도록, 의료비 걱정 없이 연명의료 지속 여부를 결정할 수 있는 환경이 조성돼야 한다"고 했다.

반면 박은호 가톨릭생명윤리연구소장은 해외에서 조력존엄사를 법제화한 사례들이 있긴 하지만, 조력존엄사는 인권 향상은 물론 사회적으로도 이익이 되지 않는다며 입법을 반대했다.

박 소장은 "발전된 국가는 모든 인간의 존엄성이 존중받고 힘없고 가난한 이들이 쉽게 삶을 포기하거나 도구화되지 않는다"면서 "의사조력자살과 안락사를 마지막까지 법제화하지 않는 것이 인간의 생명을 소중하게 여기는 우리나라의 전통과 가치를 증명하는 것"이라고 주장했다.

그는 “미국의 39개 주에서 아직 의사조력자살은 불법”이라면서 “유명인의 의사조력자살이나 미국의 11개 주가 의사조력자살을 법제화했다는 것이 의사조력자살을 법제화해야 할 이유가 되지 못한다”고 말했다. 이어 “이탈리아가 조력자살을 허용했다고 하지만, 1978년 이후 가톨릭은 더 이상 이탈리아의 국교가 아니고 이탈리아 로마에 위치한 교황청의 입장 역시 조금도 변하지 않았다”고 덧붙였다.

김율리 도쿄대 박사(사생학・생명윤리전공)도 “의사조력자살이 허용되면 애초 취지와 달리 최후수단이 아닌 조기개입 수단으로 변질될 우려가 충분히 있다”며 조력존엄사 입법화를 반대했다. 그러면서 말기 환자를 돌볼 수 있는 사회적 인프라 확충이 시급하다고 언급했다.

김 박사는 “말기 환자에 대한 의료시설, 재정적 지원이 부족한 한국의 현실에서 과연 의사조력자살이 선택 가능한 치료가 되어도 되는가, 자살이 환자가 합법적으로 의료체계 안에서 선택할 수 있는 옵션이 되어도 되는가”라고 반문했다.

조력존엄사 입법 추진에 앞서 사회적 공론화가 더 필요하다는 목소리도 나왔다. 백수진 국가생명윤리정책원 생명윤리센터장은 “사회적 공론화가 없는 성급한 법제화는 우리 사회 또는 국가의 안전망에 대한 불신을 초래하고 돌봄을 제공받지 못하는 사람들의 또 다른 인권의 사각지대만을 양산하게 될 것이라는 비판과 우려에 공감한다”고 말했다.

출처 : 뉴시스, 2023.07

[단독] 국회의원 100명 중 87명, 조력사망 입법화 '찬성' [금기된 죽음, 안락사]

국회의원 100명 가운데 87명이 의사조력사망 입법화에 찬성 의견을 밝힌 것은 80% 이상의 찬성률을 보인 국민 여론과 궤를 같이한다. 반대는 13명에 그쳤다. 조력사망에 관한 국회의원들의 인식을 전수조사로 확인한 것은 이번이 처음이다. 지난해 발의된 조력존엄사법에 대한 심도 있는 논의가 필요한 시점이다.

11일 국회의원의 의사조력사망 입법화에 관한 찬반 의견을 정당별로 살펴보면, 더불어민주당 응답 의원(65명)의 92.3%, 국민의힘 응답 의원(28명)의 75%, 정의당 응답 의원(4명)의 100%, 무소속 응답 의원(3명)의 66.7%가 찬성하는 것으로 나타났다. 정당과 관계없이 전반적으로 찬성 비중이 우세한 가운데 민주당과 정의당의 찬성 비중이 압도적으로 높았다.

찬성 이유로는 '자기 결정권 보장'(72.4% · 복수 응답)이 최우선 순위로 꼽혔다. 이어 병으로 인한 고통 경감(66.7%), 편안한 임종을 위해(54%), 가족의 고통과 부담 경감(49.4%), 의료비 · 돌봄 등 사회적 부담 경감(26.4%) 순으로 나타났다.

반대이유는 '악용 및 남용으로 인한 생명경시'(92.3% · 복수 응답)가 가장 많았으며 '사회적 논의 부족'(46.2%), '회복 가능성 차단'(23.1%)으로 나타났다. 보기에는 '돌봄 · 호스피스 등 사회적 지원과 대안이 우선', '의료계, 종교계 반대가 심하므로' 등이 있었지만 이를 선택한 의원은 없었다. 다만 몇몇 의원은 조사 과정에서 종교적 이유로 응답 거부 의사를 밝혔다.

출처 : 서울신문, 2023.07

불치병 조력사망 인정하는 가톨릭 국가… '끝낼 권리' 논쟁을 부르다 [금기된 죽음, 안락사]

전 세계 뒤흔든 '조력사망'

최근 몇 년 사이 세계에서는 조력자살이나 안락사를 합법화하는 움직임이 눈에 띄게 늘고 있다. 독일과 오스트리아는 2020년 조력자살을 금지하는 법이 잇따라 헌법재판소의 위헌 결정을 받으며 합법화 대열에 들어섰고 국민 다수가 가톨릭 신자인 이탈리아와 스페인, 포르투갈도 잇따라 불치병 환자에 대한 조력사를 공식화했다. 프랑스는 에마뉘엘 마크롱 대통령이 최근 시민 자문기구의 권고를 받아들여 안락사 합법화를 검토하겠다고 밝히면서 논의가 본격화하고 있다. 다민족 국가인 캐나다(2016년)와 뉴질랜드(2020년)가 공론화 과정을 거쳐 조력사망을 합법화했고 미국과 호주에서도 조력사망을 허용하는 주가 늘어나는 추세다. 조력사를 시행한 지 비교적 오래된 스위스(1942년), 네덜란드(2001년), 벨기에(2002년) 등에선 치매, 우울증, 알코올중독 등 정신질환까지도 대상에 포함하면서 논란이 일기도 했다. 우리나라, 일본, 대만 등 조력자살을 금지하고 있는 아시아 국가들에서도 최근 스위스로 가 조력자살을 하는 사례가 잇따르면서 안락사 논쟁은 더욱 뜨거워질 전망이다.

출처: 서울신문, 2023.07

국가가 비용 대는 뉴질랜드

조력사망 신청부터 임종까지 무료
15개 언어 가이드 · 전문 상담 제공

뉴질랜드는 2020년 총선에서 국민투표로 조력사망제도 도입을 결정했다. 뉴질랜드 제도에서 가장 눈에 띄는 점은 조력사 신청부터 두 번의 의사 진단, 마지막 임종까지 전 과정이 무료로 진행된다는 점이다. 조력사에 사용되는 약값조차 본인이 부담하지 않는다.

뉴질랜드 보건부는 마오리 등 원주민 언어와 한국어를 포함한 15개 언어로 조력사 제도의 개요와 절차를 상세하게 제공하고 언제든지 전문 상담가와 무료로 상담받을 수 있도록 안내한다. 환자의 마지막 선택권을 온전히 보장하는 동시에 경제적 지원이나 심리 상담 등 적절한 도움을 받지 못해 조력사를 선택하려는 취약 계층을 방지하기 위해서다.

조력사 시행 과정을 자율에 맡기고 사후 보고하는 미국과 달리 뉴질랜드는 운영 전반에 정부가 적극 개입한다. 조력사를 위해 설립한 법정 기구에서 조력사를 수행할 의사, 전문 간호사, 정신과 의사 명단을 정부가 직접 관리한다. 의사는 개인적 신념에 따라 환자의 조력사 요청을 거절할 수 있다. 다만 거절할 경우 이유를 설명하고 다른 의사를 소개하거나 신청할 수 있도록 안내해야 한다.

조력사 시행 방식도 선택 가능하다. 당사자가 직접 약을 복용하거나 주사 밸브를 열 수도 있고 담당의사나 간호사가 대신 투여할 수도 있다. 본인이 스스로 내린 결정이 분명하면 병이나 사고로 몸을 자유롭게 움직일 수 없어 조력사하지 못하는 일이 벌어지지 않도록 하기 위해서다. 뉴질랜드 정부 통계를 보면 제도 시행 후 약 11개월간 596명이 신청해 절반가량인 294명이 승인받았고 약 43%(259명)는 철회하거나 중단한 것으로 나타났다. 조력사망자의 77.9%는 신청 당시 완화의료를 받고 있었다.

사망자 대부분(81.3%)은 집에서 임종을 맞았다. 다민족 국가인 뉴질랜드는 약물 투여 전이나 후에 당사자가 원하는 임종 의식을 진행하는 것까지도 조력사 준비 과정에 포함하고 담당 의사나 전문 간호사가 이러한 계획에 관해 당사자와 논의하도록 했다.

출처 : 서울신문, 2023.07

제 6 장

안락사와 존엄사

제 6 장

안락사와 존엄사

1. 안락사

죽음을 어떻게 맞이하는가는 개인의 삶에 중요한 문제이다. 따라서 존엄하게 죽을 권리는 살아있는 마지막 시기의 삶의 권리와 관련되는 신중하게 다루어야 될 의료의 한 부분이다(Cherny, 2004). 죽음이 더 이상 개인의 문제가 아닌 사회적 문제로 대두되기 시작하면서 인간의 존엄성, 환자의 죽을 권리에 대한 자기결정권, 죽음에 대한 정의 그리고 생명의 정의 등이 다각적으로 거론되면서 복잡한 윤리적 상황에 직면하게 되었다. 최근 안락사의 허용범위가 확장되고 시술방법도 소극적 안락사에서 적극적 안락사로 진행되면서 '죽을 권리'에 대한 종래의 소극적 안락사의 수준을 넘어 의사조력자살 또는 적극적 안락사까지 합법화하려는 방향으로 전개되고 있다(Wasserman, Clair, & Ritchey, 2005).

우리나라는 1997년 서울 보라매병원 사건으로 인간답게 존엄하게 죽을 권리에 대한 논쟁이 의학계뿐 아니라 일반인들도 관심을 가지게 되는 계기가 되었다.

한편 2008년 11월 서울지방법원 민사합의 12부는 식물인간 상태의 노모에 대해 무의미한 연명치료를 중단하게 해 달라며 자녀들이 낸 국내 첫 존엄사 소송에서 환자로부터 인공호흡기를 제거하라는 첫 판결을 내려 무의미한 연명치료 상황에서 생명에 대한 자기결정권이 처음으로 법적인 인정을 받게 되었다.

1) 안락사의 정의

안락사(euthanasia)는 eu(좋은)라는 말과 thanatos(죽음)의 합성어로 좋은 죽음, 수월한 죽음, 편안한 죽음을 의미하는 데 '치유될 수 없는 상황이나 질병으로 커다란 고통이나 어려움을 안고 있는 사람을 아무런 고통을 주지 않고 죽여주는 행위나 관행'이라고 정의한다(Beauchamp & Tom, 1994). 현대적 의미의 안락사는 일반적으로 '불치의 중병이나 의식이 없는 상태에서 더 이상의 치료 및 회복 가능성이 전혀 없을 경우 고통없이 죽을 수 있도록 하는 행위'를 의미한다.

한편 안락사와 존엄사는 다른 개념이다. 안락사의 일반적 의미에서 가장 강조되고 있는 특징은 견딜 수 없는 혹은 극복할 수 없는 고통의 유무다. 반면에 존엄사는 인간다운 죽음이 핵심이다. 고통과 인간다움의 개념적 차이가 분명하듯이 안락사와 존엄사도 분명하게 구분될 수 있다. 그러나 한국의 존엄사법은 그 적용 기준의 협소함으로 인해 안락사를 지나치게 제한적 범위에서만 허용하거나 오히려 안락사와 존엄사의 관계를 전도시켜버리는 처방으로 여겨진다(맹주만, 2016).

2) 안락사의 유형

안락사는 여러 기준에 의하여 구분이 가능하나 시술방법에 따라 적극적 행위로 생명을 단절시키는 직접적 안락사, 고통제거의 목적으로 시행하나 간접적으로 생명을 단축하는 간접적 안락사, 그리고 생명연장조치를 중단하여 사망에 이르게 하는 소극적 안락사 등으로 구별하고 있다(박상기, 2004).

영미권에서는 안락사라고 하면 적극적 안락사만을 의미하는 경우가 많고 소극적 안락사는 생명연장치료의 중단(Withdrawal of Life Sustaining Treatment)이라고 하여 별도의 개념으로 하고 있다. 의사에 의한 자살조력(Physician Assisted Suicide, PAS)은 자살교사방조의 영역에 속한다고 할 수 있으나 널리 안락사 논의에서 함께 있다(한상훈, 2001).

(1) 적극적 안락사(Active Euthanasia)

적극적 안락사란 전혀 가망이 없거나 식물인간 상태인 환자의 생명을 의사가 환자의 호소를 받아들여 약물이나 의료기구를 의도적으로 끊어 환자를 죽게 하는 행위이다. 즉 적극적인 안락사는 본인 또는 주위의 사람들이 환자가 사망하도록 능동적으로 조치를 취하는 것이며 환자의 생명을 책임지고 있는 의사가 적절한 상황이나 시기를 판단하면 죽도록 해준다. 이때 죽음 조력의 개념이 등장하는데 적극적인 죽음 조력은 사람의 실질적 또는 추정적인 의사에 따라 삶을 단축시키는 조치를 실현함으로써 죽음을 적극적으로 야기하는 것이다. 현재 적극적 안락사를 인정하고 있는 나라는 네덜란드, 벨기에, 룩셈부르크이다. 반면 스위스에서는 적극적 안락사를 금지하고 있다.

(2) 소극적 안락사(Passive Euthanasia)

소극적 안락사란 생명을 유지하기 위한 강제적인 수단을 사용하지 않고 생명연장 조치를 중단하여 자연적으로 환자가 죽게 두는 것이다. 이는 의학적으로 회생 가능성이 없는 환자나 가족 등의 대리인이 생명유지지료를 비롯한 진료의 중단이나 퇴원을 요구하는 경우 의사가 이 요구를 받아들이는 것을 말한다. 또한 소극적 죽음 조력은 동의능력이 없는 환자에게 윤리적, 의료적 등의 근거로 생명을 연장하는 조치들에 대한 부작위 및 이를 중단하는 것이다.

(3) 자의적 & 타의적 안락사(Voluntary and Involuntary Euthanasia)

일반적으로 안락사는 본인의 동의 여부에 따라 자신의 자유로운 의사표시를 근거로 하는 자의적(voluntary) 안락사, 본인의 동의나 의사표시를 사전에 확인할 수 없는 뇌사자와 같은 사람에게 실행할 경우의 비자의적(non-voluntary) 안락사, 동의할 능력이 있음에도 회복 불가능한 환자를 대상으로 제3자에 의해 불가피하게 행해지는 반자의적(involuntary) 안락사로 구분할 수 있다.

3) 안락사 논쟁

(1) 안락사 찬성

불치병으로 고통받는 환자에게 계속되는 치료를 하는 것은 고통을 연장시키는 것이며 환자의 가족들에게는 정신적 경제적 부담을 주는 일이므로 환자의 고통을 빨리 종식시키는 것이 자비로운 행위이며 이것은 자신의 삶과 죽음을 스스로 통제한 자기결정권이다. 인간에게는 죽을 권리가 있으며 이것이야말로 인간의 존엄성을 증거하는 중요한 자격이다. 그러나 윤리적 정당성이 있는 죽음만이 권리로서 행사할 수 있는 것이다. 견디기 어려운 고통 속에 있는 사람의 요구를 외면하고 자연사의 마지막 순간까지 지켜보거나 더 이상의 무의미한 생존을 거부하며 평화로운 죽음을 원하는 사람의 신념을 비난하는 것도 온당한 일은 아니다(맹주만, 2016). 즉 안락사를 찬성하는 입장의 주된 견해는 죽음보다 더한 고통을 종식시키려는 존엄하고 엄숙한 결단이라는 점이며 자기에게 부여된 생명에 대해 강한 애착을 갖는 자신이 스스로 선택한 결정이라는 것이다.

이러한 안락사 합법화를 주장하는 대표적 인물로는 미국의 안락사 시술자인 잭 케보키언이 있다. 잭 케보키언은 1980년대부터 죽을 권리를 주장했고 1990년대에는 52세의 루게릭병 환자를 안락사시키는 전 과정을 촬영하여 미국 CBS 방송국을 통해 공개하였고 이후 130명에게 의학적 조력자살을 제공하였다.

또한 캐나다의 전염병 분야 권위자인 도널드 로 박사는 뇌종양으로 죽기 8일 전에 동영상에서 다음과 같은 내용을 남겼다. "자신이 언제, 어떻게 죽을 것인지 스스로 결정하고 의사의 도움으로 평화롭게 죽음을 맞기를 원하므로 캐나다에서 안락사가 합법화되어야 한다. 안락사 반대론자들이 내 몸상태로 24시간만 살아보면 생각이 달라질 것이다."

(2) 안락사 반대

죽을 수 있는 권리인가, 죽어야 하는 의무인가?

회복 불가능하고 엄청난 육체적 · 정신적 고통이 따르는 질환을 앓는 환자들은 스스로의 정신적 강압에 취약할 수밖에 없다. 그들은 안락사가 '옳은 일'이라고 느끼게 되고 주위의 사랑하는 이들에게 더 이상 '짐'이 되고 싶지 않다고 느낄 수 있다.

미국 오리건주 공중보건회의 연례 보고서에 의하면 환자의 안락사 요구 이유는 대부분 가족과 친지들에게 짐이 되기 싫어서라는 것이다. 1998년에는 13%의 환자들이 가족과 친지에게 짐이 되기 싫어서 조력자살을 선택하였지만 2014년에는 그 수가 40%로 증가하였다.

늙고 병든 환자들은 계속 증가하는 요양 시설의 비용과 치료비용이 자녀들에게 재정적인 불이익을 주는 것에 대하여 매우 우려하고 있으며 자녀들 또한 이러한 이유로 불효를 범하고 있다. 실질적으로 안락사가 공식적으로 허용된다면 힘든 투병 생활을 하고 있는 말기 환자에게 격려와 사랑 대신에 이기주의자라는 오명이 씌워지는 비극이 발생할 수 있다.

David Richmond 교수는 "노인들, 특히 건강에 불편함을 가지고 있는 노인들은 안락사의 법제화에 대하여 큰 두려움을 느낀다. 노인들은 자기 자신이 주위 사람들에게 짐으로 전락할 수도 있다는 것에 매우 민감하며 또한 명예롭게 생을 마감할 수 있다는 것에 젊은이들보다 더 끌리게 된다. 그러므로 안락사가 의학적 보살핌의 일환이라는 말로 노인들에게 전해지는 안락사에 대한 직·간접 부담은 안락사가 노인들에게 항상 제일 나은 선택은 아님을 말해준다."라고 주장하고 있다.

안락사 또는 조력자살의 전제 조건은 정신이 명료하며 이성적이고 합리적인 사람이 어떠한 강요도 받지 않는 상황에서의 결정이다. 인간의 의사결정능력 연구에 의하면 사람은 고통에 빠지면 의사결정능력이 현저히 떨어진다고 한다. 조력자살이 법적으로 허용된다면 자살에 대한 사회적 관념이 큰 혼란에 빠지게 된다는 문제점이 있다.

우울증으로 안락사를 요구하던 환자들도 자신들의 우울증이나 고통이 안정적으로 치료되고 나면 안락사 요청을 취소한다. 초기의 우울증 환자들에게도 우울증은 그들의 살고자 하는 의지에 상당한 영향을 끼친다. 치료 불가능한 장애와 질병으로 고통을 받는 모든 환자는 결국엔 우울증을 겪는 시기를 지나게 된다. 만일 안락사나 조력자살이 법으로 허용된다면 많은 환자가 판단 착오로 일찍 생을 마감하게 될 것이다. 사회적 시스템도 안락사 찬성을 조장할 수 있다.

4) 국가별 안락사 사례

(1) 중국

중국은 안락사를 공식적으로 금지한다. 하지만 인구가 너무 많기 때문에 암암리에 안락사를 시키는 경우가 많다. 대도시 지역에서는 환자가 죽을 병에 걸렸다고 해도 최선을 다해 끝까지 치료받는 경우가 많지만 재정이 열악한 시골 지역에서는 환자가 제대로 된 치료를 받을 수 없으면 안락사가 허용되는 경우가 많다.

(2) 호주

1996년 9월 노던 주에서 세계 최초로 안락사를 법제화하였다가 6개월 만에 폐지되었다. 하지만 이듬해 이를 백지화하고자 크리스티앙 로시터가 법원에 소송을 제기했다. 그는 여러 차례 부상을 당해 전신이 마비된 상태였다. 자신을 돌보는 요양원 직원들이 음식과 물을 튜브로 위에 공급하지 않도록 해달라는 것이었다. 그런 식으로 목숨을 연장하는 것보다 차라리 죽음을 편안히 맞아들이겠다고 했다. 그가 요양소를 관리하는 브라이트워터 요양그룹에 음식이나 물 공급을 중단해 달라고 한 것만 40여 차례였다. 당시 그는 기자들에게 "난 죽고 싶다. 난 내 몸에 갇힌 죄수다. 움직일 수조차 없다. 난 죽음이 두렵지 않고 다만 고통이 두려울 따름이다."라고 말했다. 서호주 대법원의 웨인 마틴 수석판사는 로시터가 자신에게 맞는 치료법을 선택할 권리가 있으며 브라이트워터 요양그룹이 그의 요구에 응한다고 해도 처벌받지 않을 것이라고 판결했다.

(3) 미국

① 오리건 주

환자가 서면으로 2차례 이상 요구하고 2명 이상의 증인 그리고 2명 이상의 의사에게 진료를 받은 후 의사의 처방전으로 약국에서 약을 구입하여 복용 후 죽음을 맞이하게 된다. 이 제도를 '존엄안락사법(Death with Dignity Act)'이라고 지칭하고 있다. 2005년 15년째 식물인간이었던 테리 시아보에게서 영양공급 튜브를 제거하는 것에 관해 7년 동안 판결을 거듭하다가 튜브제거가 타당하다는 최종 판결이 났으며 시아보는 영양공급장치 제거 13일 만에 숨졌다.

② 워싱턴 주

워싱턴 주에서는 2008년 11월에 선거를 통해 60%의 찬성표를 얻어 존엄사법이 통과되어 2009년 3월부터 효력이 발생하였다. 워싱턴 주에서 존엄사가 행해지기 위해서는 환자의 나이가 18세 이상이고 워싱턴 주의 거주민이어야 한다. 또한 환자가 6개월 정도밖에 살 수 없는 것을 의사 2명이 진단을 내려야 하고 존엄사를 원하는 환자는 15일 간격으로 2회에 걸쳐 구두로 존엄사를 요구해야 하며 2명의 참관인이 서면으로 요구해야 한다.

(4) 영국

19세기 말부터 안락사 논쟁이 있었으나 안락사를 허용하는 법률은 없다. 영국에서는 회복가능성이 없는 환자들은 적극적인 치료를 중단할 수 있고 증상이 악화되어 자기의사를 표현할 수 없는 심각한 상황에서는 너 이상의 치료를 거부하는 의사를 밝힐 수 있는데 이를 '사망유언'이라고 한다. 1993년 3년 이상 식물인간 상태인 경우 영양공급장치를 제거해도 좋다는 판결이 나온 이후 대체로 존엄사를 용인하는 분위기다.

영국 고등법원은 인공호흡기 없이는 숨도 제대로 쉴 수 없는 43세의 전신마비 여성이 인공호흡기 제거를 위해 제기한 소송에서 장애 정도가 심한 사람의 경우 살아가는 것은 죽음보다 고통스러울 수 있다는 점을 인정해야 한다고 판시했다.

(5) 독일

독일에서는 안락사를 직접적 안락사, 간접적 안락사, 수동적 안락사 그리고 의사 조력에 의한 자살로 나누고 있다. 직접적 안락사는 의사나 제3자가 회생이 불가능한 환자에게 치사량의 모르핀 등을 투여하여 직접적으로 사망에 이르게 하는 것으로 형법 216조항에 따라 처벌을 받는다.

간접적 안락사는 환자의 고통을 경감하기 위해 투여한 약물이 의도치 않게 환자의 수명이 단축된 경우를 말한다. 이 때 의사는 환자 고통경감이 목적이기 때문에 법적으로 처벌받지 않는다.

수동적 안락사는 인공호흡기 등 생명연장 장치를 제거하거나 환자가 의식을 잃었을 때 환자의 의식을 되살리기 위해 어떠한 노력도 하지 않는 것을 말한다. 환자가 사전에 동의하였을 경우 법적으로 처벌받지 않는다.

(6) 일본

일본은 아시아에서 유일하게 소극적 안락사를 인정하고 있지만 안락사 관련법은 없고 1950년부터 안락사 문제가 논쟁의 대상이 되어 왔다.

안락사 행위의 유죄여부에 관한 1995년 요코하마 법원의 판례가 안락사에 관한 준거 틀을 제공하고 있다.

요코하마 법원은 적극적인 안락사를 허용하기 위한 다음과 같은 4가지 조건을 명시했다.

① 환자의 참을 수 없는 고통

② 죽음 시기의 임박성

③ 본인의 의사표시

④ 고통제거 수단이 없음

가나가와현의 도카이대학 부속병원에서 의사가 가족의 요청에 따라 다발성골수종을 앓고 있는 말기환자에게 독극물을 주사하여 사망케 했다. 그런데 그 이후 환자 아들이 보조자살요청을 부인함으로써 1995년 3월 요코하마 지방법원은 의사에게 살인죄를 적용하여 징역 2년, 집행유예 2년의 판결을 내렸다.

그러나 죽음이 임박했을 때 생명연장 치료를 거부해 자연사를 선택하는 존엄사는 폭넓게 인정되고 있으며 죽음의 선택 권리를 제창하는 '일본존엄사협회' 등 단체들이 활약하고 있다.

(7) 브라질

브라질에서는 원칙적으로 안락사를 법으로 금지하고 있고 종교계에서도 강력히 반대하는 입장이다. 하지만 이러한 사회적 분위기에도 불구하고 병원에서 공공연하게 안락사가 이루어지고 있다.

(8) 캐나다

캐나다에서는 2012년 이전까지만 해도 안락사를 허용하는 것이 형사법으로 금지되어 있다. 그러나 2012년 6월 15일, 안락사를 금지한 형사법 조항이 캐나다 헌법인 '권리와 자유헌장'에 어긋난다는 판결이 내려지면서 안락사가 한시적으로 허용되었고 이후 캐나다에서 안락사의 논쟁은 끊이지 않는다.

캐나다 정부 관리들은 이 법안이 '참기 어려운 통증을 겪고 있으며 죽음이 충분히 예견되는 성인'을 대상으로 하고 있으며 이 법의 혜택을 받으려면 캐나다의 의료서비스를 받을 자격, 즉 정신적으로 온전한 19세 이상의 성인으로 중증 또는 불치의 질병이나 장애로 회복 불가능한 마지막 단계에 있는 사람이어야 한다는 것이다.

2. 존엄사

2016년 1월 8일 연명치료중단 결정을 허용하는 '존엄사법'으로 부를 수 있는 '호스피스·완화의료와 임종과정에 있는 환자의 연명의료결정에 관한 법률', 일명 '웰다잉법'이 국회를 통과하였다. 이는 뇌수술환자의 연명의료를 중단한 의사에게 살인방조죄 판결이 내려진 '보라매병원 사건' 이후 20년만의 일로 '존엄한 죽음을 위한 법'의 제정으로 존엄사에 대한 법적 근거가 마련된 것이다.

1) 존엄사의 정의

'존엄사'란 인간으로서 최소한의 품위를 지키면서 죽을 수 있게 하는 행위를 말한다. 환자의 자기결정권(또는 가족의 처분권)을 의사의 생명유지의무보다 더 중시하는 입장에서 나온 것이다. 의사는 환자의 동의없이 치료 행위를 할 수 없다는 것으로 소극적 안락사라고도 한다. 단지 생명유지장치에 의하여 인공적으로 연명할 뿐 다시 소생할 가능성이 없는 혼수상태나 뇌사상태의 환자가 품위있게 죽을 수 있도록 생명유지장치를 제거하여 생명을 단축시키는 행위를 말한다.

2) 존엄사 사례

(1) 사례 1

평소 술을 좋아하던 A씨는 사업 실패 후 부쩍 주량과 술자리가 늘었다. 하루는 술에 취한 채 화장실에 가다가 기둥에 머리를 부딪치고 시멘트 바닥에 쓰러졌다. 피를 흘린 채 의식을 잃고 쓰러진 그를 발견한 아내 B씨는 그를 곧바로 종합병원으로 옮겼다.

경막외출혈이었다. 병원에 도착한 후 외과 전문의 C씨의 집도로 수련의인 전공의 등 의료진이 혈종 제거 수술을 시행한 결과 A씨의 상태는 다행히 호전됐다. 하지만 뇌수술에 따른 뇌부종으로 A씨는 스스로 호흡을 할 수 없어서 인공호흡기를 부착한 채 치료를 받게 됐다.

아내 B씨는 병세가 호전된 남편을 보고도 마냥 기뻐할 수만은 없었다. 사흘간 치료비만 해도 수백만 원에 달했고 그보다 앞으로 치료비를 감당할 자신이 없었다. 그동안 돈벌이도 하지 않고 술과 폭행으로 가족들을 힘들게 했던 남편이 짐이 된다는 생각에 B씨는 퇴원을 결심했다. 퇴원하면 환자가 사망하더라도 병원에 어떠한 이의도 제기하지 않겠다는 내용의 서약서에 사인 후 입원 사흘째 퇴원을 하였다. 집으로 돌아간 A씨는 인공호흡기를 뗀 지 5분 만에 호흡곤란으로 사망하고 말았다.

소위 '보라매병원 사건'으로 알려진 이 사건은 법학계와 의료계에서 많은 논쟁이 이루어졌다. 검찰은 가족과 의사들 모두 살인죄로 기소했다. 법원은 "치료가 필요한 남편을 보호할 의무가 있는 B씨가 A씨를 방치해 사망에 이르게 했다"며 살인죄를 인정했다.

"인공호흡기를 제거하는 등 치료를 중단하는 경우 환자가 사망할 가능성 내지 위험성이 예견됐고 의사들도 이러한 사실을 인식하고 있었으므로 비록 B씨의 요청에 의해 마지못해 치료를 중단했다고 하더라도 그 당시 A씨의 사망이라는 결과 발생에 대한 미필적 인식 내지 예견마저 없었다고 보기 어렵다." (대법원 2002도 995 판결)

법원은 의사인 C씨와 D씨가 A씨의 행위(치료 중단에 의한 살인)를 용이하게 했다며 살인방조죄를 적용했다.

생존 가능성이 있는 환자에 대한 치료 중단은 비록 그것이 보호자의 요청에 의한 것이라도 살인이나 살인방조죄가 성립할 수 있다는 뜻이다. 서울고법은 이 사건을 통해 소극적 안락사와 관련한 의미있는 지적을 했다.

"인간의 생명과 직결되는 치료 행위의 중지는 환자가 불치의 병에 걸려 있고 죽음을 피할 수 없는 말기 상태에서 단지 생명을 연장하는 의미밖에 없는 치료 행위를 환자의 자기결정권에 기한 진지한 치료 중지 요구에 응해 의사의 양심적 결단에 따라 이루어질 경우에만 제한적으로 허용될 수 있을 뿐이다. 이러한 치료 행위 중지의 허용 여부 및 그 범위, 절차와 방법에 대해서 사회적으로 진지한 논의와 합의가 있어야 할 것이다."

(2) 사례 2

김 아무개 할머니는 2008년 폐종양 조직검사를 받기 위해 세브란스병원을 찾았다. 그런데 할머니는 검사 도중 과다출혈 등으로 저산소성 뇌가 손상을 받아 인공호흡기를 부착한 상태로 생명을 유지해 왔다. 이때부터 할머니는 지속적 식물인간상태(Persistent Vegetative State)에서 항생제 투여, 인공영양 공급, 수액공급 등의 치료를 받아왔는데 의사들은 인공호흡기를 제거하면 곧 사망에 이르게 된다고 진단했다.

가족들은 할머니가 평소 무의미한 생명 연장을 거부하고 자연스런 사망을 원한다는 의사를 밝힌 만큼 병원 측에 치료 중단을 요청했다. 하지만 병원 측은 환자에 대한 진료를 포기할 수 없다며 거부했다. 결국 가족들은 할머니의 인공호흡기를 제거해 달라며 소송을 제기하기에 이르렀다.

'최소한의 품위를 지키면서 생을 마감할 권리(존엄사)'와 '환자의 생명을 보호할 의무'가 법정에서 맞섰다. 이 사건은 대법원까지 올라가 대법원은 공개변론을 열고 전원합의체 판결로 환자의 존엄사를 인정했다.

대법원은 생명권이 가장 중요한 기본권임을 부정하지 않았다. 하지만 "인간의 생명은 인간으로서의 존엄성이라는 근원 가치에 부합하는 방식으로 보호되어야 한다."며 이미 의식의 회복 가능성을 상실해 인격체로서 활동을 기대할 수 없고 회복 불가능한 사망의 단계에 이른 후에는 연명치료를 환자에게 강요하는 것이 오히려 인간의 존엄과 가치를 해하게 된다고 판시하였고 법원은 헌법 제10조에서 존엄사를 인정하는 근거를 찾았다.

> **헌법 제10조**
>
> 모든 국민은 인간으로서의 존엄과 가치를 가지며 행복을 추구할 권리를 가진다. 국가는 개인이 가지는 불가침의 기본적 인권을 확인하고 이를 보장할 의무를 진다.

대법원은 "진료 중단은 극히 제한적으로 신중하게 판단해야 한다"며 존엄사를 허용하기 위한 몇 가지 기준을 제시했다.

① 회복 불가능한 사망단계에 진입한 환자에 대해 진료 중단을 허용해야 한다.

② 미리 의료인에게 자신의 연명치료 거부·중단에 관한 의사(사전의료지시)를 밝힌 경우에 해당해야 한다.

③ 사전의료지시가 없는 경우에는 환자의 평소 가치관이나 신념 등에 비추어 연명치료 중단을 선택했을 것이라고 볼 수 있는 경우에만 가능하다.

④ 회복 불가능한 사망단계는 전문의사 등으로 구성된 위원회의 판단을 거쳐야 한다.

3) 존엄사 논쟁

(1) 존엄사 찬성

보호자 요구로 뇌수술 환자를 퇴원시킨 서울 보라매병원 의사가 '살인방조죄'로 유죄판결을 받은 이래 대부분 의사들은 환자가 회생 가망이 없어도 치료를 멈추지 않고 '방어진료'를 계속하고 있는 실정이다.

따라서 인간의 자기결정권, 인간의 존엄성, 생명유지로 인한 더 큰 고통, 의미있는 죽음, 치료가능한 중환자 치료 우선 등의 이유로 존엄사를 찬성한다.

① 인간의 자기결정권

㉠ 인간 존엄의 핵심은 자유로운 자기결정에 있다. 이러한 인간의 자기결정권은 삶과 죽음에 대한 결정에도 행사할 수 있으며 누구나 자기의 자유로운 의사에 의하여 결정할 자유가 보장되어 있다.

㉡ 대한민국 헌법 10조에는 행복추구권에 대한 항목을 명시하고 있다. 모든 국민이 인간으로서의 존엄과 가치에 합당한 서비스를 받아야 하며 죽음에 있어서도 개인이 품위있는 죽음을 선택할 수 있는 권리가 있다.

② 인간의 존엄성

㉠ 인간은 의식적으로 모든 가치를 추구하고 높은 정신활동을 향유하는 자유로운 존재이기 때문에 다른 사물이나 생물에서는 찾아볼 수 없는 존엄성이 있다.

㉡ 회복 가능성 없이 무의미한 삶을 연장하는 것보다 자연스럽게 삶을 마칠 수 있게 하는 것이 오히려 생명의 존엄성을 지키는 방법일 수 있다.

㉢ 인간의 생명은 무엇보다 소중하지만 순리에 따른 죽음을 막는 것 또한 생명의 존엄성을 해치는 것일 수 있다.

③ 생명유지로 인한 더 큰 고통

㉠ 회생 가능성이 없는 환자들에게 생명연장은 환자가 더 큰 고통을 받게 할 수 있다. 그들에게 삶은 단지 고통의 연장일 뿐이며 오히려 비인간적인 삶을 지속하는 것일 수 있다.

㉡ 회생 가능성이 없는 환자의 간병이나 치료비용으로 가족들의 고통은 가중되고 경제적 파탄으로 어려움을 겪을 수 있다.

④ 의미있는 죽음

안락사를 법적으로 허용할 경우 합법적인 장기이식으로 인해 많은 생명들을 살릴 수도 있다.

⑤ 치료 가능 중환자 치료 우선

병실이 모자라는 현실에서 치료가 불가능한 환자의 생명 연장을 위해 병실을 할당하는 것은 사실상 치료가 가능한 환자의 생명권을 보호하지 못하는 결과를 초래할 수 있다.

(2) 존엄사 반대

존엄사를 반대하는 이유로는 다음과 같다.

① 환자가 회복 불가능한 사망의 단계에 이르렀는지는 연명치료 중단 여부를 결정하는 중대한 요건이므로 신중을 기하여야 하고 그 판단은 환자를 계속적으로 진료하여 환자의 상태를 가장 잘 알고 있는 담당 주치의의 의견이 원칙적으로 존중되어야 한다.

② 환자의 추정적 의사는 환자의 자기결정으로서의 실질을 찾기 어렵고 연명치료 중단에 관한 추정적·묵시적 의사를 인정하기 어렵다.

③ 환자의 자기결정권은 소극적으로 그 진료 내지 치료를 거부하는 방법으로는 행사될 수 있어도 이미 환자의 신체에 삽입·장착되어 있는 인공호흡기 등의 생명유지장치를 제거하는 적극적인 방법으로 행사되는 것은 사망을 초래하거나 사망시간을 앞당기는 것이므로 원칙적으로 허용되어서는 안된다.

④ 예외적으로 이를 허용하기 위해서는 생명유지장치가 삽입·장착되어 있는 상태에서도 환자가 짧은 기간 내에 사망할 것으로 예측·판단되는 회복할 수 없는 사망의 과정에 진입하였다는 점이 전제되어야 한다.

4) 외국 사례

(1) 미국

주별로 약간의 차이가 있지만 소극적 안락사 행위는 대체로 인정하는 편이다. 그러나 극약 처방에 의해 불치병 환자의 죽음을 앞당기는 적극적인 안락사는 오리건주만이 허용할 뿐 다른 주에서는 대부분 금지되어 있다.

(2) 프랑스

뇌사상태라 하더라도 심장박동이 완전히 멎지 않는 한 생존상태로 간주하며 안락사는 결코 허용되지 않는다.

(3) 독일

형법에 '어떤 이유에서도 사람을 죽일 수 없다'고 규정하고 있다.

(4) 네덜란드

안락사가 부분적, 제한적으로 허용되고 있다. 안락사 자체는 불법이지만 의학적으로 소생이 불가능한 환자가 자신의 자유의사로 '반복적이고 명시적인 요구'를 할 경우 의사는 안락사를 실시하고 나중에 실시과정 전체를 보고하면 가능하다.

(5) 일본

안락사 관련법이 없다. 하지만 죽음이 임박했을 때 연명치료를 거부해 자연사를 선택하는 존엄사는 폭넓게 인정되고 있다.

(6) 스위스

법률상 명문으로 인정하고 있지는 않지만 존엄사 뿐만 아니라 적극적 안락사도 사실상 처벌하지 않고 있다.

5) 법적 · 제도적 보완

따라서 '존엄사'를 인정하기 위해서는 법적 · 제도적 장치가 필요하다.

(1) 법적 장치 필요

① 네덜란드의 경우 모든 존엄사의 시행을 전문가들로 구성된 13인의 위원회에서 결정하도록 하고 지역보건위원회로부터 최종 승인을 받는 형식으로 존엄사를 시행하고 있다. 또한 결정과정에서 의사의 위법 행위가 들어날 경우 면허 취소, 정

지와 같은 강력한 법적 조치를 취함으로써 존엄사 결정에 신중을 기하고 있다.

② 무분별한 존엄사가 실행될 수 없도록 적절한 규칙과 기준(환자의 명백한 의사와 의사의 객관적이고 합리적인 의료 지식을 바탕으로 한 소견이 인정되는 경우)을 세워서 시행되어야 한다.

③ 임종과 품위있는 죽음의 정의에 근거해서 임종 진료에 대한 지침이 만들어져야 한다. 우선 질병상태와 선택 가능한 치료법 등에 대해 환자와 가족, 의료진 간에 정확한 정보가 공유되어야 한다. 또한 임종환자의 결정을 의사 개인의 가치관과 판단에만 맡길 것이 아니라 의과대학과 전공의 수련과정에서의 의사소통과 임종환자 관리에 관한 교육 등을 통해 체계적으로 이루어질 수 있도록 해야 한다.

(2) 제도적 장치 필요

① 건강보험제도의 정비 및 보장성 강화 등 기본적인 보건의료 복지제도와 호스피스・완화의료의 제도화 등이 선행되어야 한다.

② 환자가 간병 부담을 감당할 수 없는 불가항력적인 한계에 이르렀을 때 사회적, 경제적 도움을 요청할 수 있는 시스템을 마련해야 한다.

(3) 기타

말기환자의 사전의사결정 및 무의미한 연명치료 중단 등 존엄사에 대한 사회적 공감대가 형성되도록 해야 한다.

안락사에 대한 스티븐 호킹 교수의 의견

"물론 사람들은 자신의 삶을 끝낼 수 있는 권리를 가져야 합니다. 그러나 그 선택은 분명히 그들의 가장 큰 실수가 될 것입니다. 아무리 자신의 삶이 비참해 보이더라도 그 안에서 시도할 수 있고 성공할 수 있는 무언가는 있습니다. 삶이 계속되는 한 희망은 존재합니다."

위의 말은 21세에 루게릭병을 진단받고 남은 수명이 2~3년이라는 말을 들은 후 50여 년을 살아온 스티븐 호킹 교수가 2006년 사람들에게 했던 말입니다. 그러나 최근 BBC와 가진 인터뷰에서 호킹은 자신의 의견을 뒤집었습니다.

나는 불치병을 가졌고 커다란 고통을 받고 있는 사람은 자신의 삶을 끝낼 수 있어야 하고 이들을 돕는 사람들이 처벌받아서는 안된다고 생각합니다. 우리는 동물들을 고통에 허덕이게 하지 않습니다. 인간은 왜 그래야 합니까?

그리고 그는 누구도 본인의 의사에 반하여 생의 종말을 맞이해서는 안 된다고 덧붙였습니다. 그가 43세였던 1985년, 그는 폐렴으로 인해 생명유지장치에 들어갔었고 그의 아내는 그 기계를 끌 권리를 가지고 있었습니다. "물론 그 제도에는 당사자가 진정 자신의 삶을 끝내기를 원하는지, 그가 어떤 압력을 받고 있지는 않은지, 그리고 과거 나의 경우처럼 본인의 충분한 동의가 없는 상태인지 등을 확인하는 안전장치가 있어야 합니다." 호킹은 육체의 한계를 넘고 과학적, 문학적 성취를 이뤄낸 인간 정신의 위대함을 알리는 상징으로 여겨집니디.

루게릭병을 진단받고 10년 이상을 살 수 있는 사람은 5%밖에 되지 않습니다. 그는 움직일 수도 없으며 대화는 컴퓨터를 이용해 극히 느리고 힘들게 진행됩니다. 그러나 그의 '시간의 역사(A Brief History of Time)'는 전 세계 약 1천만 부가 팔렸습니다. 안락사를 반대하는 사람들은 그를 예로 들며 현재의 법이 바뀌어서는 안 된다고 이야기하고 있습니다. 그의 발언은 안락사 논쟁에 새로운 불씨를 지폈습니다. 작년 감금증후군(Locked-in syndrome)에 걸린 후 자신이 죽을 권리를 대법원에 요청했던 토니 클린슨은 그의 요청이 거절된 바 있습니다.

'존엄성을 가진 죽음(The Dignity in Dying)'의 대표인 사라 우튼은 2007년 설문조사에서 장애인과 비장애인 모두 그들의 다수가 현재의 법이 바뀌기를 바라고 있다고 이야기합니다. "스티븐 호킹 교수의 의견은 우리의 의견에 힘을 더해주고 있습니다. 적절하고 엄격한 안전장치가 있다면 죽음을 선택하는 사람들이 자신이 죽을 방법과 시기를 결정하는 것을 법으로 금지할 어떤 명분도 존재하지 않습니다. 법적인 안전장치를 포함한 팔코너 경의 법안이 내년도 상원에서 논의될 예정입니다. 이 법안은 현재의 법이 눈감고 있는 곧 사랑하는 이의 죽음을 도와주는 사람들을 법적으로 보호할 예정입니다. 이 법안은 죽음을 늘이는 것이 아니라 고통을 줄이게 될 것입니다." (Guardian)

출처: NewsPeppermint, Verytaholic, "안락사에 대한 스티븐 호킹 교수의 의견", http://newspeppermint.com/2013/09/19/euthanasia/, 2013. 09. 20.

1. 벨기에서 17살 불치병 청소년 안락사 선택 생 마감

불치병에 걸린 17살 청소년이 벨기에에서 미성년자로서는 처음으로 안락사로 생을 마쳤다.

AFP통신과 미국 CNN방송 등에 따르면 지난주 벨기에에서 불치병에 걸린 17살 청소년이 현지법에 따라 의사 도움을 받아 안락사했다. 벨기에는 2002년부터 18살 이상에만 안락사를 허용했으나 2014년부터 법 개정으로 18살 미만에게도 안락사를 허용하면서 안락사에 나이 제한을 없앴다.

AFP는 이번 안락사는 나이 제한 철폐 이후 첫 시행된 미성년 대상 사례라고 전했다. 벨기에는 미성년자가 자신의 상태와 안락사의 의미를 이해하고 합리적인 결정을 내릴 능력이 있다는 것을 조건으로 안락사를 허용한다. 또 안락사 시행에 전문의사 판단과 부모 동의 등 엄격한 요건을 갖춰야 한다.

벨기에 연방 안락사위원회의 빔 디스텔만스 대표는 미성년자 안락사에 대해 “이례적인 사례였다”며 “다행히 안락사를 고려하는 어린이는 극소수지만 그들이 존엄한 죽음을 선택할 권리를 우리가 거부해도 된다는 뜻은 아니다”라고 말했다. 지난해 벨기에에서는 2천여명이 안락사를 선택해 생을 마감했다.

출처: KBS NEWS, 변진석, “벨기에서 17살 불치병 청소년 안락사 선택 생 마감”, http://news.kbs.co.kr/news/view.do?ncd=3346366, 2016. 09. 18.

2. 성폭행 후 스트레스 장애로 안락사한 20대 여성

안락사한 20대 네덜란드 여성은 5살부터 15살까지 성폭행을 당한 피해자.

그 여파로 거식증・우울증・환각・자해증상을 보이는 등 외상후스트레스장애(Post Traumatic Stress Disorder, PTSD)를 앓았고 신체에도 문제가 생겨 거의 침대에 누워 지내다시피 했다.

초기 그녀를 돌본 정신과 의사는 “희망이 전혀 없다. 환자는 더 이상 고통을 견디기 어려운 상태”라고 판단했다. 피해자가 안락사를 결정하기 2년 전 안락사에 대한 담당의들의 의견을 재차 묻자 일부 의사들은 “집중심리치료가 일시적으로나마 도움이 되고 있다”는 소견을 밝혔다.

그러나 작년 네덜란드 안락사심의위원회는 가망이 없다는 판단을 내리고 안락사를 허용했다. 우울증 등 정신질환을 앓고 있는 환자가 스스로 안락사 여부를 결정할 수 있는 능력이 충분하다고 판단했다. 치료는 중단됐고 피해자는 약물을 투여받고 사망했다.

출처: 조선닷컴, “성폭행 후 스트레스 장애로 안락사한 20대 여성”, http://news.chosun.com/site/data/html_dir/2016/05/12/2016051202831.html, 2016. 05. 12.

〈관련 동영상〉

1. 「스위스의 조력 자살 Assisted suicide on swiss」

2010년 안락사 지원 NGO의 도움을 받아 삶을 끝내기로 결심한 미쉘 쿠스 여사의 마지막 순간을 담은 영상이다.

스위스와 네덜란드를 비롯한 유럽의 일부 국가들에서는 엄격한 조건 하에 한정적으로 안락사 지원/조력 자살이 합법화 되어 있다고 한다.

출처: https://youtu.be/nSX_MrE_emQ
https://youtu.be/I-_uEmdmSsY

2. 「무의미한 연명치료 거부…존엄사 선택한 사람들」

잘 사는 법, 웰빙 못지 않게 잘 죽는 법, 웰-다잉이 화두로 떠올랐는데요.

출처: YTN SCIENCE
https://youtu.be/KBmSFJrxsuU

제 7 장

연명의료결정

제 7 장

연명의료결정

1. 연명의료

연명(延命)의료란 의학적으로 죽음을 초래하는 질환은 회복시키지 못한 채 생명현상만을 유지해 인위적으로 생명을 연장하는 의료적 조치를 말한다. 판례에서는 연명의료를 '의학적으로 환자가 의식의 회복가능성이 없고 생명과 관련된 중요한 생체기능의 상실을 회복할 수 없으며 환자의 신체상태에 비추어 짧은 시간 내에 사망에 이를 수 있음이 명백한 경우에 이루어지는 진료행위'로 언급하고 있다.

2. 연명의료결정

임종과정에 있는 환자에 대한 연명의료를 시행하지 않거나 중단하기로 하는 결정을 말한다.

1) 연명의료결정과 유지

연명의료중단은 환자의 생명을 단축할지도 모르는 위험이 있으나 환자의 고통을 덜어주기 위하여 취하는 행위로 이는 의사의 사명에 속하는 행위이다. 중단하는 의료행위로는 심폐소생술, 혈액투석, 항암제 투여, 인공호흡기 착용 등이 있다.

연명의료결정시에도 마지막 단계를 견딜 수 있도록 하는 배려로써 영양공급, 물, 단순산소공급 등은 유지한다.

[표 7-1] 연명의료 중단과 유지

중 단	유 지
심폐소생술 혈액투석 항암제 투여 인공호흡기 착용	영양공급 물공급 단순산소공급

2) 연명의료결정 방법

연명의료결정 방법으로는 의식이 있을 때, 의식이 없을 때, 의식추정이 불가할 때로 나누어 살펴보면 다음과 같다.

(1) 의식이 있을 때

① 연명의료계획서

병원에서 환자와 담당의사가 함께 작성하여야 하며 담당의사는 환자에게 질병상태와 진행 과정이 어떤지, 의료행위를 어떻게 할 것인지, 진료의 효과가 어떻게 나타날 수 있는지 등을 설명할 수 있고 환자는 담당의사에게 원하는 것을 말할 수 있다. 환자와 의사간의 대화를 통하여 진료계획을 수립하는 연명의료계획서는 이 점에서 긍정적인 측면이 있다.

② 사전의료의향서

죽음이 임박하였을 때 치료여부 의사를 미리 밝혀두는 문서로서 다음 내용을 포함할 수 있다.

㉠ 마지막 날들을 어디에서 보내고 싶은가?

㉡ 스스로 결정을 내릴 수 없는 경우, 즉 임종시 누구를 대리인으로 지명하겠는가?

㉢ 간병인이 통증, 영양공급 및 대소변 관리 등을 할 때 어떻게 해주길 바라는가?

㉣ 심폐소생술을 원하는가?

㉤ 임종 치료에 대해서 어떠한 재정적 준비가 되어 있는가?

(2) 의식이 없을 때

① 사전의료의향서가 있을 경우

환자가 담당의사와 충분한 상담을 통해 이성적 판단이 가능한 상황에서 작성한 사전의료의향서에 대해서는 환자의 명시적 의사로 인정하도록 정하고 있다. 이는 환자가 회복 불가능한 단계에 이르렀을 경우에도 자신의 연명의료 거부 내지 중단에 관한 의사를 밝혔다면 특별한 사정이 없는 한 자기결정권을 행사한 것으로 인정한다.

② 사전의료의향서가 없을 경우

가족(배우자, 직계존・비속에 한함) 2인 이상이 환자의 평상시 의사(과거 행적, 소신 등)에 대하여 일치하는 진술을 하고 이를 1명의 담당의사와 1명의 해당분야 전문의가 판단 후 환자의 의사를 추정하여 인정할 수 있다.

③ 의식추정이 불가할 때

환자의 명시적 의사표시도 없고 환자의 의사를 추정할 수도 없다면 법정대리인이나 성년 후견인 등 적법한 대리인 그리고 가족(배우자, 직계존・비속에 한함) 전원이 합의하여 대리 결정한다. 이 경우 1명의 담당의사와 1명의 해당분야 전문의가 환자를 대리하는 결정이 합리적인지 확인하도록 한다.

[표 7-2] 연명의료결정 방법

의식이 있을 때	의식이 없을 때	의사추정 불가할 때
• 연명의료계획서 + • 사전의료의향서 (의사와 함께 작성)	• 사전의료의향서가 있을 때 → 의사 2명 확인 • 사전의료의향서가 없을 때 → 가족 2인 이상 진술 일치시 의사 2명이 확인 * 가족(배우자, 부모, 자녀, 형제, 자매) 중 1명이라도 진술이 다를 경우 중단 불가	• 미성년자 → 친권자 결정 • 성인 → 가족 전원 합의 + 의사 2명 확인

3. 연명의료결정법안

1) 주요 내용

'연명의료결정법안'1)은 우선 국가생명윤리위원회의 권고안에 따라 환자의 명시적 의사, 의사 추정, 대리 결정에 따라 임종을 앞둔 환자의 특수연명치료를 중단을 할 수 있도록 하고 있다. 법안에 따르면 연명의료중단에 관한 여러 가지 사안을 심의하는 국가의료윤리위원회를 구성하고 병원에는 연명의료와 관련해 의사 결정을 하는 병원윤리위원회를 설치토록 했다.

연명의료에 대한 결정의 대상이 되는 환자는 회생 가능성이 없고 원인치료에 반응하지 않으며 급속도로 악화하는 즉 임종기에 있는 환자이다. 환자의 의학적 상태 판단은 담당의사 및 의료인이 할 수 있다(동법안 제10조).

담당의사는 말기로 진단된 환자에게 연명의료계획서의 작성에 관한 정보를 제공하고 환자의 요청이 있을 시 이에 응해야 한다(동법안 제11조).

민법상 의사능력을 가진 성인이 향후 환자로 진단되는 경우를 예상하여 사전의료

1) 연명의료결정법 = 웰다잉법
① 회생 가능성이 없고, ② 급속도로 증상이 악화돼 사망에 임박해 있고, ③ 치료해도 회복되지 않는 환자를 대상으로 ㉠ 심폐소생술, ㉡ 혈액투석, ㉢ 항암제 투여, ㉣ 인공호흡기 착용 등 네 가지 연명의료를 중단

의향서를 작성할 수 있다. 사전에 작성한 사전의료의향서가 있을 경우 담당의사에게 사전의료의향서 내용의 확인을 요청할 수 있다. 요청받은 담당의사는 환자의 상담을 통해 확인한 후 그 내용을 연명의료결정에 반영해야 한다(동법안 제12조).

환자의사 확인장치로 사전의료의향서 등을 공식문서로 간주한다. 사전의료의향서는 의식불명에 빠지기 전에 연명의료중단 의사를 표시한 문서이다. 의사와 같이 작성하는 연명의료계획서도 마찬가지 효력을 갖는다. 이런 문서가 없으면 가족을 통해 연명의료와 관련한 환자의 평소 언행을 추정하고 불가능할 경우 가족 전원 합의로 대리결정한다. 법률안은 벌칙 조항을 넣어 강제력을 부여하고 있다.

연명의료는 전문적인 의학 지식과 기술, 장비가 필요한 특수 연명의료로 제한된다. 예를 들어 심폐소생술·인공호흡·혈액투석·항암제 투여 등이 특수 연명의료에 포함되며 통증조절이나 영양공급, 물공급, 단순산소공급 등 일반 연명의료는 중지할 수 없다.

2) 관련 개념의 모호성

(1) 연명의료 등 관련 개념의 검토

환자의 자기결정권에 의한 연명의료결정과 관련하여 다양한 개념이 존재하는 것은 연명의료결정을 위한 기준설정과 사회적 합의 도출에 저해요인으로 작용하게 된다. 따라서 연명의료결정을 위한 법적 기준을 마련하기 위해서는 통일된 개념설정이 필요하다. 연명의료란 의학적으로 죽음을 초래하는 질환은 회복시키지 못한 채 생명현상만을 유지해 인위적으로 생명을 연장하는 의료적 조치를 말한다. 판례에서 언급하고 있는 연명치료는 의학적으로 환자가 의식의 회복가능성이 없고 생명과 관련된 중요한 생체기능의 상실을 회복할 수 없으며 환자의 신체상태에 비추어 짧은 시간 내에 사망에 이를 수 있음이 명백한 경우에 이루어지는 진료행위를 말한다.

안락사의 의도가 고통완화의 목적으로 행하는 것이라면 존엄사는 인간의 존엄성을 유지하면서 품위있는 죽음을 맞게 하기 위한 것이라는 점에서 구분이 가능할 수 있다. 소극적 안락사란 부작위에 의한 안락사로서 회복이 불가능한 환자에게 적극적인 생명 연장의 수단을 사용하지 않는 경우를 말한다. '연명의료결정법'(안)에서의 '연명의료'의 개념도 모호하다. 연명의료의 개념에는 환자의 회복 불가능성이 전제되지만 회복 불가능과 가능을 인위적으로 구분하기 힘들다. 가끔 연명의료라고 이해되는 일부 조치들이 환자의 회복과 개선에 실제로 도움이 되어 건강을 회복하는 경우도 발견된다. 그만큼 사람의 정신과 뇌의 기능은 단순히 물리적으로 또는 의학적으로만 판단하기 어려운 측면이 있다. 연명의료의 대상으로서 회복 불가능성을 판단하는 기준이 애매할 경우 의료현장에서 혼란이 있을 수 있기 때문에 명확히 할 필요가 있다.

(2) 연명의료의 해석

연명의료결정법안은 환자의 자기결정권을 존중하여 의학적으로 무의미한 치료를 환자가 거부할 권리를 인정하는 것이다. 연명의료를 '낭비적이고 불필요한 치료'라는 인식을 입법화함으로써 인식의 왜곡도 있을 수 있다. 가장 중요한 논점은 생명침해의 허용이다. 자칫 어떤 생명은 상대적으로 더 보호받고 어떤 생명은 덜 보호받아야 하는지 생명을 등급화하는 문제점이 있다.

연명의료의 '무의미함'은 의학적 기준에 의해 판정될 수 있는 것이 아니며 지침 또는 법규정으로 쉽게 판단될 수 있는 영역도 아니다. 의학적 전문지식을 가진 의료인들 간에도 연명의료의 무의미함에 대한 판단이 엇갈리는 상황에서 '무의미함'이 판단된 판례도 섣부른 결정으로 바람직하지 않은 선례가 될 수 있다. 연명의료결정을 존엄사 즉, 소극적 안락사나 죽을 권리의 인정에 초점을 맞추어 환자를 인위적으로 죽게 만든다는 것이라면 문제가 될 수 있다.

모호한 기준이나 근거없이 '무의미함'으로 간주해 연명치료를 중단하거나 거부할 위험성도 없지 않다. 심지어 마지막 순간까지 환자에게 필요하고 유익한 기본적 돌봄까지도 '무의미하다'고 간주해 거부할 수도 있다. 따라서 무엇이 환자에게 '무의미한' 연명의료인지 그 기준을 분명히 해야 한다.

(3) 연명의료결정 허용 대상

연명의료중단 대상자는 '임종기로 진단받은 환자'로 해당 의료인(담당의사와 해당 분야 전문의)만 연명의료중단을 시행할 수 있다. 즉, 연명의료에 대한 결정의 대상이 되는 환자는 희생 가능성이 없고 원인 치료에 반응하지 않으며 급속도로 악화하는 즉, 임종과정에 있는 환자에 한하되 대상 환자는 1명의 담당의사와 1명의 해당 분야 전문의가 함께 판단하도록 규정하고 있다. 이와 같이 '회복 불가능한 사망의 단계'에 이루어지는 의료결정은 원인이 되는 질병의 호전을 목적으로 하는 것이 아니라 질병의 호전을 사실상 포기한 상태에서 오로지 현 상태를 유지하기 위하여 이루어지는 치료에 불과한 것이다. 이와 같은 회복 불가능한 사망단계에 해당하는 것인지 여부에 관하여는 전문의사 등으로 구성된 위원회 등의 판단을 거치게 하는 등 결정 및 판단 과정에 절차적 정당성이 확보될 수 있도록 하는 장치를 마련하여야 한다. 따라서 환자가 인간으로서의 존엄과 가치 및 행복추구권에 기초하여 자기결정권을 행사하는 것으로 인정되는 경우에는 특별한 사정이 없는 한 연명의료의 중단이 허용될 수 있다.

3) 의료계약서상의 환자의 진료 거부 또는 중단

자기결정권 및 신뢰관계를 기초로 하는 의료계약의 본질에 비추어 강제 진료를 받아야 하는 등의 특별한 사정이 없는 한 환자는 자유로이 의료계약을 해지할 수 있다(민법 제689조 제1항[2]). 의료계약을 유지하는 경우에도 환자의 자기결정권이 보장되는 범위 내에서는 제공되는 진료행위의 내용변경을 요구할 수 있다. 환자의 신체 침해를 수반하는 구체적인 진료행위의 경우 진료행위를 계속할 것인지 여부에 관한 환자의 결정권 역시 존중되어야 한다. 환자가 그 진료행위의 중단을 요구할 경우에 원칙적으로 의료인은 이를 받아들이고 다른 적절한 진료방법이 있는지를 강구하여야 할 것이다. 다만 이 경우에도 환자의 생명과 직결되는 진료행위를 중단할 것인지 여부는 극히 제한적으로 신중하게 판단하여야 한다. 인간의 생명은 고귀하고 생명권은 헌법에 규정된 모든 기본권의 전제로서 기능하는 기본권 중의 기본권이기 때문이다. 그렇기 때문에 다수의견은 '회복 불가능한 사망의 단계'에 이른 환자는 이미 의식의 회복가능성을 상실하여 더 이상 인격체로서의 활동을 기대할 수 없고 자연적으로는 이미 죽음의 과정이 시작되어 의료결정을 계속하는 것은 의학적으로 무의미한 신체 침해행위를 강요하는 것이 되므로 사전의료의향서에 의한 '자기결정권'의 행사에 따라 또는 추정되는 환자의 의사에 따라 생명유지장치를 제거하는 방법으로 의료결정

---

2) 제689조(위임의 상호해지의 자유) ① 위임계약은 각 당사자가 언제든지 해지할 수 있다.

을 중단하는 것이 허용된다고 하고 있다.

4) 연명의료결정에 대한 정당성과 법적 근거

임종환자에게 치료효과가 없는 의료행위를 계속하거나 치료행위가 오히려 고통을 주는 것은 의학적으로나 윤리적으로 타당하지 않을 수 있다. 그러나 가족 입장에서 치료를 중단하자고 하는 것은 가족의 도리를 다하지 않는 것처럼 보일 수 있고 의료진 입장에서도 끝까지 최선을 다하지 않아서 의료인의 본분을 소홀히 했다고 하는 것처럼 보일 수 있다. 특히 의료진의 경우 치료 의무를 소홀히 했다고 해서 법적 책임을 질 수도 있다는 우려 때문에 치료가 무의미하다는 것을 알면서도 중단하기 어려운 점도 있다. 이러한 바람직하지 않은 의료관행을 개선하고 의료현장에서의 혼란을 해소하는 방안으로 연명의료결정에 대한 정당화하는 법적 근거를 어디에서 찾아야 하는지가 문제된다.

연명의료결정을 정당화하는 근거는 의료윤리 측면과 법적 측면의 두 가지 측면에서 설명될 수 있다. 첫째, 의료윤리 측면에서는 의료윤리에서 제시하고 있는 4원칙 가운데 연명의료결정의 정당화 근거를 들 수 있는 것은 '자율성 존중의 원칙'이다. 이 원칙은 모든 인간은 존엄한 인격체로서 인간이 처한 다양한 상황에서 독립적으로 자신의 신념과 자유로운 의사에 따라 결정할 기본적 권리로 최대한 존중되어야 한다는 원칙이다. 이러한 자율성 존중의 원칙도 자신의 건강상태 및 질병상황 등에 대한 의사의 충분한 설명이 전제되어야 하고 충분한 정보를 제공받은 뒤에 이를 근거로 환자의 자율적인 판단하에 의료인으로부터 진료행위를 중단할 것인지 여부를 결정할 수 있는 권리가 있고 이러한 환자의 권리는 존중받아야 한다는 것이다. 자율성 존중의 원칙에 의한다고 하더라도 환자가 의사능력이 없어 연명의료결정여부를 판단할 수 없는 경우가 문제이다. 이 경우 생전유언이나 사전의료의향서를 작성한 경우, 더 나아가 회복 불가능한 환자의 경우 의사추정을 토대로 이러한 원칙을 확대적용하는 것이 타당할 것으로 보인다.

둘째, 법적 측면에서는 환자의 '자기결정권'을 들 수 있다. 자기결정권이란 개인이 자신의 삶에 관한 중대한 사항에 대하여 스스로 자유롭게 결정하고 그 결정에 따라 행동할 수 있는 권리를 의미한다. 연명의료결정법안은 환자의 자기결정권을 존중하고 있다. 환자의 자기결정권은 의학적으로 무의미한 치료를 환자가 거부할 권리이다.

자칫 본래의 의미에서 벗어나 환자가 원하면 생명을 위해하는 행위도 스스로 결정할 수 있다는 의미로 오해될 가능성도 없지 않다. 환자의 자기결정권 행사의 핵심은 전문 의료진으로부터 환자가 정보권을 확보하고 치료권을 보장받는다는 것을 의미한다. 이를 넘어서 일정한 치료를 거부하고 스스로 죽음을 결정할 수 있는 권리로 유추 확대 해석하는 것은 곤란하다. 헌법재판소와 대법원에서도 결국 연명의료결정의 근거를 헌법 제10조의 인간의 존엄과 가치 및 행복추구권에 기초한 자기결정권에서 찾고 있다. 다만, 이러한 자기결정권도 개인의 자유의지를 전제로 하기 때문에 의사능력이 없는 경우에는 문제가 된다. 이처럼 의사능력이 없는 환자의 경우에도 추정이라는 가정적 의사(평소 가치관, 신념 등 환자 자신의 의사로 간주할 수 있는 정황, 객관적 증거 등)를 토대로 연명의료중단을 인정하는 것도 자기결정권에 부합할 수 있다고 본다.

자기결정권은 현행 형법에서 기본적으로 인정되고 있는 개념이다. 이러한 환자의 자기결정권을 안락사와 관련지을 때는 극심한 고통에 시달리는 환자가 스스로 죽음을 택하는 것이 인간답다고 생각하여 내리는 결정을 의미한다. 그러나 자기결정권은 개인이 처분할 수 있는 개인적 법익이나 권리에 국한되며 그것도 사회나 국가와 이해관계를 갖고 있는 경우 일정한 범위에서 제한될 수 있나. 한편, 형법 제252조 1항[3]에 의해 촉탁 또는 승낙을 받아 사람을 자연적 사기(死期)에 앞서 사망에 이르게 한 자는 촉탁·승낙의 살인죄로 처벌받게 되지만 형법학계에서는 안락사라는 개념을 통하여 일정한 요건 하의 치료중단 행위는 위법성이 조각되는 행위로 파악하고 있다. 즉, 형법상 해석으로 소극적 안락사의 경우 '사회상규에 위배되지 않는 행위'(형법 제20조[4])로서 위법성이 조각된다고 보는 것이 다수설의 견해이다. 즉, 헌법과 형법의 생명권 보호정신에도 반하지 아니하며 윤리학이나 종교의 영역에서도 일반적으로 인정되므로 살인죄의 위법성을 부인해야 한다고 주장한다. 이와 같이 일정한 요건 하의 안락사가 형법적으로 정당화될 수 있다는 점을 인정하더라도 형법학계에서 주장되는 안락사의 요건은 의료계에서 실질적으로 활동되지 못한다는 비판도 제기된다(고준기, 조현 외, 2014).

3) 형법 제252조(촉탁, 승낙에 의한 살인 등) ① 사람의 촉탁 또는 승낙을 받어 그를 살해한 자는 1년 이상 10년 이하의 징역에 처한다)

4) 형법 제20조(정당행위) 법령에 의한 행위 또는 업무로 인한 행위 기타 사회상규에 위배되지 아니하는 행위는 벌하지 아니한다.

4. 주요 국가의 연명의료결정 관련법

사전의료의향서는 환자가 장래 결정 무능력 상태가 될 때를 대비하여 자신의 희망을 서면 등으로 남겨서 최종 결정에 참고가 되거나 바램에 따라 이행되도록 만드는 장치로 말기 의료를 위해 준비되어야 할 법적 효력이 있는 문서이며, 환자 본인의 의사와 합치되는지 확인 절차가 필요하다. 사전의료의향서가 입법화된 형태는 국가마다 다양하다. 사전의료의향서가 법적으로 결정된 국가는 대만과 미국이며, 일본은 기관별로 다른 사전의료의향서를를 사용하고 있으며, 영국은「정신능력법」에 따라 사전거부의 내용만 규정하고 있다.

대만, 미국은 사전의료의향서제도를 법적으로 양식을 결정한 채 도입하였고 영국은 사전거부라는 제한적 형태로 도입, 일본은 기관별로 도입하여 활용하고 있다. 일본은 가이드라인 중심의 접근을 취하는 반면 대만은 법 중심의 접근을 취한다. 한편 미국은 기본적으로 연명의료에 관한 의사표명을 환자의 자기결정권으로 존중하고 반영하되 치료적 이득이 극히 불분명한 경우 의료진이 거부할 수 있다. 그리고 별도로 의료윤리위원회 기구를 둠으로써 환자와 의사 사이의 의견 불일치를 해소할 수 있다. 반면 영국은 환자의 치료거부에 관한 의사만을 사전결정을 통해 제한적으로 반영하되, 의사결정 능력을 상실한 경우 최선의 이익의 관점에서 의료진이 판단한다.

대만과 일본에서는 연명의료의 유보, 철회 등의 결정에 도달하기 위해서는 말기(대만), 임종기(일본)라는 판단이 선행되어야 하거나 또는 임종기라는 의학적 판단이 선행된 이후 환자의 의사를 확인하고 연명의료의 유보, 철회의 결정을 내리는 반면, 미국과 영국에서는 말기 또는 임종기라는 판단을 별도로 내리지 않는 차이가 있다. 미국은 대리인과 상의 후 결정을 내리도록 하는 절차를 두며 영국은 의사가 법적으로 구속력 있는 사전의사 등 환자의 의사를 확인하고 법적으로 정해진 범위 내에 대리인과 상의할 수 있게 하고 있다. 미국은 의료기관 윤리위원회의 역할을 중시하는 반면 영국은 주로 전문가 단체의 가이드라인 등을 통해 의료진의 판단과 행동을 지원한다는 차이가 있다.

1) 미국

1990년 연방법으로 제정된「환자자기결정권법」은 미국의 모든 메디케어(의료보장)와 메디케이드(빈곤층 의료보장) 계약기관들에게 다섯 가지 단계를 밟을 것을 요구하고 있다. 2015년부터 메디케어에서 말기 상담을 책임지기로 하여 사전의료의향이 더욱 활성화될 것으로 예측하고 있다. 미국의 사전의료의향서는 주마다 양식이 많이 다르며 1993년「보건의료의사결정통일법」을 제정하여 절차의 표준화를 시도하였고 주 별로 크게 네 가지 내용을 포함하고 있다. (1) 보건의료 선임에 관한 내용, (2) 연명의료 선택여부 및 완화의료 여부, (3) 장기기증 여부, (4) 일차의료인 선임여부 등이다.

미국은 연명의료중단에 관한 개별 사건에 대한 법원의 판결을 축적하여 법률안을 마련하고 있다. 미국 뉴저지주 대법원은 '식물인간 상태에 있는 환자의 연명치료 거부권은 헌법상 보장된 프라이버시 권리에 해당한다.'라며 인공호흡기를 제거하는데 동의하는 판결을 내렸다. 한편 연방대법원은 '의사결정능력이 있는 사람은 원하지 않는 의료처치를 거절하는데 주요한 자유권적 이익을 가지고 있다'고 하고 자유권의 내용 속에는 의사결정능력이 있는 환자가 생명연장을 위한 수분과 영양공급을 거절할 권리도 포함되어 있다고 판시하였다.

각 주에는 유형과 내용의 차이는 있으나 연명의료결정에 관한 법이 존재한다. 유형별로 보면 생전유언법(Living Will Act) 혹은 사전의료의향서법(Advanced Directives Act), 자연사법(Natural Death Act, 1976), 존엄사법(Death with Dignity Act, 1997) 등으로 존재한다. 주마다 차이가 있으나 약 40여개 주에서 환자가족의 동의 등 엄격한 요건 아래 생명 보조장치를 제거하는 수준의 소극적 안락사 행위는 대체로 인정되나 적극적 안락사는 인정하지 아니하고 있는 것으로 보인다.

자연사법은 1976년 캘리포니아주에서 인정한 이래 대부분의 주들이 자연사법을 제정하여 시행하고 있다. 오레곤주의 경우 1997년 말기환자에 대해 의사의 처방에 따른 약물투여방식에 의한 안락사를 합법화하는 존엄사법을 제정하였다. 다만 의사의 도움을 받아서 자살할 수 있는 규정을 두고 있는 등 존엄사에 관한 개념이 혼란하여 존엄사의 정의나 그 범위를 일률적으로 정하기 매우 어렵다. 1999년 텍사스주는 1999년 사전의료의향서법을 제정하여 병원은 환자의 상태를 고려하여 더 이상의 의학적 치료가 필요하지 않은 것으로 판단되는 경우 다른 병원으로 전원할 것을 통지

하고 통지 후 10일이 경과하여도 전원하지 않을 경우 환자 또는 가족이 반대하더라도 연명치료를 중단할 수 있도록 규정하였다. '환자자기결정법'은 메디케어나 메디케이드를 받는 의료기관은 환자들에게 연명치료를 거부할 수 있는 권리가 있다는 사실을 고지하도록 하고 연명치료 거부에 관한 사전의료의향서를 작성할 수 있도록 규정하였다. 사전의료의향서는 생전유언 또는 의료에 관한 지속적 대리인(DPA; Durable Power of Attorney for health care)을 지정하는 방식으로 작성된다. 이러한 규정을 통해 환자의 의사표시 및 말기상태임을 확인하고 이를 증명하는 서식과 절차에 따라 말기환자의 생명연장 시술을 보류하거나 중단하는 것을 허용한다. 사전의료의향서에 따라 생명연장 시술을 보류하거나 중단함으로써 자연적인 죽음의 과정을 야기한 의료진의 행위는 민사책임, 형사책임, 병원윤리위원회로부터 제재 등 모든 법적 책임으로부터 면제된다. 예컨대 오레곤주의 경우 안락사에 참여한 의사의 형사책임이 면제되기 위해서는 존엄한 죽음에 대한 환자의 명시적 요청이 있고 자발적 의사표시를 할 수 있는 만 18세 이상의 성인이라는 환자의 적격요건을 구비하여야 하며 담당의사의 투약처방이 있는 경우 환자는 자기 스스로의 행위를 통해 삶을 끝낼 수 있도록 규정하고 있다. 다만 의료진의 고의 내지 과실로 인하여 자연적인 죽음의 과정 이외의 방법으로 생명을 종료시킬 경우 벌금형, 일급 살인죄 등으로 처벌하고 있다.

주마다 차이가 있지만 일반적인 연명의료중단 및 보류의 전제조건은 첫째, 질병으로 인하여 치료할 수 없거나 회복할 수 없는 상태이거나 말기상태로 생명유지장치가 단지 죽음의 순간을 연장하는 데 불과한 기능을 하는 경우를 의미한다. 말기상태는 주치의 등 2명 이상 의사의 확인이 필요하다. 둘째, 환자의 사전의료의향서 작성시 2명의 증인 참석 및 서명이 요구된다. 다만 환자와 혈연 또는 혼인관계, 유산 상속이나 재산상의 이해관계가 있는 자, 치료비에 대한 재정적 부담을 지고 있는 자, 의료인 또는 의료기관이 고용한 자 등은 증인에서 제외하고 있다. 셋째, 주치의는 환자의 말기상태 여부를 증명하고 확인해 줄 의무가 있다. 의사능력을 가진 성인은 말기상태에서 연명의료를 보류하거나 중단하는 지시를 서면으로 할 수 있다. 주치의의 확인과 환자의 서면 지시과정을 거쳐 치료 보류와 중단 의사표시를 한 환자만 적격환자로서 인정한다. 넷째, 병원윤리위원회를 두어 일반적으로 의사능력이 없는 말기환자의 연명의료장치 제거를 허용할 것인지 여부를 논의하고 판단하는 역할을 수행하고 있다. 연방차원에서 연명의료결정과 관련한 상황에서의 병원윤리위원회의 기능 및 역할을 제고하기 위해 모델법안을 제시하고 있다. 모델법안에 따르면 병원윤리위원회의 필수기능으로 의사결정능력이 없는 말기환자를 대신하여 이루어진 치료결정의 심의, 윤리적인 의미가 있는 의료결정에 대한 심의, 환자 및 그 가족이나 의료진에 대한 상담제공 등의 업무를 수행할 것을 규정하고 있다.

연명의료결정 관련 사례를 살펴보면 다음과 같다.

(1) Karen Quinlan

1976년 21세 여성으로 지속적 식물상태로 6개월째 입원 중이었으며 인공호흡장치와 인공영양 공급을 받고 있었다. 주치의는 인공호흡장치를 제거하면 죽을 것이라고 하였다. Karen의 아버지는 후견인 자격을 주장하며 인공호흡장치 제거 소송을 했다. New Jersey 주 대법원은 식물인간 상태에 있는 환자의 치료거부권은 헌법상 보장된 프라이버시에 해당한다고 하며 생명유지장치 제거를 인정했다.

이 사례는 치료행위에 대한 한계와 그 범위를 정하는 전환점이 되었으며 미국헌법상 처음으로 식물상태 환자의 죽을 권리를 인정 즉, 환자의 치료거부권을 처음으로 인정한 사건이다.

(2) Nancy Cruzan

1983년 교통사고로 뇌손상을 받아 혼수상태로 7년간 식물상태였던 24세 여성으로 입원 중 자발호흡이 가능하였으며 인공영양 공급을 받고 있었다. 주치의는 생명유지장치에 의존하여 고통없이 30년 이상 생존 가능하다 하였지만 부모는 회복 가능성이 없는 상태에서 생명을 유지하는 것은 환자가 바라지 않을 것이라며 인공영양관을 제거한 뒤 자연스러운 죽음을 맞길 원하였다. Missouri 주 대법원은 인공영양관 제거 판결을 내렸다.

(3) Terri Schiavo

1990년 27세의 여성 환자로 심장질환에 의한 두뇌 손상으로 식물인간 상태였다. 명시적 의사표시(생전유언) 없이 인공영양 공급을 하였으나 1998년 남편이 아내의 평소 가치관은 연명치료를 원하지 않는 것이라 하며 인공영양관 제거 소송을 제기했지만 부모는 인공영양관 유지 소송을 제기했다. 2001년 Florida 주 대법원은 환자의 후견인은 남편이며 5명 중 3명의 의사가 환자의 의식회복은 불가능하다고 판단하여 인공영양관 제거를 승인하였다.

[표 7-3] 미국의 연명의료중단

사전의료지시

설 명

당신은 당신의 의료에 관한 지시를 할 수 있는 권리를 지니고 있습니다. 당신은 또한 당신을 위하여 의료결정을 할 다른 사람을 지정할 권리도 지니고 있습니다. 이 서식은 당신이 이러한 권리 중 하나 또는 모두를 행사할 수 있게 하는 것입니다. 또한 이 서식은 장기기증과 1차 진료 의사의 지정에 관한 당신의 바람을 표현하게 할 것입니다. 만약에 당신이 이 서식을 사용한다면 서식의 전부 또는 일부를 작성하거나 수정할 수 있습니다. 당신이 다른 서식을 사용하여도 무방합니다.

이 서식의 제1장은 의료대리인 지정에 대한 것입니다. 제1장은 만약에 당신이 스스로 결정할 수 없게 되거나 의사능력이 있더라도 다른 사람이 당신을 위하여 이러한 결정을 내리기를 바라는 경우에 당신을 위한 의료결정을 내릴 대리인으로 다른 개인을 지정할 수 있게 할 것입니다. 당신은 또한 첫번째 대리인이 당신을 위하여 기꺼이 결정을 할 의사가 없거나 결정할 능력이 없거나 합리적으로 행위가 가능하지 않을 때 당신을 위하여 행위할 대체대리인을 지정할 수 있습니다. 당신과 관계가 없는 한 당신의 대리인이 당신이 치료를 받고 있는 장기간 거주 형태의 의료기관의 소유자, 운영자 또는 고용인이 될 수는 없을 것입니다.

당신이 서명을 한 서식이 당신의 대리인의 권한을 제한하지 않는 한 당신의 대리인은 당신을 위한 모든 의료결정을 내릴 수 있습니다. 이 서식에는 당신이 대리인의 권한을 제한할 수 있는 지면이 마련되어 있습니다. 만약에 당신이 당신의 대리인이 내리게 될 모든 의료결정에 의지하고자 한다면 당신은 당신의 대리인의 권한을 제한할 필요가 없습니다. 만약에 당신이 당신의 대리인의 권한을 제한하지 않기로 선택하였다면 당신의 대리인은 다음의 권리를 지니게 될 것입니다.

(a) 신체적 또는 정신적 상태를 유지하고 진단하고 또는 다른 어떠한 방식으로든지 영향을 미치는 치료, 처치, 서비스, 시술에 동의하거나 거절할 권리

(b) 의료 제공자와 기관을 선택하거나 해고할 권리
(c) 진단검사, 수술, 약물요법 및 소생술금지 지시를 승인하거나 거부할 권리
(d) 인공영양공급, 수액공급 및 모든 다른 형태의 의료의 제공, 보류, 중단을 지시할 권리

이 서식의 제2장은 당신이 의료에 관한 구체적인 지시를 할 수 있게 되어 있습니다. 진통제를 제공하는 것뿐만 아니라 인공영양과 수액을 공급하는 것을 포함하여 당신을 살아있게 하는 처치의 제공, 보류 또는 중단에 관한 당신의 바람을 표현할 수 있는 선택지가 주어질 것입니다. 당신이 선택한 사항을 추가하거나 추가적인 바람을 기술할 수 있는 지면도 또한 주어질 것입니다.

이 서식의 제3장은 임종 후에 당신의 신체 장기와 조직을 기증하려는 의사를 표현할 수 있게 되어 있습니다.

이 서식의 제4장은 당신의 의료에 관하여 주된 책임이 있는 의사를 지정할 수 있게 되어 있습니다.

이 서식을 모두 작성한 후에 마지막으로 서식에 서명을 하고 날짜를 기입하십시오. 필수적인 것은 아니지만 두 명의 다른 개인이 증인으로 서명하도록 요청할 것을 권고합니다. 서명이 있고 작성을 마친 서식의 사본을 당신의 주치의, 기타 의료 제공자, 치료를 받고 있는 의료기관과 지정한 의료기관에 송부하십시오. 당신이 대리인으로 지정한 사람이 당신의 바람을 이해하였고 기꺼이 이러한 책임을 질 수 있는지 확실히 하기 위하여 그 사람과 의논하여야 합니다.

당신에게는 언제든 이 사전의료지시를 철회하거나 이 서식을 교체할 권리가 있습니다.

제1장 의료대리인의 지정

(1) **대리인의 지정** : 아래 사람을 나를 대신하여 의료결정을 내리는 대리인으로 지정합니다.

(당신이 대리인으로 선택한 개인의 이름) ______________________
(주소) ______________________
(집 전화번호) ______________________
(직장 전화번호) ______________________

선택사항 : 만약에 내가 나의 대리인의 권한을 철회하거나 나의 대리인이 나를 위하여 기꺼이 결정을 할 의사가 없거나 결정할 능력이 없거나 합리적으로 행위가 가능하지 않다면 나의 첫번째 대체 대리인으로 아래 사람을 지정합니다.

(당신이 대리인으로 선택한 개인의 이름) ______________________

(주소) ______________________

(집 전화번호) ______________________

(직장 전화번호) ______________________

선택사항 : 만약에 나의 대리인과 첫번째 대체 대리인의 권한을 철회하거나 두 사람 모두 나를 위하여 기꺼이 결정을 할 의사가 없거나 결정할 능력이 없거나 합리적으로 행위가 가능하지 않다면 나는 두번째 대체 대리인으로 아래 사람을 지정합니다.

(당신이 대리인으로 선택한 개인의 이름) ______________________

(주소) ______________________

(집 전화번호) ______________________

(직장 전화번호) ______________________

(2) **대리인의 권한** : 나의 대리인은 다음에 서술하는 것만 제외하고 인공영양공급, 수액공급 및 나를 살아있게 하는 모든 형태의 의료 제공, 보류, 중단에 관한 결정을 포함하여 나를 위한 모든 의료결정을 내릴 권한을 지니고 있습니다.

(제외되는 의료결정)

____

____

(필요한 경우에는 별지를 붙이도록 하세요.)

(3) **대리인의 권한이 발효되는 시기** : 나의 대리인의 권한은 다음에 표시하지 않는 한 나의 1차 진료 의사가 내가 스스로 의료결정을 내릴 수 없다고 결정하는 때에 효력이 발생합니다. 만약에 내가 다음의 칸에 표시를 하였다면 나를 대신하여 의료결정을 내리는 대리인의 권한은 즉시 효력이 발생합니다.

(4) **대리인의 의무** : 나의 대리인은 의료대리인 지정에 관한 위임장, 이 서식의 제2장에 지시한 사항, 대리인이 아는 범위에서 나의 바람에 따라 나를 대신하여 의료결정을 내려야 합니다. 나의 바람을 알지 못하는 경우에 나의 대리인은 나의 최선의 이익

이라고 판단되는 것에 나를 대신하여 의료결정을 내려야 합니다. 나의 최선의 이익을 결정할 때 대리인은 대리인이 아는 범위에서 나의 개인적인 가치를 고려하여야 합니다.

(5) **후견인의 지정** : 만약에 법원에서 나를 위하여 후견인을 지정하여야 한다면 나는 이 서식에 지정한 대리인을 추천합니다. 만약에 대리인이 후견인으로 행위할 의사가 없거나 행위할 수 없거나 합리적으로 행위가 가능하지 않다면 내가 지정한 순서로 대체 대리인을 추천합니다.

제2장 의료에 관한 지시

만약에 당신의 대리인이 당신의 생을 마감하는 결정에서 당신을 위한 최선이 무엇인지를 결정하도록 하는 것에 당신이 만족한다면 이 부분을 작성할 필요가 없습니다. 만약에 당신이 이 부분을 작성하였다면 당신이 원하지 않는 어떠한 용어도 삭제할 수 있습니다.

(6) **생을 마감하는 결정** : 나는 나의 의료 제공자와 나의 치료에 관련된 사람들이 아래에 표시한 선택에 따라서 처치를 제공하거나 보류하거나 중단할 것을 지시합니다.

[ ] (a) 생을 연장하지 않는 선택
만약에 (i) 내가 비교적 단기간에 죽음에 이르게 되는 치유할 수 없는 비가역적 상태에 놓이거나 (ii) 내가 의식을 잃었는데 합리적인 의학적 확신으로 의식을 회복할 수 없거나 (iii) 처치의 예상되는 위험과 부담이 이득보다 크다면 나의 생이 연장되는 것을 원하지 않습니다.

[ ] (b) 생을 연장하는 선택
일반적으로 수용된 의료 기준의 한계 내에서 가능한 나의 생이 연장되기를 원합니다.

(7) **인공영양공급 및 수액공급** : 다음의 칸에 표시하지 않는 한 문단 (6)의 선택에 따라 인공영양과 수액이 공급되거나 보류되거나 중단되어야 합니다. 만약에 다음의 칸에 표시를 하였다면, 나의 상태와 문단 (6)에서 한 선택에 관계없이 인공영양과 수액이 공급되어야 합니다.

(8) **통증의 경감** : 나는 고통과 불편감을 경감시키는 처치가 나의 죽음을 앞당긴다고 하더라도 항상 이러한 처치가 제공되기를 지시합니다.

(9) **다른 바람** : (만약에 당신이 위의 어떠한 선택사항에도 동의하지 않고 당신만의 선택을 기술하고 싶거나 만약에 당신이 위에 주어진 지시사항에 첨언하고 싶다면 여기에서 할 수 있습니다.) 나는 다음을 지시합니다.

____

____

(필요한 경우에는 별지를 붙이도록 하세요.)

제3장 임종시 장기기증

(선택사항)

(10) 나의 죽음에 직면하여 (적절한 칸에 표시하시오.)

[ ] (a) 나는 필요한 모든 장기, 조직 또는 일부분을 기증합니다.

[ ] (b) 나는 아래에 서술한 장기, 조직 또는 그 일부분만을 기증합니다.

____

(c) 나의 기증은 다음의 목적으로 이루어진 것입니다.
- (i) 이식
- (ii) 치료
- (iii) 연구
- (iv) 교육

제4장 1차 진료 의사

(선택사항)

(11) 나는 다음의 의사를 나의 1차 진료 의사로 지정합니다.

(의사의 이름) ____________________________________

(주소) ____

(전화번호) ______________________________________

선택사항 : 내가 위에 지정한 의사가 나의 1차 진료 의사로 행위할 의사가 없거나 행위할 수 없거나 합리적으로 행위가 가능하지 않다면 나는 다음의 의사를 나의 1차 진료 의사로 지정합니다.

(의사의 이름) ____________________
(주소) ____________________
(전화번호) ____________________

(12) **사본의 효력** : 이 서식의 사본은 원본과 동일한 효력을 지니고 있습니다.

(13) **서명** : 여기에 서명하고 날짜를 기입하십시오.

(날짜) ____________________
(서명) ____________________
(당신의 이름) ____________________
(주소) ____________________

(선택사항) 증인의 서명

첫 번째 증인
(날짜) ____________________
(서명) ____________________
(증인의 서명) ____________________
(주소) ____________________

두 번째 증인
(날짜) ____________________
(서명) ____________________
(증인의 서명) ____________________
(주소) ____________________

2) 독일

민법(2009)에 의하면 아직 임박하지 않은 자신의 건강상태에 대한 특정한 검사, 치료행위 또는 의사의 침습 행위를 사전의료의향서 형태로 작성이 가능하다. 후견인은 환자의 사전의료의향서가 환자상태와 의료행위의 상황이 일치하는지에 대하여 평가한 후 일치하는 경우에 후견인은 피후견인의 의사표시를 할 수 있다. 환자의 사전의료의향서가 없거나 사전의료의향서가 환자상태 또는 의료행위의 상황과 일치하지 않는 경우에 후견인은 피후견인의 치료행위에 대한 추정적 의사를 확정하고 그것을 기초로 의료적 처치를 승낙할 것인지 여부를 결정해야 한다.

추정적 의사는 구체적인 근거를 기초로 조사되어야 하며 과거에 구두 또는 문서로 나타난 내용, 윤리적·종교적 신념과 피후견인의 개인적인 가치관도 함께 고려되어야 한다. 환자의 건강상태에 대한 검사나 치료행위, 의사의 침습 행위에 대한 후견인의 승낙은 피후견인이 그 처치로 인하여 사망하거나 중대한 또는 장기간의 건강악화를 야기할 수 있는 근거있는 위험이 존재하는 경우 후견법원의 승인을 필요로 한다. 후견법원은 후견인의 승낙, 거부 또는 승낙의 철회가 피후견인의 의사와 일치하는 경우에만 승인한다.

3) 프랑스

프랑스 관련 법률로는 「Loi no.99-477 (1999)」이 있다. 동법은 고통 완화의료를 받을 수 있는 권리를 인정하고 질병치료를 거부할 수 있는 권리를 인정하고 있다. 「Loi no.2002-303 (2002)」법은 고통 완화의료의 권리를 강화하여 의료진은 질병치료에 따르는 고통을 환자에게 사전 고지할 의무를 부여하여 의료진은 가능한 모든 방안을 동원하여 환자의 고통을 완화할 의무를 부여하고 있다. 또한 질병치료를 거부할 수 있는 권리를 강화하여 환자가 질병치료를 거부할 경우 환자의 수명이 단축되는 위험이 있더라도 동 치료의 중단이 가능하다. 이 경우 의료진은 환자에게 질병치료의 필요성을 설명하고 치료를 권고할 의무가 있다.

「Leonetti」 법에서는 환자가 의식불명일 경우 의료진의 질병치료중단 결정이 가능한 것을 인정하고 있다. 환자가 '사전의료의향서'를 통해 자신의 질병치료 중단을 요구한 경우 '대리인'의 의사에 따라 치료중단이 가능하고 환자의 질병치료 거부가 있을 경우 2인의 의료진의 의견일치가 있어야 치료중단이 가능하다. 동법에서는 연명의료의 결정, 생명을 간접적으로 단축시킬 수 있는 치료 등에 대한 환자 및 의료인의 권리・의무를 규정하고 있다.

4) 오스트리아

'환자자기결정법'(2006)에는 연명의료중단에 대한 생전유언의 허용조건을 다음과 같이 규정하고 있다.

첫째, 생전유언의 법적 구속력 요건으로 작성자는 통찰력과 판단력을 소유하고 있어야 하며 생전유언이 심사숙고하여 결정되었다는 것이 명백해야 하며 선행적인 상담절차가 이행되어야 한다. 또한 생전유언이 대리인, 공증인 등이 참석한 가운데 서면으로 작성되어 일시가 표시되었고 생전유언의 결과에 대해서 정보를 받았다면 해당 생전유언은 구속력을 가진다.

둘째, 상담절차의 선행적 이행이다. 구속력있는 작성에 앞서 종합적 의료상담의 선행이 필수적이다. 의사는 설명한 사실을 문서로 기록・서명하고 환자가 확인하도록 하고 있다.

셋째, 생전유언의 구속력 상실, 철회, 무효 등이다. 환자가 특별하게 규정하지 않는 한 작성일로부터 5년간 유효하도록 하고 있다. 불완전한 생전유언은 환자의 추정적 의사 확인에 참작 사유가 될 수 있다. 생전유언의 무효요건으로는 자유롭고 진지한 선언에 기초하지 않거나 또는 착오, 기망 또는 물리적 정신적 강요에 의해서 시도되어 그 내용이 법적으로 받아들일 수 없는 경우, 생전유언의 내용과 관련된 의료 상황이 생전유언이 작성된 이후로 본질적으로 변화를 가져왔을 때, 환자가 생전유언을 취소하거나 더 이상 유효하지 않다는 것을 명시적으로 표현하는 경우로 정하고 있다.

환자에게 생전유언에 대해 설명하였다면 담당의사는 진료기록부에 생전유언의 기록을 첨부하여야 하며 만약 생전유언이 병원 밖에서 작성되었다면 진료기록에 첨부해서 이를 기록해야 한다. 부당한 방법으로 생전유언이 작성되고 활용시에는 벌금형 또는 과태료 부과를 할 수 있다.

5) 일본

일본은 관련 법률은 없으나 1995년 요코하마 법원 판례로 일정 요건하에 연명의료 결정을 사회적으로 용인하는 추세이다. 일본의 사전의료의향서 운영은 각종 가이드라인에 따르고 있으며, 일본에서 사용되는 사전의료의향서는 두 가지 종류가 있다. 하나는 일본 존엄사 협회의 〈존엄사 선언서〉이고, 다른 하나는 국립장수의료센터가 제시한 〈희망조사표〉이다. 2013년 일본 후생성의 조사에 따르면, 사전의료의향서에 일반인 69.7%가 긍정적으로 답변하였으나, 실제 사전의료의향서 작성 비율은 일반인 3.2%, 의사 5.0%, 간호사 3.5%로 널리 활용되지는 않고 있다.

인정요건으로는 ① 환자의 참기 힘든 고통, ② 죽음의 임박성, ③ 본인의 의사, ④ 고통제거 수단의 유무 등을 제시하고 있다. 일본 후생노동성은 2007년 환자의 사전의료의향서를 존중하는 '종말기 의료 결정 프로세스에 관한 가이드라인'을 제정했다. 민간단체인 일본존엄사협회가 법제화 서명운동을 벌이며 사회적 합의를 시도했지만 결론을 내지 못하자 정부가 지침을 만들었다. '종말기 의료결정 프로세스에 관한 가이드라인'에는 다음의 내용을 제시하고 있다.

- 죽음을 앞두고 있는 환자의 치료 여부를 결정할 때 환자와 의료팀이 충분히 대화를 나누고 합의 내용은 문서에 남긴다.
- 환자가 의식불명에 빠져 본인 의사를 확인할 수 없을 때는 가족이 환자의 뜻을 추정해 연명치료 여부를 정한다.
- 추정하기 어렵다면 가족과 충분히 대화를 해서 최선의 방안을 찾는다.
- 가족들의 의견이 엇갈리거나 가족이 없으면 전문가 위원회의 조언을 받는다.

2012년에 의원입법으로 '종말기 의료에 있어서 환자의 의사존중에 관한 법률안(존엄사법)'이 국회에 제출되기도 하였다. 이 법안은 종말기에 관한 판정, 환자 의사에 따른 연명의료의 중단 및 이에 관련한 면책 등에 관하여 필요한 사항을 목적으로 하고 있다. 의사에게도 연명조치를 중단하는 경우 의료에 필요한 주의를 다하고 종말기 환자 또는 그 가족에 대하여 연명의료중단 방법, 이로부터 발생할 수 있는 사태 등에 대하여 필요한 설명을 할 것을 규정하고 있다.

2012년에 발의된 '존엄사법'은 최초의 종말기 의료에 대한 법안이라는 점에서 의의가 있다. 종말기 판정에 대한 의사의 자격 내지 절차에 대한 내용을 후생노동성령에 일임하고 있으나 명확한 기준에 대한 사회적 합의가 없다는 점에서 비판이 있어 통과되지 못하였다. 일본은 이전부터 일본의사회나 일본병원협회 등에서 종말기 의료시행에 대한 가이드라인을 제정하여 실제 의료기관의 종말기 의료 중단시 중요한 지침으로서 기능하고 있다.

일본의 '종말기 의료결정 프로세스 가이드라인'(2007) 내용은 다음과 같다.

첫째, 종말기 의료는 의사 등 의료종사자로부터 적절한 정보의 제공과 설명에 기초하여 환자가 의료종사자와의 대화를 통해 환자 본인이 내린 결정에 기초하여 진행하도록 하고 있다.

둘째, 종말기 의료는 다학제적 의료종사자로 구성된 의료케어팀에 의해 의학적 타당성과 적절성을 바탕으로 신중하게 판단하도록 하고 있다.

셋째, 환자가 의료인과 충분한 대화를 통해 작성한 사전의료의향서에 근거하여 가족이 환자의 추정적 의사를 추정할 수 있는 경우 그 추정 의사를 존중해 환자에게 최선의 치료 방침을 취하는 것을 기본으로 한다. 대리인의 경우, 가족이 환자의 의사를 추정할 수 없는 경우에는 가족 간 충분한 논의를 통해 환자에게 최선의 치료 방침을 정한다. 가족이 없는 경우 및 가족이 판단을 의료팀에 맡기는 경우에는 의료팀이 환자에게 최선의 치료 방침을 정하도록 하고 있다.

넷째, 의료팀에서 전문적 의료결정이 어려운 경우, 환자와 의료인과의 대화에서 타당하고 적절한 의료 내용에 대한 합의를 얻을 수 없는 경우, 가족간 의견이 합치되지 않거나 의료인과의 대화에서 타당하고 적절한 의료 내용에 대한 합의를 얻을 수 없는 경우 등의 치료 방침에 대해 전문가로 구성된 별도의 위원회에서 검토 및 조언을 얻을 수 있다.

6) 영국 / 대만 / 네덜란드

(1) 영국

19세기 말부터 안락사를 합법화하려는 입법제안이 몇 차례 있었으나 연명의료에 관한 법률은 없다. 다만 1993년, 3년 이상 식물인간 상태로 있던 자에게 영양공급 장치를 제거해도 좋다는 판결을 선고하는 등 제한적으로 존엄사를 인정하는 판결이 있다.

2005년 「정신능력법」의 입법에 따라 자기 자신을 위한 결정능력을 갖추지 못한 성인의 권리 존중을 위해, 대리하는 결정을 내리고 이행하기 위한 법적 틀을 마련하였다. 「정신능력법」에 따라 사전의료의향은 크게 세가지 층위로 나누어진다. ① 사전결정, ② 선호 및 바람에 대한 증언, ③ 사전돌봄계획(후자일수록 법적 구속력 약함). 사전결정은 특정치료에 대한 거부 관련 내용과 환자의 의사결정능력을 상실했을 때만 그 효력이 발생하며 사전 명시된 치료, 조건에 관해서만 효력이 발생하고 법적 구속력이 있다.

(2) 대만

2000년 6월 호스피스・완화의료법을 제정하여 말기환자의 고통을 완화하는 의료를 행하고 심폐소생술을 시행하지 않는 것과 관련된 사항을 규정하였다.

2000년 5월 23일 「안녕완화의료조례」가 입법원을 통과한 후, 6월 7일 총통의 공포를 거쳐 시행하였고, 심폐소생술 유지와 중단에 관한 법을 마련하였다. 대만인이라면 누구나 만 20세가 되면 본인의 의사로 사전의료의향서를 작성하며, 만 20세가 되지 않은 미성년의 경우 법정대리인과 의료위임대리인의 서명이 필요하다. 사전의료의향서에는 크게 세가지 선택이 가능한데 완화의료를 시행할 것인지, 심폐소생술을 시행할 것인지, 연명의료를 시행할 것인지 아닌지 선택하게 하고 있다. 그외 DNR 동의서, 연명의료 불시행 동의서 양식이 「안녕완화조례」 제7조 제3항에 따라 규정되어 있다.

(3) 네덜란드

판례를 통하여 엄격한 요건하에 존엄사나 안락사를 허용하여 오던 중 2002년 4월부터 시행하고 있다.

7) 우리나라

우리나라의 연명의료결정과 관련하여 (1) 서울대학교병원 무의미한 연명치료중단에 대한 진료지침과 (2) 사전의료의향서 실천모임의 '사전의료의향서'의 사례를 살펴보고자 한다.

(1) 무의미한 연명치료중단에 대한 진료지침

□ 목 적

이 지침은 서울대학교병원(이하 "병원"이라 한다)의 진료 과정에서 회복 가능성이 없는 환자가 본인의 자율적 의지에 의해 품위있고 편안하게 임종을 맞이할 수 있도록 환자를 돕고 연명치료중단 상황에 놓여 있는 의료진의 행동의 범위와 기준을 제시함을 목적으로 한다.

□ 범 위

이 지침은 1) 뇌사상태의 환자, 2) 말기암 환자, 3) 만성질환의 말기상태 환자를 대상으로 한다.

□ 원 칙

1. 환자와 환자 가족
   1) 환자와 가족은 환자의 상태, 치료방법과 효과, 연명치료 등에 대하여 담당 의사에게서 자세한 정보를 받고 설명을 들을 권리가 있다.
   2) 환자는 받은 정보와 설명을 바탕으로 본인의 치료에 대한 의사결정에 참여하고 병원은 환자의 의견과 가치관을 존중해야 한다.
   3) 무의미한 연명치료를 원하지 않는 경우 환자는 사전의료의향서를 작성하고 연명치료를 거부할 수 있다.
   4) 환자가 스스로 제3호의 의사표시를 할 수 없을 때에는 환자가 지명한 대리인이 대신할 수 있다.
   5) 환자가 스스로 대리인을 지명할 수 없을 때에는 환자에게 무엇이 최선일지에 대하여 의료진과 가족이 충분히 상의하여 의견일치가 있을 경우 가족의 동의를 얻어

환자의 입장에서 최선의 치료 방침을 정하는 것을 원칙으로 한다.

6) 생명을 단축시키려는 의도를 가지는 안락사, 환자의 자살을 유도하는 의사조력자살은 허용하지 않는다.

2. 담당 의료진

1) 담당 의료진은 연명치료에 대한 환자의 생각을 반영하기 위해 노력하여야 한다.
2) 담당 의료진은 환자의 통증이나 다른 불편한 증상을 완화하기 위해 충분히 노력해야 하며 환자나 그 가족의 정신적, 사회경제적인 고통을 줄일 수 있는 의료를 실시하여야 한다.
3) 담당 의료진은 환자의 상태, 치료방법과 효과, 예후, 연명치료 등에 대하여 환자와 그 가족들이 이해할 수 있게 설명하고 환자의 상태에 변화가 있으면 이를 다시 환자와 그 가족에게 설명하고 의논하여야 한다.
4) 두 명 이상의 의사가 회생 가능성이 희박함에 동의하고 연명 가능성도 짧다고(통상적으로 3개월 미만) 판단한 환자에 국한하여 무의미한 연명치료의 중단 여부를 논의할 수 있다.
5) 담당 의료진은 무의미한 연명치료중단이 환자에 대한 모든 의료행위를 중단하는 것은 아니라는 것을 설명하고 고통을 줄이고 인간다운 품위를 유지할 수 있는 기본적인 의료는 계속한다는 것을 설명하여야 한다.
6) 담당 의료진은 환자가 합리적으로 결정할 수 있도록 돕고 자신이 결정한 내용을 서면으로 남기도록 환자에게 권유한다.
7) 병원은 연명치료중단과 관련된 모든 절차의 서면 기록을 남긴다.

□ 무의미한 연명치료중단 결정 절차

1. 사전의료의향서에 근거하여 진료현장에서 결정이 가능한 상황

1) 대상

환자는 다음 질환상태에서 연명치료 여부를 사전의료의향서에 미리 표현할 수 있으며 해당 질환상태에 이른 경우 이 사전의료의향서에 따라서 연명치료가 중단될 수 있다.

(1) 뇌사상태(장기이식 목적이 아닌 경우)
(2) 말기암(수술, 방사선치료, 항암 화학요법 등의 적극적인 항암 치료가 환자의 경과에 도움을 줄 수 없고 병세가 점점 악화되는 경우)
(3) 만성질환의 말기상태(회생 가능성이 없음에 대하여 이견이 없는 경우)

단, 말기암 또는 만성질환의 말기상태는 두 명 이상의 의사가 모두 회생 가능성이 희박하고 연명 가능성도 짧다고(통상적으로 3개월 미만) 판단한 경우에 한정한다.

두 명의 의사 중 해당 분야 전문의가 1명 이상 포함되어야 하며 담당 주치의는 말기 판단의 의학적 근거를 의무기록에 남겨야 한다.

2) 중단 가능한 연명치료기술의 범위

중단할 수 있는 연명치료기술은 환자 상태의 개선이 아니라 환자의 연명 즉, 사망과정의 연장으로서 현 상태의 유지에 관한 것이다.

3) 연명치료중단 결정과정

담당 의사는 환자에게 환자의 의학적 상황과 연명치료의 장단점 및 완화의료에 대해 환자에게 충분히 설명하여야 한다. 환자는 사전의료의향서를 작성하여 회생 가능성이 없는 의학적 상태에서의 연명치료 거부의사를 표현할 수 있다. 환자가 해당 질환상태에 이른 것으로 판단한 경우 의료진은 환자의 의사에 따라 연명치료를 중단할 수 있다.

(1) 사전의료의향서에는 연명치료에 대한 말기 환자 본인의 선택을 명시해야 하며 환자가 특정인을 대리인으로 지정할 수 있다.

(2) 사전의료의향서를 통하여 특수 연명치료(심폐소생술, 인공호흡기 등)를 거부한 환자가 임종에 임박하게 되면 담당 의사는 의학적 상황과 환자의 가치관을 모두 고려하여 일반 연명치료 지속여부를 결정하여야 한다.

(3) 환자가 사전의료의향서를 통해 연명치료를 거부하였으나 환자와 그 대리인 사이에 의견불일치가 있는 경우 환자의 결정을 존중해야 한다.

(4) 담당 주치의는 환자에게 사전의료의향서의 작성과 관련하여 그 내용을 변경하거나 결정을 철회할 수 있음을 반드시 설명해야 한다.

(5) 작성된 사전의료의향서는 병원의 의료윤리위원회에 보고한다.

2. 환자의 추정적 의사를 판단하여 진료현장에서 결정이 가능한 상황

1) 대상 및 중단 가능한 연명치료기술의 범위

환자 본인의 의사를 기존의 언행과 가치관을 통해 추정하여 연명치료여부를 결정하는 것은 환자의 의사를 확인할 수 없는 경우에만 가능하며 구체적인 대상 및 중단 가능한 연명치료기술의 범위는 '사전의료의향서에 근거하여 진료현장에서 결정이 가능한 상황'과 동일하다.

2) 연명치료중단 결정과정

(1) 환자가 연명치료에 대한 사전의료의향서에서 특정대리인을 지정한 경우에는 대리인의 의견에 따라 연명치료중단을 결정한다.

(2) 환자가 무의미한 연명치료 거부의사를 표현하지만 사전의료의향서 형태로 문서화할 수 없는 상황에서는 보호자, 의료진, 제3자가 입회한 가운데 환자가 연명치료중단에 대한 의사결정능력이 있다고 판단될 때 대리인이 사전의료의향

서에 서명할 수 있다.

(3) 환자의 평소 가치관이나 신념 등에 비추어 무의미한 연명치료를 중단하는 것이 객관적으로 환자의 최선의 이익에 부합한다고 인정되고 환자에게 자기결정권을 행사할 수 있는 기회가 주어지더라도 연명치료의 중단을 선택하였을 것이라고 볼 수 있는 경우에는 그 연명치료중단에 관한 환자의 의사를 추정할 수 있다고 인정하여 환자의 의견을 대신하여 대리인이 사전의료의향서에 서명할 수 있다.

(4) 작성된 사전의료의향서는 병원의 의료윤리위원회에 보고한다.

3. 병원의 윤리위원회의 판단에 따라야 하는 경우

1) 대상

(1) '사전의료의향서에 근거하여 진료현장에서 결정이 가능한 상황'의 질병상태이나 다음의 경우에 해당되는 경우

① 환자의 의사 추정 또는 의학적 판단이 어려운 경우

② 환자의 의사결정능력 유무에 대한 판단이 의심스러운 경우

③ 환자의 의사표시의 진정성이 의심스러운 경우

④ 회생 가능성에 대한 이견이 있는 경우

⑤ 환자, 가족, 의료진 사이에 의견 차이가 조정되지 않거나 가치 충돌 혹은 분쟁이 발생한 경우

(2) 특수 연명치료(인공호흡기 등)에 의존하는 지속적 식물상태

지속적 식물상태는 신경과, 법의학, 신경외과, 내과 및 식물상태 판정의 능력이 있는 전문의 2인과 담당 의사가 함께 판정한다.

2) 연명치료중단 결정과정

(1) 의료진은 의료윤리위원회에 연명치료중단의 타당성 심의를 의뢰하고 그 판단을 따른다. 의료윤리위원회는 환자, 가족, 의료진의 의견을 충분히 수용하여야 한다.

(2) 환자의 자기결정권에 대한 확인 과정은 '사전의료의향서에 근거하여 진료 현장에서 결정이 가능한 상황' 또는 '환자의 추정적 의사를 판단하여 진료 현장에서 결정이 가능한 상황'의 연명치료중단 결정과정과 동일하다. 연명치료중단을 요구하는 환자나 환자 대리인의 의견에 의료윤리위원회가 의학적 타당성을 검토한 뒤 동의하면 의료진은 그 의견을 따라야 한다.

(3) 연명치료중단을 요구하는 의료진의 의견에 의료윤리위원회가 동의하나 환자와 환자 대리인이 모두 그 의견을 따르지 않는다면 연명치료는 중단할 수 없다. 연명치료가 '무의미'하다는 의료진의 기술적 판단에 의료윤리위원회가 동의하

더라도 환자 본인이 이에 동의하지 않으면 연명치료를 중단할 수 없다.

(4) 이견이 조정되지 않는 경우 환자는 담당 의료진을 바꾸거나 다른 병원을 선택할 수 있다.

(5) 연명 장치의 제거 등 법률적 문제가 수반될 수 있는 사안은 국가가 정한 법률 또는 지침 등을 준수한다.

4. 법원의 결정을 따라야 하는 경우

영양공급 등 일반 연명치료에 의존하는 식물인간 상태는 회생 가능성은 희박하지만 연명 가능 기간이 길어질 것이므로 신중하게 접근해야 한다. 다음의 경우 다양한 의학적 상황이 포함되어 있으며 안락사 논쟁으로 비약되기 쉬우므로 법원의 결정을 따른다.

1) 지속적 식물인간 상태에서 일반 연명치료(영양공급 등)의 중단 여부

2) 병원 의료윤리위원회에서 결정하지 못한 경우

출처: 서울대학교병원

(2) 사전의료의향서

사전의료의향서(事前醫療意向書)

나(이름:)는 명료한 정신 상태에서 직접 이 사전의료의향서를 작성합니다. 건강을 회복할 수 없는 상태가 되고, 진단과 치료에 대하여 나 스스로의 의사표시가 불가능해질 때 담당 의료진과 가족들이 이 사전의료의향서에 기록된 나의 뜻을 존중해주기 바랍니다. (나는 언제라도 이 사전의료의향서를 직접 변경하거나 철회할 수 있음을 알고 있습니다)

Ⅰ. 적용 시기

다음과 같은 건강과 정신 상태에서 이 사전의료의향서의 뜻을 반영해주십시오.
(원하시는 부분에 V표시해주십시오)

시기	연명치료		설 명
	원합니다	원하지 않습니다	
뇌 기능의 심각한 장애			뇌 기능의 심각한 장애로 호흡과 체온 유지 등 기본적 신체기능 유지가 불가능하고, 단기간 내에 죽음을 맞이할 가능성이 높은 것으로 의료진(2인 이상)이 판단한 경우
질병의 말기			질병이 진행하여 말기상태로 건강 회복이 불가능하고, 단기간 내에 죽음을 맞이할 가능성이 높은 것으로 의료진(2인 이상)이 판단한 경우

노령과 관련된 죽음			특정한 질병이 없이 노화로 몸의 장기와 조직이 기능을 다하여 단기간 내에 죽음을 맞이할 가능성이 높은 것으로 의료진(2인 이상)이 판단한 경우

II. 무의미한 연명치료의 거절

건강을 회복할 수 없는 상태에서 생명유지장치를 사용한 연명치료가 신체적, 정신적 고통만 증가시키며 죽음의 과정을 무의미하게 연장한다면 다음의 선택을 존중해주십시오.
(원하시는 부분에 V표시해주십시오)

구분	연명치료		설 명
	원합니다	원하지 않습니다	
생명유지장치			강심제와 승압제, 심폐소생술, 제세동기, 인공호흡기 적용, 혈액투석, 체회순환 등 연명조치를 통해 혈액순환과 호흡기능 등 기본적인 기능만을 유지하는 것
인위적인 영양공급			위나 장으로 경관 튜브를 삽입하거나 혈관에 연결한 관을 통해 영양을 공급하는 것
완화 의료 치료	무의미한 연명조치를 거절하는 경우라도 신체적, 정신적 고통을 줄이는 완화 치료를 원합니다. 적절한 최선의 통증조절, 체온 유지, 욕창예방, 배변과 배뇨의 도움, 수분 및 영양공급 등 청결하고 편안하게 지낼 수 있는 조치를 원합니다.		

III. 대리인 지정

내가 치료법에 대한 결정을 직접 내릴 수 없는 때에 아래에 기록된 사람이 치료에 대한 최종적인 권한을 행사하도록 위임합니다. 만약 불가피한 사정으로 1순위 대리인이 결정을 내릴 수 없다면, 아래 2순위 대리인이 나의 권한을 위임받도록 지정합니다.

1순위 대리인	성명 :	관계 :
	연락처(주소, 휴대전화 등)	
2순위 대리인	성명 :	관계 :
	연락처(주소, 휴대전화 등)	

IV. 작성자 및 증인 서명

작성자 본인과 증인 본인 직접 작성과 서명을 하셔야 합니다.

작성자	성명 : 서명/인	주민등록번호
	전화 :	
	주소 :	
증 인	성명 : 서명/인	주민등록번호
	전화 :	
	주소 :	
작성일자	년 월 일	

V. 사전의료의향서 보관 방법

사전의료의향서	작성자가 보관하시거나, 가족 등 다른 분에게 맡기시고 주위 분들에게 알려두십시오.
작성 확인증	성명, 생년월일, 작성일자, 보관자 또는 보관장소 등 내용을 기입하여 작성자가 소지하십시오.

Ⅵ. 그 외 남기고 싶은 정보

위의 문항 이외 뜻을 밝혀놓은 정보가 있다면 기입해 놓으십시오.
(예 : 의학적 조치에 대한 사전의료의향서 외에 장례 등에 관한 나의 뜻을 정리한 문서가 있습니다)

____

____

____

출처 : 사전의료의향서 실천모임

곧 임종환자에 "인공호흡기 원하세요?" 물어보라니…

"말기・임종기 환자가 편히 돌아가실 수 있는 법을 만들었다더니 되레 무의미한 연명의료만 조장할 수 있습니다."

이른바 '웰다잉'을 위해 만든 연명의료결정법이 의료계 비판에 직면했다. 대한암학회・한국의료윤리학회・한국임상암학회・한국호스피스・완화의료학회 등 13개 의학회는 25일 공동 성명서를 내고 "매년 20만여명 만성질환 임종환자에 대한 연명의료를 어떤 기준으로 중단 또는 유보할지는 큰 사회적 문제"라며 "그런데 현행 연명의료결정법에는 진료 현장에 적용할 세부 지침이 없고 비윤리적 규제도 있어 혼란이 우려된다"고 밝혔다. 이 법에 규정된 내용 가운데 호스피스・완화의료 부분은 오는 8월 4일부터, 연명의료결정은 내년 2월 4일부터 시행된다. 현재 이 법 시행령・시행규칙에 대한 입법예고 절차가 진행 중이며 다음 달 4일까지 계속된다.

"임종 앞둔 환자에 녹음기 대라니…"

의료계는 이 법이 의료 현실을 반영하지 않은 '이상적(理想的) 법령'이라고 주장한다. 연명의료란 인공호흡기・심폐소생술・혈액투석・항암제 투여 등의 의료행위를 말한다. 연명의료결정법은 이러한 연명의료가 자칫 환자의 고통만 연장할 수 있으니 이를 개선해 환자가 편히 눈 감을 수 있도록 하자는 취지로 만들어졌다. 담당의사와 관련 분야 전문의 한 명이 '회생 가능성이 없고 사망이 임박한 상태'라고 동의해야 연명의료를 중단할 수 있다. 이 경우에도 환자 본인이 연명의료중단 의사표시를 스스로 밝히는 게 원칙인데 연명의료중단의향서를 미리 작성하지도 않고 명확한 의사표시도 불가능한 경우엔 배우자・직계비속・직계존속 중 2명 이상의 일치한 의견을 받아야 한다.

의료계는 이 법을 그대로 따르자니 자칫 비윤리적 문제까지 생길 수 있다고 주장했다. 예컨대 임종을 앞두고 직접 서명을 못할 정도로 힘이 빠진 환자를 상대로 참관인이 입회한 상태에서 환자의 뜻을 녹음하도록 한 규정은 "환자의 자기결정권을 존중한다기보다는 환자에게 일종의 의무를 지우며 환자의 인권과 사생활을 침해할 우려가 크다"는 게 의료계 주장이다.

연명의료결정법을 어길 경우 현장 의료진에 대한 처벌 규정이 많고 세부 규정은 모호하다는 지적도 나온다. 허대석 서울대병원 교수는 "연명의료를 중단했다가는 처벌을 받을 수 있다고 우려하는 의사들이 인공호흡기를 떼지 않고 무의미한 연명의료를 늘릴 가능성도 있다"고 말했다. 이럴 경우 각 병원 중환자실이 마비될 수도 있다고 의료계는 주장했다.

"가이드라인은 제시하겠지만…"

정부는 입법예고 기간에 의료계 우려를 충분히 검토하겠다는 입장이다. 예컨대 연명의료 연장을 결정할 때 명확한 행정지침이 없다는 지적에 대해선 정부 차원의 가이드라인을 만들고 전공의도 연명의료결정에 참여시켜 의료진 부담을 더는 등의 의견은 검토할 수 있다는 것이다. 그러나 법 제정 취지에 맞지 않는 요구는 수용하기 어렵다는 입장이다. 임종환자의 의사를 명확하게 파악하기 위해 녹취 등을 의무화한 규정에 대해서는 "'본인 의사를 명확하게 확인하자'는 게 모법(母法)의 취지이며 의료진의 확인만으로 연명의료 여부를 결정하기엔 부작용이 생길 수 있다"고 말했다. 황의수 복지부 생명윤리과장은 "의료계는 법 위반 시 처벌 규정을 줄여달라고 하지만 이는 사회적 합의가 필요하며 법 시행 전에 법을 개정하기는 어렵다"고 말했다.

출처 : 조선닷컴, 김성모, "곧 임종환자에 "인공호흡기 원하세요?" 물어보라니…", http://news.chosun.com/site/data/html_dir/2017/04/26/2017042600101.html, 2017. 04. 26.

〈관련 동영상〉

1. ‘미 비포 유’

: 이별을 준비하는 마지막에 나타난 짜증나는 여자
내 평생 최고의 6개월을 선물했다.

오랫동안 일하던 카페가 폐업하면서 일자리를 잃게 된 루이자는 새 일자리를 찾다가 전신마비 환자인 윌의 임시 간병인으로 고용된다. 윌은 오토바이 사고로 전신마비가 된 후 회복 가능성이 없다는 것을 알고 안락사를 바라고 있다.

루이자에게 짓궂게 굴던 윌은 차츰 루이자와 교감을 나누게 되고 윌이 안락사를 원하고 있다는 것을 알게 된 루이자는 윌에게 결정을 번복해 줄 것을 부탁한다. 그러나 윌은 자신의 결정을 굽히지 않고 루이자와 윌의 부모는 윌의 선택을 존중한다.

출처: 미 비포 유, 시사상식사전, 네이버 백과사전, 박문각.
http://terms.naver.com/entry.nhn?docId=3484390&cid=43667&categoryId=43667

2. ‘어느 날’

: “누구세요?” 어느 날, 나에게만 그녀가 보이기 시작했다.

아내가 죽은 후 삶의 희망을 잃고 살아가던 보험회사 과장 ‘강수’.

회사로 복귀한 그는 교통사고로 혼수상태에 빠진 ‘미소’의 사건을 맡게 된다.

‘강수’는 사고 조사를 위해 병원을 찾아가고 그 곳에서 스스로 ‘미소’라고 주장하는 한 여자를 만나게 된다.

자꾸만 자신에게만 보이는 ‘미소’를 수상하게 여긴 ‘강수’는

그녀가 다른 사람들 눈에 보이지 않는 영혼이라는 사실을 알게 되는데…

출처: 네이버 영화
http://movie.naver.com/movie/bi/mi/basic.nhn?code=146544

3. '씨 인사이드'

라몬 삼페드로는 26년 전 바다에서 다이빙을 하다 전신마비 환자가 되어 가족에게 의지하며 살아가고 있다. 그는 합법적인 안락사를 공식적으로 정부에 요청하지만 그의 요청은 여간해서 받아들여지기 힘들다. 그를 돕기 위해 온 변호사 줄리아는 퇴행성 질환을 앓고 있으며 조만간 식물인간이 될 처지에 놓여 있다. 동병상련의 마음으로 그를 무료로 돕기 위해 찾아온 줄리아는 유머러스하고 인간미 넘치는 그의 모습에 매력을 느낀다.

한편 근처 잼 공장에서 일하는 두 아이의 엄마 로사는 그를 찾아와 죽음 대신 삶을 선택하라고 설득하지만 라몬의 분명한 태도와 인간적 매력에 오히려 의지하게 된다. 라몬은 주변인들의 도움으로 자신의 의지를 관철시키려 하지만 법적으로 인정받을 수 없게 되자 자살을 결심한다. 줄리아는 라몬이 틈틈이 써온 글들의 출판을 도우며 책이 출간되는 날 그와 함께 안락사하겠다고 약속하지만 죽음에 대한 두려움과 가족에 대한 사랑이 그녀의 발목을 잡는다. 결국 그녀는 라몬과의 약속을 저버리고 라몬은 절망한다.

출저: 세계영화작품사전: 죽음에 관한 영화.
http://terms.naver.com/entry.nhn?docId=2081989&cid=42621&categoryId=44445

연명의료결정법 시행 5년… "말기환자로 확대" "생명 경시 우려"

2025년 대한민국 국민 5명 중 1명은 65세 이상이 된다. 전체인구의 20.6%로 초고령사회에 진입하는 셈이다.

지난해 한국의 고령(만 65세 이상) 인구는 901만8,000명이었다. 전체 인구 가운데 고령 인구 비율은 17.5%였다.

고령인구 비중이 2040년 34.4% → 2050년 40.1% → 2060년 43.8% → 2070년 46.4%로 50년 뒤에는 인구 2명 중 한 명이 노인이다.

노인들은 누구나 '아름다운 죽음', 웰 다잉을 꿈꾼다. 보건복지부 노인실태조사(2020년)에서 65세 이상 노인 중에 '스스로 정리하는 임종을 좋은 죽음'이라 답한 이가 89.0%였다고 한다. 스스로 택한 자기결정권의 죽음이 삶에서 가장 아름다운 마무리인 것이다.

어떻게 하면 아름다운 죽음을 잘 결정할 수 있을까. 연명의료결정법 시행도 5년이 지났다.

연명의료결정법은 생애 말기 존엄한 삶과 죽음의 가치를 실현할 수 있는 환자의 자기결정권을 존중한 최초의 법률이다. 지금까지 4차 개정이 이뤄졌다.

현재 연명의료란 임종 과정에 있는 환자에게 하는 △심폐소생술 △인공호흡기 착용 △혈액 투석 △항암제 투여 및 그밖에 대통령령으로 정하는 의학적 시술로 치료효과 없이 임종과정의 기간만을 연장하는 것을 말한다.

대통령령으로 정하는 의학적 시술은 ▲체외생명유지술(ECLS) ▲수혈 ▲혈압 상승제 투여 등이다.

다만, 남용을 우려해 연명의료 결정을 임종기에 한정하고 있다. 극심한 고통을 받고 있는 말기환자가 본인의 의사로 자신의 삶을 종결할 수 있는 권리는 아직 인정되지 않고 있다.

작년 5월 조력존엄사법안(의사조력자살)을 발의한 더불어민주당 안규백 의원은 "극심한 통증과 괴로움을 호소하는 말기환자에게 고통을 마냥 감내하라는 것이 능사가 아니다"며 "준비된 죽음, 품위 있는 죽음을 개인 스스로 선택할 수 있도록 해야 한다. 환자의 자기결정을 존중하는 것임과 동시에 인간의 존엄과 가치를 보호하는 것"이라고 주장했다.

조력존엄사법안은 수용하기 어려운 고통을 겪는 말기환자가 원하면 의사의 도움을 받아 스스로 삶을 마무리할 수 있도록 하는 법안이다.

웰 다잉 단체협의회 운영위원장인 서울대 사회학과 서이종 교수는 작년 12월 21일 '국회 존엄한 삶을 위한 웰 다잉 연구회' 주최 토론회에서 "임종기가 아닌 말기환자로 확대해 말기부터 임종기에 이르기까지 그 질환의 진행과 특성에 따라 절차적 결정을 하도록 하는 것이 좀 더 현실적"이라고 말했다. 서 교수는 "말기상황에 대한 의료인의 설명의무를 부여하면 말기환자가 자신의 생애말기 존엄한 삶과 죽음의 가치에 따라 의료인과 상의하면서 함께 말기에서부터 임종기에 이르는 과정에서 연명의료를 결정할 수 있다"고 강조했다.

그러나 논란도 있다. 생명 경시 사회 풍조에 대한 우려 때문이다.

말기환자의 남은 삶을 인위적으로 단축시키려는 사회 분위기를 조성할 수 있다. 경제적 사회적 약자의 죽음을 강요하는 사회적 타살 위험도 상존한다. 가뜩이나 우리나라는 OECD 국가 중 자살률이 최고이다. 이 법이 자칫 자살 증가 가능성을 열어둘 수 있다.

또 '미끄러운 언덕'의 논리에 따라 치매나 정신질환자 등 말기환자의 문턱을 넘어서는 대상자 확대의 현실적 위험이 존재한다.

최근 3년간(2018년 2월부터 2021년 2월까지) 서울대병원에서 의료기관윤리위원회의 임상윤리 지원 서비스를 받고 숨진 환자 60명 가운데 절반 이상인 56.1%가 60세 이상 고령 환자인 것으로 나타났다. 연령별로는 70대가 22.8%로 가장 많았다. 사회경제적 수준에서는 저소득층(47.4%)과 의료급여 환자(21.1%)가 상대적으로 많았다. 생애말기의 가난한 노인들이 스스로 죽음을 택하고 있는 셈이다.

윤영호 서울대병원 가정의학과 교수는 지난 7월 12일 국가인권위원회 토론회에서 "국가는 품위 있는 삶과 죽음을 공동체적으로 돌볼 책임이 있다"면서 "규제 중심의 연명의료결정과 '협의의 웰 다잉'(호스피스 및 연명의료 결정)에서 벗어나 국가적 차원에서 '광의의 웰다잉'(호스피스 · 연명의료 결정 확대 · 독거노인 공동 부양 등)을 촉진하는 방향으로 대전환할 필요가 있다"고 주장했다.

윤영호 교수는 앞서 작년 8월 24일 국회 조력존엄사 토론회에서 "국민 누구나 웰 다잉을 위한 사전돌봄 계획을 준비할 수 있는 3번의 기회를 자연스럽게 제공해야 한다"며 "건강할 때, 중증질환 진단 때, 말기질환 진단 때 등 3번의 사전연명의료의향서, 연명의료 계획서 작성에 대해 국가가 건강보험을 인정해야 한다"고 강조했다.

이지효 헌법재판소 헌법재판연구원 책임연구관은 지난 7월 12일 국가인권위원회 토론회에 나와 "우리나라 의료보험 제도나 사회적 안전망이 실질적으로 조력자살 오남용을 방지할 수 있을 정도로 갖춰져 있다고 보기 어렵다"면서 "독일처럼 특정 시기에 한정하지 않고 조력자살을 가능하게 하는 것보다 제도가 완비될 때까지라도 살아갈 날이 얼마 남지 않은 말기환자에 한해 조력자살을 택할 수 있도록 법제화하는 방안도 고려해볼 필요가 있다"고 말했다.

이와 함께 웰 다잉을 위해선 거점 대도시의 급성기 병원이 아니라 지역사회 중심의 만성질환 요양병원 및 호스피스 시설 등을 확충해 체계적인 생애말기 의료 및 돌봄 체계로 운영되어야 한다는 지적이다.

사전(事前)연명의료의향서 작성자 140만명

훗날 병세가 악화되어 회복이 현실적으로 불가능한 상태에 이르렀을 때 인공호흡기 등 연명의료를 받지 않겠다는 뜻을 미리 밝혀 두는 서류를 '사전연명의료의향서'라고 한다. 용어는 마치 연명의료를 하겠다는 뜻이지만 실상은 반대다. 연명치료를 안 하겠다는 데 동의한다는 문서다.

현재 사전연명의료의향서 작성자가 140만 명이 넘었다고 한다. 또 사전연명의료의향서 등록기관은 2018년 291곳에서 2022년 612곳으로 늘어났다.

그러나 국내 연명의료중단 결정을 할 수 있는 의료기관은 308개로 전체 의료기관의 0.8%에 불과하다고 한다.

출처 : 쿠키뉴스, 박선혜 기자 betough@kukinews.com

제 8 장

생전유언과 상속

제 8 장

생전유언과 상속

1. 유 언

1) 유언의 정의

유언장은 생전에 작성하는 문서로 사후에 법적 효력이 발생하며 상속인, 재산 처분 등의 내용을 포함하고 있다. 법적으로 유언은 유언자가 자신의 사망과 동시에 일정한 법률효과를 발생시킬 목적으로 행하는 단독행위이자 요식행위이다. 유언은 상대방없는 단독적 법률행위이다. 계약인 사인증여(死因贈與)와는 달리 반드시 일정한 방식에 따라 행해야 하는 요식행위이다. 유언을 담은 문서를 유서 또는 유언장이라 한다.

2) 유언 방법

민법에서 정한 유언을 남기는 방법은 5가지로 유언자가 유언 전문과 작성일자, 주소, 성명을 자필로 작성하고 도장이나 지장을 찍는 자필증서에 의한 유언과 공증증서에 의한 유언, 비밀증서에 의한 유언, 구수증서에 의한 유언, 녹음유언이 있다.

(1) 자필증서에 의한 유언

유언자가 유언의 전문・연월일・주소・성명을 친히 쓴 후 날인을 함으로써 유언서의 작성이 끝나는 가장 간단한 방식이다. 자필증서의 경우 증인은 필요없지만 반드시 유언의 전문, 작성 연월일, 주소, 성명을 자필로 작성하고 본인의 도장을 날인하여야 효력이 발생한다. 만약 하나라도 빠진 경우 무효가 되며 유언자의 사망 이후 법원의 검인을 받아야 하며 인감도장이 아니어도 가능하지만 무인 날인시 무효가 된다.

덧붙여 자필증서는 분실의 우려가 있으며 발견자가 내용을 위・변조할 수 있다.

(2) 녹음에 의한 유언

유언자가 유언의 취지와 성명・연월일을 말하고 이에 참여한 증인이 유언의 정확성과 성명을 말한 것을 녹음함으로써 성립하는 유언방식이다. 이때 무능력자와 유언에 의해 이익을 받는 사람과 그 배우자 및 직계혈족은 증인으로 될 수 없다.

녹음으로 유언을 할 시 조용한 장소에서 유언자와 증인은 녹음기에 녹음을 한다. 유언자는 유언의 취지, 성명, 녹음 연월일을 말하고 증인은 유언의 정확성과 성명을 말한 것을 녹음한다. 녹음은 저장하여 유언자의 사망 후 법원의 검인을 받는다. 위・변조가 없고 본인의 의사를 강하게 표현할 수 있는 장점이 있다. 특히 별도의 서명, 날인 등이 필요하지 않아 가장 간편하고 증인은 1명만 있으면 되어 유언 중 가장 편리한 유언이다. 하지만 녹음에 의한 유언의 경우 저장매체의 분실 우려가 있다.

(3) 공정증서에 의한 유언

증인 두 사람이 참여한 공증인의 앞에서 유언자가 유언내용을 공증인에게 구두로 말하면 공증인은 그것을 필기한 후 유언자와 증인에게 읽어주고 유언자와 증인이 필기의 정확성을 승인한 후에 유언자・증인・공증인이 각자 서명・날인을 함으로써 성립한다. 공증사무실에서 유언장에 대한 인증을 받았으나 그 유언장에 대한 증인 2명의 참여가 없고 자서된 것도 아니라면 유언으로서의 효력을 발생할 수 없다. 하지만 공증변호사가 미리 작성하여 온 공정증서에 따라 의식이 명료하고 언어소통에 지장이 없는 유언자에게 질문하여 유증의사를 확인하고 그 증서의 내용을 읽어주어 이의 여부도 확인한 다음 자필서명을 받은 경우 위 공정증서에 의한 유언은 민법 제1068조에서 정한 요건을 갖추게 된다. 공정증서에 의한 유언의 경우 생전에 내용수정이 자유롭고 별도의 검인이 필요없으며 공증인이 유언장을 확인하여 거의 무효가 될 수 없다. 유언 중 가장 강력하며 집행을 정확히 할 수 있다.

(4) 비밀증서에 의한 유언

유언자가 성명을 기입한 증서를 엄중히 봉하고 이를 두 사람 이상의 증인 앞에 제출하여 자기 유언서임을 표시한 다음 그 봉서의 표면에 그 유언서를 제출한 연월일을 기재하고 유언자와 증인이 각각 서명 또는 날인을 한다. 유언봉서를 5일 이내에 공증인이나 법원서기에게 제출하여 확정일자를 받음으로써 성립된다. 유언자의 사망 후 법원의 검인을 받아야 한다. 비밀증서는 분실의 위험성이 있고 내용 위조가 가능하다. 5일 이내 확정일자를 받지 않는 경우 다시 작성하여 5일 이내 공증인이나 법원서기에게 확정일자를 받아야 한다.

(5) 구수증서에 의한 유언

유언자에게 질병 기타 급박한 사정이 있는 경우 유언자가 두 사람 이상의 증인 앞에서 유언의 취지를 말하면 들은 사람이 이를 적어 유언자와 증인 앞에 읽어준 후 그들이 내용을 확인한 후 각자 서명·날인을 함으로써 만들어진 유언서는 입회했던 증인이나 이해관계인이 급박한 사정이 그친 날로부터 7일 이내에 법원에 검인 신청을 해야 한다. 유언서에 삽입·삭제를 하는 등 변경을 가하려면 유언자가 이에 자서하고 날인을 해야 한다. 구수증서에 의한 유언은 민법상 유언방식의 하나로 규정되어 있으나 그 실질에 있어서는 다른 방식의 유언과는 다르므로 유언 요건을 완화하여 해석하여야 한다.

유언 요건으로는 ① 질병 기타 급박한 사유로 인하여 다른 방식에 의한 유언을 할 수 없어야 한다. ② 구수 및 필기낭독 후 서명 또는 기명날인을 하여야 한다. ③ 유언의 검인 등이 필요하다.

(6) 유언의 철회

유언은 사람의 최종 의사를 존중하려는 제도이므로 유언을 한 후라도 생전에는 언제든지 자유롭게 그 전부 또는 일부를 철회할 수 있다(민법 제1108조). 민법은 이와 같이 유언철회의 자유를 채택하고 있으므로 철회권은 포기할 수 없고 만약 철회금지를 약속했더라도 철회할 수 있다.

유언의 철회에는 임의철회와 법정철회의 두 가지가 있다.

① 임의철회

유언자가 유언 또는 생전행위로써 이전의 유언을 철회하는 것을 의미한다. 철회를 할 때 전에 한 유언과 같은 방식으로 철회해야 하는 것은 아니다.

② 법정철회

직접적으로 유언철회의 의사를 표시하지 않더라도 법률에 정한 사실이 발생함으로써 철회를 한 것과 같이 취급하는 것이다. 즉 앞에 한 유언과 뒤에 한 유언이 그 내용상 충돌하거나 유언을 한 후에 유언자가 유언의 내용과 충돌되는 행위를 한 때(민법 제1109조[5]), 그리고 유언자가 고의로 유언증서를 없애거나 유증의 목적물을 없애버린 때에는(민법 제1110조[6]) 법정철회가 성립된다. 유언이 철회되면 처음부터 유언이 없었던 것과 마찬가지로 되므로 유언자가 사망하더라도 유언은 아무런 효력이 생기지 않는다.

(7) 유언의 무효와 취소

유언자의 생존 중에 유언의 효력을 잃게 하려면 유언을 철회하면 되지만 유언자가 사망한 후에는 유언을 무효 또는 취소시킴으로써 효력의 발생을 저지시킬 수 있다. 유언의 무효란 유언의 내용 또는 형식상 요구되는 요건의 흠결로 인하여 처음부터 유언으로서 성립될 수 없는 것을 말하고 유언의 취소란 유언의 효력 발생을 저지하는 것을 말한다. 유언이 무효로 되는 경우로는 유언의 방식에 결함이 있는 때, 유언무능력자가 유언을 한 때, 상속결격자에게 유언한 때, 선량한 풍속·기타 사회질서

5) 제1109조(유언의 저촉) 전후의 유언이 저촉되거나 유언후의 생전행위가 유언과 저촉되는 경우에는 그 저촉된 부분의 전유언은 이를 철회한 것으로 본다.

6) 제1110조(파훼로 인한 유언의 철회) 유언자가 고의로 유언증서 또는 유증의 목적물을 파훼한 때에는 그 파훼한 부분에 관한 유언은 이를 철회한 것으로 본다.

에 위반되는 사항을 내용으로 한 유언을 한 때, 진정하지 않은 의사표시로써 유언한 때, 유언사항 이외의 유언을 한 때, 이미 실현된 것을 내용으로 한 유언 등을 들 수 있다. 유언이 취소될 수 있는 경우로는 사기 또는 강박으로 인하여 유언의 의사를 표시하거나 착오로 인하여 유언이 행하여진 때가 이에 해당된다. 유언의 무효와 취소에 관한 청구는 상속인·법정대리인·유언집행자·수증자·기타 이해관계인이 제기할 수 있다. 무효나 취소로 되면 그 유언은 없었던 것과 같게 되므로 유언자가 사망하더라도 아무런 효력도 발생할 수 없게 된다.

(8) 유언의 효력

유언의 의사표시를 하는 때에 유언은 성립하지만 그 효력은 유언자가 사망한 때에 발생한다(민법 제1073조 1항[7]). 그러므로 유언에 의해 이익을 받는 자라도 유언자가 사망할 때까지는 아무런 권리를 취득하지 못한다. 유언에 의하여 인지나 입양을 하는 때에도 인지나 입양의 신고를 한 때에 효력이 발생되는 것이 아니고 유언자가 사망한 때에 효력이 발생한다. 유언은 상대방 없는 단독행위이므로 유언의 효력이 발생할 때 유언자가 아무런 조치를 하지 않아도 유언의 효력이 발생한다. 유언에는 그 성질상 허용되지 않는 경우를 제외하고는 조건이나 기한을 붙일 수가 있다. 정지조건이 붙은 유언을 하는 경우에 그 조건이 유언자의 사망 후에 성취된 때에는 성취된 때로부터 유언의 효력이 발생한다(민법 제1073조 2항[8]). 만약 유언자의 사망 전에 조건이 성취되면 조건이 없는 유언으로 바뀐다. 유언에 해제조건이 붙은 경우에는 유언의 효력이 유언자가 사망한 때로부터 생기며 조건이 사망 후에 성취되었을 때에는 그 때부터 효력을 잃는다. 만약 유언자가 사망하기 전에 조건이 성취되면 그 유언은 효력이 발생될 수가 없다. 유언에 시기(時期)를 붙인 경우에는 유언을 유언자가 사망한 때로부터 효력이 생기지만 이행청구는 시기가 도래한 후에야 비로소 할 수 있다. 법률행위의 효력이 소멸하는 기한이 붙은 때에는 유언자의 사망시에 발생된 효력이 종기가 도래함으로써 그 효력을 잃게 된다.

출처 : Wikipedia 백과사전

7) 민법 제1073조 1항(유언의 효력발생시기) ① 유언은 유언자가 사망한 때로부터 그 효력이 생긴다.

8) 민법 제1073조 2항(유언의 효력발생시기) ② 유언에 정지조건이 있는 경우에 그 조건이 유언자의 사망후에 성취한 때에는 그 조건성취한 때로부터 유언의 효력이 생긴다.

2. 생전유언

1) 생전유언의 정의

생전유언이란 사고나 중증질환으로 판단능력을 상실했을 때 어떤 의료를 희망 또는 거부하는가를 의식이 명료한 시기에 작성해 두는 문서이다. 사전에 자신의 의료에 관한 희망을 남기는 방법으로서는 가족이나 주치의 등에게 전하는 지시나 자기 대신에 의사결정을 하는 대리인을 법적으로 지정한다는 조치도 있다. 생전유언의 근저에는 환자의 자율을 존중한다는 원칙(환자의 자기결정권)이 있으며 판단능력이 있는 환자의 자율성을 환자가 판단능력을 상실한 시점에까지 확대한다. 자신이 병으로 인해서 불치의 상태가 되어 죽음의 시기가 임박해 있다고 판단된 경우에는 무리하게 생존기간을 연장하기 위한 연명조치의 거부, 임종이 빨라지더라도 최대한의 고통완화 의료, 그리고 식물인간 상태에 빠진 경우에는 생명유지조치를 중지하기 바란다는 희망이 표명되어 있다.

생전유언은 법적 구속력을 가진 문서는 아니다. 그러나 환자의 희망이나 가치관을 존중하고 존엄하게 죽고자 하는 환자를 돕고자 하는 가족의 생각을 실현하기 위해서도 생전유언은 존중되어야 한다. 또 환자의 자율성을 존중할 뿐 아니라 환자가 희망하지 않는 치료로 인한 불이익으로부터 환자를 보호하고 환자의 가족들의 치료중지를 포함한 곤란한 결정에 대한 중압감을 제거할 수 있다. 또한 의료종사자에게도 연명치료를 거부한다는 생전유언을 주요 판단근거로서 치료중지를 선택할 수 있다.

생전유언을 작성함에 있어서 가장 중요한 점은 문서 작성시에 가족이나 주치의의 대화를 통하여 충분한 정보에 입각하여 의사결정을 할 것과 자신의 가치관이나 인생관을 가족이나 의사에게 제대로 이해를 받는 것이다. 따라서 환자의 삶의 방식이나 가치관을 이해하고 있는 사람들이 현상황에서 최선이라고 생각되는 치료를 할 수 있도록 생전유언 작성뿐 아니라 평소의 대화가 필요하다.

주위 사람들에게 드리는 말씀

인생의 마지막 순간이 오면 나는 자연스럽게 죽기를 바란다.
나는 병원이 아니고 집에 있기를 바라며 어떤 의사도 곁에 없기를 바란다.
의학은 삶에 대해 아는 것이 없는 것처럼 보이며 죽음에 대해서도 무지한 것처럼 보인다.
죽음이 가까이 왔을 무렵에 지붕이 없는 툭 트인 곳에 있고 싶다.
죽음이 다가오면 음식을 끊고 할 수 있으면 마시는 것도 끊기를 바란다.

나는 죽음의 과정을 예민하게 느끼고 싶다.
어떤 진통제나 마취제도 필요없다.
나는 되도록 빠르고 조용히 죽고싶다.
회한에 젖거나 슬픔에 잠길 필요는 없으니 오히려 자리를 함께 한 사람들은 마음과 행동에 조용함과 위엄, 이해와 평화로움을 갖춰 죽음의 경험을 함께 나눠 주기 바란다.
죽음은 무한한 경험의 세계.
나는 최선을 다해 살아왔으므로 기쁘게 또 희망찬 마음으로 죽음을 맞이하고자 한다.
죽음은 옮겨감이거나 깨어남이다.
삶의 다양한 전개와 마찬가지로 죽음 역시 우리는 흔쾌히 받아들여야 한다.

법이 요구하지 않는 한 어떤 장의업자나 그 밖의 직업으로 시체를 다루는 사람이 이 일에 끼어들어선 안 된다.
내가 죽은 뒤 되도록 빨리 친구들이 내 몸에 작업복을 입혀 침낭 속에 넣은 다음 평범한 나무 상자에 뉘기를 바란다.
상자 안이나 위에 어떤 장식도 치장도 해서는 안된다.
그렇게 옷을 입힌 몸은 화장터로 보내어 조용히 화장되기를 바란다.

어떤 장례식도 열려서는 안 된다.
어떤 상황에서든 언제 어떤 식으로든 목사님의 설교, 그 밖의 다른 종교인이 장례를 주관해서는 안된다.
화장이 끝난 뒤 재를 거두어 우리 땅의 나무 밑에 뿌려주기 바란다.
나는 맑은 의식으로 이 모든 요청을 하는 바이며 이런 요청이 내 뒤에 계속 살아가는 가장 가까운 사람들에게 존중되기를 바란다.

– Scott Nearing (1883~1983)

2) 생전유언 동의서의 작성 시 조건

(1) 환자는 생전유언을 작성했을 때에 판단능력을 가지고 있었는가.
(2) 환자의 판단은 충분한 정보에 입각해 있었는가.
(3) 환자는 제시된 정보를 이해하고 있었는가.
(4) 환자의 생전유언은 자발적으로 씌어진 것인가.

3) 생전유언의 문제점

(1) 환자의 생전유언에서의 희망이 추상적인 경우 그것을 어떻게 구체적인 치료에 반영시켜야 좋을지 알 수 없다.
(2) 생전유언이 상정된 상황과 실제 상황이 일치하지 않을 경우가 있다.
(3) 회복의 가능성이 있고 예후가 불확실한 경우가 있다.
(4) 법적 구속력이 없으므로 담당의사가 생전유언 존중을 주저할 수도 있다.
(5) 가족이 생전유언 존중을 주저할 수도 있다.

4) 생전유언에 들어갈 내용

(1) 마지막 날들을 어디에서 보내고 싶은가?
(2) 임종시 뿐만 아니라 너무 병약해져서 치료에 대한 결정을 내릴 수 없는 경우 누구를 대리인으로 지명하겠는가?
(3) 간병인이 통증조절, 영양공급 및 대소변 관리 등을 할 때 어떻게 해주길 바라는가?
(4) 심폐소생술을 원하는가 혹은 심폐소생술금지(DNR)를 원하는가?
(5) 지속적이고 심각한 질환에 어떤 재정적 준비가 되어 있으며 지불방법은 무엇인가?

5) 생전유언 양식

다음은 생전유언 양식들로서 [사례 1]은 미국의 'Aging with Dignity'에서 작성한 'FIVE WISHES'이고 [사례 2]는 생전유언과 심폐소생금지, 장기기증 서식의 예이다.

[사례 1] FIVE WISHES

FIVE WISHES (다섯가지 소원)

ㅁ 다섯가지 소원이란?

다섯가지 소원은 원하는 치료 방식뿐만 아니라 개인적 감정적 영적으로 필요한 부분에 대해 명시할 수 있는 생전유언서로 스스로 치료 관련 결정을 내릴 수 없을 경우 대신 결정을 해줄 대리인을 선정하도록 해줌

〈WISH 1〉 치료 결정을 내릴 수 없을 때 의료대리인에 대한 소원

○ 대리인 선택
- 잘 보살펴 주고 어려운 결정을 내려줄 수 있는 사람
- 희망사항을 잘 이행할 수 있는 사람
- 필요할 때마다 바로 도와줄 수 있는 사람

○ 대리인의 이행 사항
- 약 또는 수술과 같은 치료 및 의료서비스에 대해 결정
- 병원, 호스피스 또는 양로원 이용 절차에 동의
- 인공적으로 투입되는 음식과 물, 그리고 생명연장을 위한 의료 치료의 요구 및 거부
- 고통 경감을 위해 필요한 약물투여나 조치 승인 또는 거부
- 필요시 법적 소송 제기
- 신체 기관이나 조직의 기증
- 보험 혜택 신청

〈WISH 2〉 원하거나 원치 않는 치료에 대한 소원

○ 간병인으로서 명심해야 할 사항
- 고통을 경감시킬 수 있도록 약을 충분히 투여받기를 원합니다.
- 의사나 간호사가 생명 연장에 반하는 행동을 취하거나 치료를 생략해서는 안 됩니다.
- 음식과 음료가 제공되고 몸이 항상 청결하고 따뜻하게 유지되길 원합니다.

○ 생명유지치료

인공호흡을 위해 몸에 삽입된 의료기구, 의료기구를 통한 음식 및 음료 공급, 심폐소생술(CPR), 수술, 수혈, 투석, 항생물질 투여 및 생명연장을 위한 모든 것이 포함

○ 임종시

- 생명연장치료를 원하지 않습니다. 해당 치료가 이미 시작된 경우 중단을 요구합니다.
- 담당 의사가 도움이 된다고 판단한 경우 생명연장치료를 받길 원합니다. 그러나 해당 치료가 건강상태나 증상완화에 도움이 되지 않는 경우 중단하기를 원합니다.

○ 혼수상태에 빠져 다시 깨어나거나 회복이 불가능한 경우

- 생명연장치료를 원하지 않습니다. 해당 치료가 이미 시작된 경우 중단을 요구합니다.
- 담당 의사가 도움이 된다고 판단한 경우 생명연장치료를 받길 원합니다. 그러나 해당 치료가 건강상태나 증상완화에 도움이 되지 않는 경우 중단하기를 원합니다.

○ 영구적이고 심각한 뇌손상을 입었고 회복 불가능으로 판단된 경우

- 생명연장치료를 원하지 않습니다. 해당 치료가 이미 시작된 경우 중단을 요구합니다.
- 담당 의사가 도움이 된다고 판단한 경우 생명연장치료를 받길 원합니다. 그러나 해당 치료가 건강상태나 증상완화에 도움이 되지 않는 경우 중단하기를 원합니다.

〈WISH 3〉 편안에 대한 소원

- 고통받고 싶지 않습니다.
  고통을 경감시킬 수 있다면 약을 충분히 투여받기를 원합니다.
- 우울증, 구역질, 숨참 또는 환각 증상이 나타나는 경우 증상 경감을 위해 가능한 모든 조치를 취하길 원합니다.
- 열이 있는 경우 젖은 수건을 내 머리에 얹어주기를 원합니다.
- 건조함을 막기 위해 입술과 입이 촉촉하게 유지되길 원합니다.
- 따뜻한 목욕을 자주 할 수 있기를 원합니다. 항상 몸이 깨끗하고 청결히 유지되길 원합니다.
- 가능한 자주 따뜻한 오일 마시지를 원합니다.
- 임종시까지 가능한 좋아하는 음악을 켜놓고 듣기를 원합니다.
- 고통이나 불쾌감을 동반하지 않는 한 면도, 손톱정리, 머리빗기 및 칫솔질과 같은 케어를 받고 싶습니다.
- 임종이 가까워질 때 종교 서적 및 좋아하는 시집을 크게 읽어주길 원합니다.

〈WISH 4〉 원하는 보살핌 방식에 대한 소원

- 가능한 사람들이 주위에 있어주길 원합니다.
- 목소리나 손길에 반응하지 않더라도 가능한 내 손을 잡아주고 내게 말을 건네주길 원합니다.
- 가능한 내 주위에서 사람들이 기도해 주길 원합니다.
- 슬픈 분위기가 아닌 친절하고 명랑한 분위기속에서 간호받고 싶습니다.
- 침대 곁에 사랑하는 가족들의 사진을 놓아주길 원합니다.
- 대소변을 통제하지 못할 경우 내 옷과 침구가 청결하게 유지되길 원하며 더럽혀졌을 경우 가능한 빨리 교체되길 원합니다.
- 가능하면 내 집에서 임종하길 원합니다.

〈WISH 5〉 사랑하는 가족들에게 알리고 싶은 사항에 대한 소원

- 가족과 친구들에게 내가 그들을 사랑한다는 것을 전하길 원합니다.
- 가족, 친구 및 다른 사람들에게 상처를 주었던 일에 대해 용서받길 원합니다.
- 가족, 친구 및 다른 사람들이 내게 준 상처에 대해 용서한다는 것을 전해주길 원합니다.
- 죽음 자체에 대한 두려움이 없다는 것을 내 가족과 친구들이 알기를 원합니다. 죽음이 끝이 아니고 새로운 시작이라고 생각합니다.
- 내가 죽기 전에 모든 가족들이 서로 화해하기를 원합니다.
- 가족들과 친구들이 건강이 악화되기 이전의 나의 모습을 회상하길 원합니다.
- 가족과 친구들이 나의 임종과정을 개인적 성장의 시간으로 삼아주길 원합니다. 이를 통해 나는 삶의 마지막 단계에서 의미있는 시간을 보낼 수 있게 될 것입니다.
- 가족과 친구들이 내 임종을 받아들이는데 어려움이 있을 경우 상담을 받기를 원합니다. 내 인생의 추억들이 그들에게 슬픔이 아닌 기쁨이 되었으면 합니다.

- 임종 후 내 신체를 다음 방법으로 처리해주길 바랍니다.
  매장 ________ 또는 화장 ________

- 신체 또는 화장한 재를 다음 장소에 보존하기를 원합니다.

____

- 내가 어떻게 기억하고 싶은지에 대해 말해 주길 원합니다.

___

___

___

- 추모식이 있을 경우 다음 사항을 포함해 주길 원합니다.
  (특별히 원하는 음악, 노래, 낭독 또는 기타 내용을 열거하십시오.)

___

___

___

○ 다섯가지 소원 양식 서명

두 사람의 증인의 참관 하에 다섯가지 소원 양식에 서명하십시오.

서명 ___

주소 ___

전화번호 ___

○ 증인 진술서(2명의 증인 필요)

만 18세 이상이며 다음 사항에 해당되지 않음을 선언합니다.

- 대리인, 대행인, 후견인, 환자 지지자, 상속인 또는 후임자로 임명된 개인
- 서비스를 제공하는 보건의료, 장기간호 또는 지역사회 요양시설의 소유자나 운영자를 포함한 해당인의 보건의료 제공자
- 보건의료시설의 직원
- 보건의료에 대한 재정적인 책임이 있는 경우
- 생명보험이나 의료보험 회사의 직원
- 혈연 관계, 결혼 관계 또는 입양 관계인 경우

○ 5 WISHES 사용 후기

"어머니가 돌아가신지 1년이 지났습니다. 어머니가 준비하신 다섯가지 소원 생전유언서 덕택에 어머니가 원하시는 바를 알 수 있었습니다. 마지막 순간을 맞이했을 때 남동생과 저는 어떤 일을 해야 하는지 너무 잘 알고 있었습니다. 따라서 저희는 평안한 마음으로 처리할 수 있었습니다."

Cheryl K. Longwood, 플로리다

"일단 다섯가지 소원이 상당히 만족스럽다고 말하고 싶습니다. 이 양식은 명확하고 이해하기 쉬우며 구체적인 의료 관련 문제보다는 더 중요한 의미를 갖는 인간적 간호에 중점을 두고 있습니다. 제 자신과 남편을 위해 사용했습니다."

Susan W. Flagstaff, 애리조나

"지금 제가 어머니를 위해 결정을 내리고 있는 것처럼 후에 내 자녀들이 나를 대신해서 이러한 결정들을 내릴 필요가 없었으면 합니다. 고려할 수 있는 의료 선택의 옵션이 그렇게 다양한지 미처 몰랐습니다. 매우 꼼꼼하고 세심한 양식을 마련해 주셔서 감사합니다. 간편하게 양식을 작성한 후 자녀들을 위해 파일에 보관해 둘 수 있어 좋습니다."

Diana W. Hanover, 일리노이

다섯가지 소원은 생명이 위독할 때 본인이 원하는 의료서비스를 미리 계획하여 받을 수 있도록 돕는 것을 목적으로 하는 비영리조직인 Aging with Dignity에 의해 작성되었습니다. 다섯가지 소원 제작에는 Robert Wood Johnson 재단이 후원금을 제공해 주셨습니다.

Aging with Dignity
P.O. Box 1661
Tallahassee, Florida 32302-1661
www.agingwithdignity.org
1-888-594-7437

출처: Aging with Dignity

[사례 2] 생전유언, 심폐소생술금지, 장기기증

생전유언서

본인 ______________________ 은 정신에 이상이 없으며, 이 선언을 자발적으로 합니다.

만일 본인이 말기 상태에 있거나 본인의 주치의와 적어도 다른 한 명의 의사에 의해 영구적인 의식불명 상태로 판정된다면, 그리고 본인의 의학적 치료에 관한 결정에 참여할 수 없다면, 본인은 이 선언이 의학적 치료를 허용하거나 거부하는 본인의 법적 권리에 관한 표현으로 존중받을 것을 의도합니다.

의학적 치료에 관한 본인의 바람은 [아래와 같습니다.]

____

____

____

____

____

____

____

____

____

____

____

(당신이 원한다면 종이를 추가로 첨부하십시오.)

본인의 가족, 의료시설과 본인의 치료와 관련된 어떠한 의사, 간호사, 그리고 다른 의료 전문가는 이 선언에서 표현된 바대로 본인의 바람을 따르는 것에 대해서 민형사상 책임을 지지 않습니다.

본인은 이 선언이 본인의 바람을 반영하지 않는다는 것을 어떠한 방식으로든지 전달함으로써 언제든지 마음을 바꿀 수 있습니다.

[본인과] 증인이 서명한 이 문서의 사본은 원본과 동일한 법적 효력을 지닐 것입니다.

본인은 신중하게 숙고한 후, 이 문서에 서명합니다. 본인은 이 문서의 의미를 이해하고 이 문서의 결과를 수용합니다.

날짜 : ______________________ 서명 : ______________________

(당신의 서명)

____

당신의 주소

증인의 진술

우리는 증인으로서 아래에 서명합니다. 이 선언은 동석 하에 서명되었습니다. 선언자는 정신에 이상이 없는 것으로 보이며 이 지정은 협박, 사기 또는 부당한 영향력 없이 자발적으로 이루어진 것입니다.

______________________ ______________________

(이름을 정자로 쓰십시오.) (증인 서명)

____

(주소)

______________________ ______________________

(이름을 정자로 쓰십시오.) (증인 서명)

____

(주소)

출처: 미국의 연명의료

심폐소생술금지 지시서

이 심폐소생술 금지 지시서는 ______________________ 를 대신하여
(선언자 또는 피보험자 이름을 쓰십시오.)

주치의인 ______________________ 에 의해 발행됩니다.
(의사의 이름을 쓰십시오.)

아래의 A, B, C 중에 해당되는 동의 부분을 작성하십시오.

A. 선언자 동의

본인은 위에서 지정된 본인의 의사와 건강상태에 대해 논의했습니다. 본인은 심장과 호흡이 멈춘 경우에 어떤 누구도 본인을 소생시키려는 시도를 하지 않을 것을 요청합니다.

이 지시는 법이 정하는 바에 따라 철회되기 전까지 효력을 지닐 것입니다.

본인은 정신에 이상이 없으며 이 지시서를 자발적으로 작성하고 이 지시서의 완전한 의미를 이해합니다.

______________________ ______________________
(선언자의 서명) (날짜)

______________________ ______________________
(해당되는 경우, 선언자를 대신하는 사람의 서명) (날짜)

____
(이름을 정자로 쓰십시오.)

B. 환자 대변인 동의

본인은 선언자의 심장과 호흡이 멈춘 경우에 어떤 사람도 선언자를 소생시키려는 시도를 하지 못하게 할 권한을 부여받았습니다. 본인은 이 지시서의 충분한 의미를 이해하며 이 지시서의 실행에 대한 책임을 맡고 있습니다.

이 지시서는 법이 정하는 바에 따라 철회되기 전까지 효력을 지닐 것입니다.

______________________ ______________________
(환자 대변인의 서명) (날짜)

____
(환자 대변인의 이름을 정자로 쓰십시오.)

C. 후견인 동의

본인은 피보험자의 심장과 호흡이 멈춘 경우에 어떤 사람도 피보험자를 소생시키려는 시도를 하지 못하게 할 권한을 부여받았습니다. 본인은 이 지시서의 충분한 의미를 이해하며 이 지시서의 실행에 대한 책임을 맡고 있습니다.

이 지시서는 법이 정하는 바에 따라 철회되기 전까지 효력을 지닐 것입니다.

____________________________ ____________________________
(후견인의 서명) (날짜)

____
(후견인의 이름을 정자로 쓰십시오.)

의사 서명

____________________________ ____________________________
(의사의 서명) (날짜)

____
(의사의 이름을 정자로 쓰십시오.)

증인 증명

이 지시서를 작성한 사람은 정신에 이상이 없는 것으로 보이며 어떤 협박, 사기 또는 부당한 영향력도 없었습니다. 이 지시서의 작성자는 식별 팔찌를 받을(또는 받지 않을) 것입니다.

____________________________ ____________________________
(증인의 서명) (날짜)

____
(증인의 이름을 정자로 쓰십시오.)

____________________________ ____________________________
(증인의 서명) (날짜)

____
(증인의 이름을 정자로 쓰십시오.)

이 서식은 미시건 주 심폐소생술 금지 절차법에 따라 이 법을 준수하여 마련되었습니다.

출처: 미국의 연명의료

장기기증 선언서

본인 ______________________ 은 정신에 이상이 없고, 이 선언을 자발적으로 합니다. 본인은 장기기증이 다른 사람을 도울 수 있다고 기대하며, 사망 시에 효력을 발휘할 수 있도록 아래에서 언급된 장기를 기증합니다(당신은 아래의 선택지 중 하나를 선택하거나, A와 C 모두를 선택할 수 있습니다).

☐ A. 이식, 치료, 의학 연구 또는 교육 목적을 위해 필요로 하는 장기 또는 신체 일부분
☐ B. 이식, 치료, 의학 연구 또는 교육 목적을 위해 오직 아래에 열거된 장기 또는 신체 일부분
______________, ______________, ______________.
☐ C. 해부 연구를 위한 전신

날짜 : ______________________ 서명 : ______________________
(당신의 서명)

____
(당신의 주소)

선택사항

본인은 ____ 로
(의사명, 병원명, 학교명, 장기은행명이나 개인 이름을 기재)

본인의 장기가 보내지기를 원합니다.

장례식장에 본인의 신체를 가져가기를 원합니다.

__________ 예 __________ 아니요

증인 진술

이 선언은 우리의 동석 하에 선언자 또는 선언자의 지시에 따라 서명되었습니다. 우리들은 선언자 앞에서 증인의 참석 하에 아래에 서명합니다.

______________________ ______________________
(증인의 이름을 정자로 쓰십시오.) (증인의 서명)

____
(주소)

______________________ ______________________
(증인의 이름을 정자로 쓰십시오.) (증인의 서명)

____
(주소)

출처: 미국의 연명의료

3. 상 속

상속은 피상속인의 사망 혹은 실종선고에 의하여 피상속인의 모든 권리・의무가 상속인에게 포괄적으로 이전하는 것을 말한다. 다만, 한정승인과 상속포기를 한 경우에는 그러하지 아니한다. 상속의 대상이 되는 재산은 피상속인의 재산에 속한 모든 권리・의무인데 구체적으로는 다음과 같은 것이 있다.

1) 상속재산에 들어가는 것

권리로서는 소유권・지상권・저당권・질권・점유권 등의 물권, 매매・증여・소비대차・임대차・도급계약 등에 의한 채권, 저작권・특허권・실용신안권・디자인권・상표권 등의 무체재산권과 사원권이 있다. 또 의무로서는 금전채무는 물론 피상속인이 부담하고 있던 매도인으로서의 담보책임, 불법행위나 채무불이행으로 인한 손해배상의무, 계약의 해제나 해지를 받는 지위 등이다.

2) 상속재산에 들어가지 않는 것

일신전속권은 상속인에게 승계되지 않는다(민법 제1005조 단서[9]).

3) 상속재산에 들어가는지 아닌지가 의심스러운 것

판례에 따르면 살해나 치사 등을 당한 경우 '위자료청구권'은 피해자가 청구 포기를 하지 않는 한 상속된다고 한다.

4) 상속인의 순위

(1) 제1순위자

제1순위의 상속인은 피상속인의 직계비속과 피상속인의 배우자이다(민법 제1000

9) 민법 제1005조 단서(상속과 포괄적 권리의무의 승계) 상속인은 상속개시된 때로부터 피상속인의 재산에 관한 포괄적 권리의무를 승계한다. 그러나 피상속인의 일신에 전속한 것은 그러하지 아니하다.

조1항1호[10)] · 제1003조1항[11)]). 피상속인의 직계비속이면 되고 남녀에 의한 차별, 혼인중의 자와 혼인 외의 자에 의한 차별, 연령의 고하에 의한 차별 등을 인정하지 않는다. 피상속인의 배우자의 상속분은 직계비속 또는 직계존속과 공동으로 상속할 때는 직계비 · 존속의 상속분의 5할을 가산한다(민법 제1009조2항[12)]). 촌수의 차이가 있는 직계비속이 수인 있는 경우에는 최근친자가 선순위의 상속인이 되고 같은 촌수의 상속인이 수인이 있는 경우에는 공동상속인이 된다(민법 제1000조2항[13)]). 태아는 상속순위에서 이미 출생한 것으로 본다(민법 제1000조3항[14)]). 피상속인의 배우자는 그 직계비속과 동순위로 공동상속인이 되고 직계비속이 없는 때에는 피상속인의 직계존속과 동순위로 되며 그 상속인이 없는 때에는 단독상속인이 된다(민법 제1003조).

(2) 제2순위자

제2순위의 상속인은 피상속인의 직계존속이다(민법 제1000조1항2호[10)]). 피상속인의 직계존속이면 어떠한 차별도 없다. 직계존속이 수인 있는 경우에는 최근친을 선순위로 하고 같은 촌수의 상속인이 수인이 있는 경우에는 동순위로 공동상속인이 된다(민법 제1000조2항).

(3) 제3순위자

제3순위의 상속인은 피상속인의 형제자매이다(민법 제1000조1항3호[11)]). 피상속인

---

10) 민법 제1000조 1항(상속의 순위) ① 상속에 있어서는 다음 순위로 상속인이 된다. 〈개정 1990.1.13〉
1. 피상속인의 직계비속
2. 피상속인의 직계존속
3. 피상속인의 형제자매
4. 피상속인의 4촌 이내의 방계혈족

11) 민법 제1003조 1항(배우자의 상속순위) ① 피상속인의 배우자는 제1000조제1항제1호와 제2호의 규정에 의한 상속인이 있는 경우에는 그 상속인과 동순위로 공동상속인이 되고 그 상속인이 없는 때에는 단독상속인이 된다. 〈개정 1990.1.13.〉

12) 민법 제1009조 2항(법정상속분) ② 피상속인의 배우자의 상속분은 직계비속과 공동으로 상속하는 때에는 직계비속의 상속분의 5할을 가산하고, 직계존속과 공동으로 상속하는 때에는 직계존속의 상속분의 5할을 가산한다. 〈개정 1990.1.13.〉

13) 민법 제1000조 2항(상속의 순위) ② 전항의 경우에 동순위의 상속인이 수인인 때에는 최근친을 선순위로 하고 동친등의 상속인이 수인인 때에는 공동상속인이 된다.

14) 민법 제1000조 3항(상속의 순위) ③ 태아는 상속순위에 관하여는 이미 출생한 것으로 본다. 〈개정 1990.1.13〉 [제목개정 1990.1.13]

의 형제자매이면 되고 형제자매 사이에 차별이 있지 않다. 형제자매가 수인이 있는 경우에는 동순위로 공동상속인이 된다(민법 제1000조2항).

(4) 제4순위자

제4순위의 상속인은 피상속인의 4촌 이내의 방계혈족이다(민법 제1000조1항4호[10]). 4촌 이내의 방계혈족 사이에서는 근친자는 원친자에 우선하여 상속인이 되고 같은 촌수의 혈족이 수인이 있는 경우에는 동순위로 공동상속인이 된다. 그리고 여성이라 하여 상속분이나 상속순위에서 차별을 받지 않는다. 이 경우에도 역시 태아는 이미 출생한 것으로 본다(민법 제1000조3항[15]).

ㅁ 재산상속순위사례

A가 처B・자C・부(父)D・제(弟)E・종형(從兄)F를 남겨두고 사망한 경우, 처B와 자C가 그 재산을 공동상속하고 D・E・F는 상속할 수 없다. 만약 A에게 자C가 없으면 처B와 부D가 공동상속하고 부D가 없으면 처B만이 단독상속한다. 또 처B도 없으면 제E만이 상속하고 제E도 없으면 종형F가 상속한다.

출처: Daum 백과사전

5) 상속분

공동상속의 경우 각 공동상속인이 모든 상속재산에 대하여 갖는 승계의 비율을 말한다. 먼저 상속분은 피상속인의 유언으로 지정된다. 이것을 지정상속분이라 하며 지정상속분은 상속인의 유류분을 침해하지 않으면 어떠한 비율로도 지정할 수 있다. 지정이 없는 때 법률의 규정에 따라 상속분을 결정하는 것을 법정상속분이라 한다. 다음은 법정상속분의 종류이다.

(1) 동순위 상속인 사이의 상속분

동순위의 상속인이 수인 있는 때에는 상속분을 균분한다(민법 제1009조1항[15]).

---

15) 민법 제1009조 1항(법정상속분) ① 동순위의 상속인이 수인인 때에는 그 상속분은 균분으로 한다. 〈개정 1977. 12.31., 1990.1.13.〉

(2) 배우자의 상속분

피상속인의 배우자의 상속분은 직계비속과 공동으로 상속하는 때에는 직계비속 상속분의 5할을 가산하고 직계존속과 공동으로 상속하는 때에도 직계존속 상속분의 5할을 가산한다(민법 제1009조2항[16]).

(3) 대습상속인의 상속분

대습상속인의 상속분은 피대습상속인의 상속분에 의한다(민법 제1010조1항[17]). 그리고 피대습상속인의 직계비속이 수인인 때에는 그 상속분은 피대습상속인의 상속분의 한도에서 전술한 방법(민법 제1009조[16, 17])으로 결정한다(민법 제1010조2항[18] 전단). 배우자가 대습상속하는 경우에도 같다(민법 제1003조2항[19]).

그리고 공동상속인 중에 피상속인으로부터 재산의 증여나 유증을 받은 자를 특별수익자라 한다. 특별수익자가 있는 경우에 그 수증재산이 자기의 상속분에 달하지 못한 때에는 부족한 부분의 한도에서 상속분이 있다(민법 제1008조[20]). 공동상속인 중에 피상속인의 재산유지나 증가에 특별히 기여한 자(피상속인을 특별히 부양한 자 포함)가 있을 때에는 상속개시 당시의 피상속인의 재산가액에서 공동상속인의 협의로 정한 그 자의 기여분을 공제할 것을 상속재산으로 보고 법정상속분 및 대습상속분에 의하여 산정한 상속분에 기여분을 가산한 금액을 그 자의 상속분으로 한다. 기여분이 협의되지 않거나 협의할 수 없을 때에는 기여자의 청구에 의하여 가정법원이 여러 가지 사정을 참작하여 기여분을 정한다. 기여분은 상속이 개시된 때의 피상속인의

---

16) 민법 제1009조 2항(법정상속분) ② 피상속인의 배우자의 상속분은 직계비속과 공동으로 상속하는 때에는 직계비속의 상속분의 5할을 가산하고, 직계존속과 공동으로 상속하는 때에는 직계존속의 상속분의 5할을 가산한다. 〈개정 1990.1.13.〉

17) 민법 제1010조 1항(대습상속분) ① 제1001조의 규정에 의하여 사망 또는 결격된 자에 갈음하여 상속인이 된 자의 상속분은 사망 또는 결격된 자의 상속분에 의한다. 〈개정 2014.12.30.〉

18) 민법 제1010조 2항(대습상속분) ② 전항의 경우에 사망 또는 결격된 자의 직계비속이 수인인 때에는 그 상속분은 사망 또는 결격된 자의 상속분의 한도에서 제1009조의 규정에 의하여 이를 정한다. 제1003조제2항의 경우에도 또한 같다.

19) 상속개시전에 사망 또는 결격된 자의 배우자는 동조의 규정에 의한 상속인과 동순위로 공동상속인이 되고 그 상속인이 없는 때에는 단독상속인이 된다.

20) 민법 제1008조(특별수익자의 상속분) 공동상속인 중에 피상속인으로부터 재산의 증여 또는 유증을 받은 자가 있는 경우에 그 수증재산이 자기의 상속분에 달하지 못한 때에는 그 부족한 부분의 한도에서 상속분이 있다. 〈개정 1977.12.31.〉

재산가액에서 유증의 가액을 공제한 액을 넘지 못한다(민법 제1008조[20]).

6) 상속 유류분

상속 유류분은 상속인에게 보장된 최소한의 상속분을 말한다. 피상속인이 생전에 재산증여를 함으로써 상속재산이 거의 남지 않았다면 상속인은 최소한의 상속재산을 수증자에게 청구할 수 있는데 이 최소한의 상속재산이 바로 유류분이다.

예를 들어 아버지가 생전에 3남매 중 막내딸에게 전 재산을 증여하였다면 아버지 사망 후 상속인들은 어떤 상속재산도 받을 수 없게 된다. 이 경우 두 자녀는 막내 동생에게 유류분을 청구하여 최소한의 상속재산을 보장받을 수 있다.

상속 유류분제도는 상속의 공평을 기하고 전체 상속인들의 생계유지 및 상속받을 기대를 보장하는 데 그 취지가 있다.

(1) 유류분반환청구권

피상속인의 생전 증여 또는 유증으로 인해 상속인이 원래 받을 수 있었던 상속재산을 받지 못하게 된 경우 이를 유류분 침해라고 한다. 유류분 침해를 당한 상속인은 피상속인에게 재산을 증여받은 자에게 유류분반환청구권을 행사하여 유류분을 반환받을 수 있다.

유류분반환청구권은 청구인이 유류분 침해를 인지한 날로부터 1년 이내, 피상속인의 사망으로 상속이 개시된 날로부터 10년 이내에 청구할 수 있다. 이 기간이 지나면 유류분반환청구권은 소멸된다.

(2) 유류분반환 청구가능 금액

유류분반환을 청구할 수 있는 금액은 민법 제1112조에서 규정하고 있는 유류분 산정 비율에 따른다. 유류분 산정비율은 법정상속 순위에 따라 차이가 있다.

[유류분 산정비율]

① 피상속인의 직계비속의 유류분은 그 법정상속분의 1/2

② 피상속인의 배우자의 유류분은 그 법정상속분의 1/2

③ 피상속인의 직계존속의 유류분은 그 법정상속분의 1/3

④ 피상속인의 형제자매의 유류분은 그 법정상속분의 1/3

(3) 유류분반환청구권자 순위

유류분반환청구는 유류분반환청구권자의 순위에 따라 행사할 수 있다. 법정상속 순위에 따라 상속인 지위가 결정되듯이 유류분반환청구권의 행사에도 순위가 있다.

[유류분반환청구권 순위]

1순위 : 직계비속, 배우자

2순위 : 직계존속, 배우자

3순위 : 형제자매

1순위자가 존재하면 2순위, 3순위는 유류분반환청구를 할 수 없다. 1순위 대상자가 없는 경우에 2순위 대상자에게 유류분반환청구권이 인정되고 1순위, 2순위 대상자가 모두 없을 때 비로소 3순위가 유류분반환청구권을 행사할 수 있다.

배우자는 1순위, 2순위 대상자와 각각 같은 순위가 되어 유류분반환청구권을 행사할 수 있지만 3순위 대상자만 존재할 때는 3순위에 앞서 단독으로 유류분반환을 청구할 수 있다.

유언, 법정상속분 그리고 유류분

어느 독지가가 자신이 힘들게 모은 재산을 사회에 환원하고 떠난다고 하였다. 그의 자녀들은 그 재산이 사회에 좋은 곳에 쓰이길 바라며 담담히 그 뜻을 이어받을 수도 있겠지만 괴팍한 노인이었다며 한없이 안타까워할 수도 있다.

자본주의 사회에서 자기 재산을 자기 마음대로 처분할 수 있다는 것이 원칙이라면 자신의 재산을 자신의 사후에서도 자신이 결정할 수 있게 하는 것이 '유언'이다. 유언으로 장남한테만 준다 할 수도 있고 어느 독지가처럼 모두 기부할 수도 있다.

아무런 유언을 하지 않았다면 사이좋은 형제들은 다툼없이 그 재산을 나눌 것이고 그 재산을 나누는 과정에서 다툼이 생긴다면 법에서 규정한 '법정상속분' 대로 나누어 달라고 법원에 청구할 것이다.

법정상속분은 동순위의 상속인에게 균분이며 배우자의 상속분은 5할을 가산한다. 3억 5천의 재산을 남기고 죽었고 자녀 둘에 배우자가 있으면 자녀는 1억씩 나눠 갖고 배우자는 1억 5천을 갖는 것이다(민법 제1009조 참조).

장남에게 더 주라는 유언이 없다면 장남이라고 더 갖겠다고 주장할 수는 없다는 것이 법정상속분이다.

다시 어느 독지가 이야기로 돌아와서 독지가가 유언으로 전 재산을 사회에 환원하겠다고 하였다. 그 뜻을 담담히 이어받은 자녀들은 문제 삼지 않겠지만 괴팍한 노인이었다고 생각한 자녀들은 그저 욕심 부리는 사람일까? 아무런 유언이 없었다면 법정상속분대로라도 나누어 가졌을 것을...... 인간이라면 누구나 가질만한 이러한 상속인들의 기대를 단순히 욕심으로 치부하지 않고 법은 죽은 자와 산 자 사이의 이해를 조절하고 있다.

법은 죽은 자의 유언대로 재산을 나누라고 하되 상속인들이 통상적으로 기대할 수 있었던 법정상속분에는 못 미치지만 일정한 비율의 재산 받을 권리를 보장한다. 이를 '유류분'이라 한다.

배우자와 직계비속은 법정상속분의 2분의 1을 보장하고 직계존속과 형제자매에게는 법정상속분의 3분의 1을 보장한다(민법 제1112조[23] 참조). 가령 자녀 둘에 배우자가 있는 사람이 3억 5천 전 재산을 어느 사회단체에 남기고 떠났다면 그 사회단체에게 자녀 둘은 자신의 법정상속분이었던 1억의 절반인 5천씩 반환하라고 청구할 수 있고 배우자는 1억 5천의 법정상속분의 절반인 7천5백을 반환하라고 청구할 수 있는 것이다.

유언으로 사후의 재산 처분을 마음대로 결정할 수 있으나 상속인들은 유류분이 있어 상속에 대한 일정한 기대를 보장받는다. 상속인들 각자의 유류분은 침해하지 않는 범위에서 유언을 하는 것이 사후 법적 분쟁을 방지하는 길일 것이고 유언을 하지 않았다면 사이좋게 나누거나 법정상속분대로 나누면 될 것이다.

출처: 디지털밸리뉴스, 정헌수, "유언, 법정상속분 그리고 유류분", http://www.dvnnews.com/news/articleView.html?idxno=15112, 2016. 09. 27.

치매 노부의 유언 효력은 어디까지일까?

Q: 아버지가 치매 합병증으로 돌아가셨습니다. 그런데 장례 후 추가로 유언장을 남기신 사실을 알게 되었습니다. 동생이 생전에 아버지를 모시고 변호사 사무실을 찾아 아버지의 전 재산을 자신에게 남긴다는 유언공증을 받은 것입니다. 저도 모르게 이러한 방법으로 작성된 유언이 유효한지 궁금합니다.

A: 법무법인 전문의 윤재원 변호사입니다. 심심한 위로의 말씀을 먼저 드립니다. 적법한 절차를 통해 유언공증이 이루어졌는지 유언자의 치매 증상 정도와 자신의 의사를 근거로 한 것인지 확인할 수 있는 증거확보가 관건입니다. 치매 증상이 심각하여 의사능력이 없었다고 판단될 경우 유언공증 행위 자체를 불가하다고 보고 유언 자체를 무효로 하고 있기 때문입니다.

우리나라도 고령화 사회로 접어들면서 의뢰자와 같은 문제로 고민하는 사람들이 의외로 많다. 건강보험심사평가원에 따르면 최근 5년간 국내 노인성 치매 진료 인원이 87.2% 가량 증가한 것이 이를 뒷받침해 준다. 노인성 치매 환자 급증 문제가 맞물리면서 법적 분쟁으로까지 이어지는 경우도 많이 늘어난 상태다. 따라서 의뢰자의 경우처럼 문제가 발생하기 전에 생전 유언자의 뜻을 근거로 한 상속이 잘 이루어질 수 있도록 점검해 보는 것도 현명한 방법이다. 하지만 문제가 이미 발생한 경우라면 전문가의 도움을 받아 적극적으로 자신의 권리를 행사할 수 있도록 해야 한다. 이는 고인의 뜻을 따르기 위한 후손으로 해야 할 도리이기도 하다.

민법은 보통 피성년후견인의 법률행위에 대해서는 취소할 수 있도록 규정하고 있다. 피성년후견인이란 자기 행위의 결과를 합리적으로 판단할 능력이 없는 심신상실 상태의 사람을 말한다. 잘못된 판단으로 거액의 상품 등을 구입하거나 보증을 서 다른 문제를 야기시킬 수 있기 때문에 법적인 통제를 통해 최소한의 보호를 하는 것이다.

하지만 유언에 있어서는 예외를 두고 있다. 유언자에게 치매 등의 정신질환이 있다고 하더라도 제한적으로 의사능력이 회복된다면 그 유언 내용은 인정받을 수 있다. 물론 의사가 유언자의 심신 회복의 상태를 유언서에 덧붙이고 서명날인한 경우에 한한다. 의뢰자의 문제를 살펴보면 먼저 생전 치매 노부의 유언공증이 적법한 절차를 통해 이루어졌는지, 그리고 그 시점 유언자의 심신 상태가 어떠했느냐에 따라 유언의 효력 여부는 달라질 수 있다. 정상적인 절차는 유언자인 노부가 직접 자신의 인적사항, 재산보유내역, 재산 수증자 등을 직접 얘기해야 한다. 이때 공증담당 변호사와 증인 2명은 이를 유언자 바로 앞에서 위 의사가 진정한 유언자의 의사인지를 확인해야만 최종적으로 유언공증으로 인정될 수 있다. 단순히 유언자가 유언취지의 확인을 구하는 질문에 고개만 끄덕이거나 '어', '응' 등과 같은 단순한 대답만 한 경우라면 그 유언은 효력을 인정받기 힘들다.

설령 절차에 잘 부합되었다고 하더라도 유언자의 심신 상태에 의구심이 든다면 문제를 제기할 수 있다. 당시 유언자의 상태에 대한 전문적 의견을 제시해 줄 담당 의사의 소견서와 병원진료기록카드 일체, 그리고 유언 당시의 상황을 진술해 줄 수 있는 간병인 등의 증인도움이 될 수 있다. 이러한 과정을 통해 치매 증상이 심각했음을 입증할 경우 유언공증 자체는 무효가 된다. 최악의 경우 치매 중 달라진 유언 내용이 효력을 발휘한다고 해도 유류분반환청구 소송을 제기해 상속인으로 지위가 있음에도 받지 못한 자신의 권리를 주장할 수 있다.

출처: 조선닷컴, 윤재원, "치매 노부의 유언 효력은 어디까지일까?", http://danmee.chosun.com/site/data/html_dir/2015/08/06/2015080601278.html, 2015. 08. 06.

〈관련 동영상〉

1. 「스티브 잡스의 마지막 유언(Steve Jobs last speech before death)」

출처 : https://youtu.be/NJHWbNqMFdY

2. 「상속 받고도 억울하다? 기여분 청구소송」

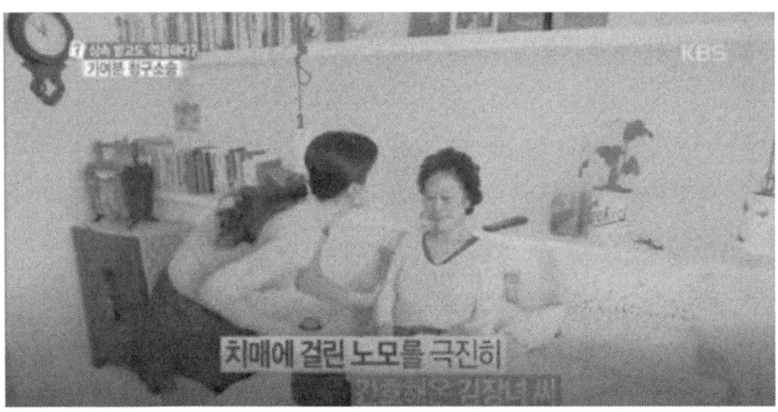

출처 : KBS1 무엇이든 물어보세요.
http://tv.naver.com/v/1573562

제 9 장

호스피스 · 완화의료

제 9 장

호스피스 · 완화의료

1. 호스피스 · 완화의료의 배경

호스피스의 어원은 라틴어의 호스피탈리스(hospitalis)와 호스피티움(hospitium)에서 기원된 것으로 알려져 있다. 원래 호스피탈리스는 '주인'을 뜻하는 hospes와 치료하는 '병원'을 의미하는 hospital의 복합어로서 '주인과 손님 사이의 따뜻한 마음과 그러한 마음을 표현하는 장소'의 뜻을 지닌 호스피티움(hospitium)이라는 어원에서 변천되어 왔다. 오늘날 널리 사용되고 있는 현대적 의미의 호스피스 개념은 영국 여의사 시실리 손더스에 의해 시작되었으며 웹스터 사전(1972년)에는 '여행자를 위한 숙소 또는 병자, 가난한 사람들을 위한 집'으로 설명하고 있고 미국호스피스협회(NHO)에서는 '말기환자와 가족에게 입원간호와 가정간호를 연속적으로 제공하는 프로그램'으로 정의하였다.

이를 종합하면 호스피스란 '말기환자와 그 가족을 위한 프로그램으로 편안하게 죽음을 맞이할 수 있도록 의학적으로 관리함과 동시에 말기에 발생할 수 있는 여러 가지 부정적 증상을 경감시키기 위해 신체적, 정서적, 사회적, 영적으로 도우며 사별가족의 고통과 슬픔을 경감시키기 위해 지지와 격려를 제공하는 총체적인 돌봄'이라고 할 수 있다.

호스피스는 죽음에 대한 부정과 회피가 아니라 적극적으로 긍정 및 이해로 죽음에 대한 새로운 사회적 가치관과 문화를 창출하게 된다. 일반적으로 고통과의 싸움, 비탄에 잠김, 수동적 안락사 등이 죽음에 대한 개념이며 이러한 태도는 사회적 퇴행과 개인의 소외를 야기한다.

이와 같은 환자의 죽음과 관련된 인간적 문제 외에 전반적인 사회, 경제적 구조변화 역시 호스피스를 촉진케 하는 또 다른 원인이 되고 있다. 즉, 호스피스의 초기에는 환자를 중심으로 한 철학적, 종교적 가치관과 개념이 주가 되었으나 의료자원의 효율적 배분이 문제가 되고 있는 현재에는 본래의 철학적 개념보다도 호스피스의 경제적 효율성에 더 관심이 모아지고 있다.

호스피스·완화의료란 '치료가 어려운 말기질환을 가진 환자와 가족을 대상으로 통증 및 신체적, 심리적, 사회적, 영적 고통을 완화하여 삶의 질을 향상시키는 전문적인 의료서비스'로서 호스피스·완화의료에서 제공하는 주요 돌봄은 다음과 같다.

(1) 통증 및 신체적 돌봄

통증, 호흡곤란, 구토, 복수, 부종, 불면 등 고통스러운 신체증상 조절

(2) 심리적 돌봄

환자와 가족의 불만, 우울, 슬픔 등의 심리적 고통 완화

(3) 사회적 돌봄

경제적, 사회적인 어려움을 파악하여 가능한 자원을 총동원하여 지원함

(4) 영적 돌봄

삶의 의미, 죽음에 대한 두려움 등에 의한 고통을 경감시키기 위해 노력함

(5) 임종 돌봄

임종 시기의 신체적, 심리적 고통을 완화시키고 가족이 임종을 준비할 수 있도록 지지

(6) 사별가족 돌봄

사별후 가족이 겪을 수 있는 불안, 우울 등의 어려움을 극복할 수 있도록 도움

이 같은 지원은 환자의 경제적 여건과는 관계없이 하루 24시간 어느 때라도 제공되어야 한다. 또한 말기환자가 겪는 다양한 통증을 해소하기 위해서는 대상자의 신체적 문제뿐 아니라 심리적, 사회적, 영적인 상태를 이해하고 적절한 도움을 주는 전인적 돌봄이 제공되어야 하며 이를 위해 각 분야별 전문가로 이루어진 다학제팀이 필요하다.

다학제팀이란 의사, 간호사, 사회복지사, 성직자, 전문치료사(물리치료, 작업치료, 음악치료, 미술치료 등), 영양사, 약사, 자원봉사자 등 다양한 전문가들로 이루어진 팀을 말하며 상황별로 환자의 통증과 증상 조절, 환자와 가족의 삶의 질 증진을 위해 전인적인 돌봄을 제공한다.

다학제팀의 전문가별 역할을 살펴보면 다음과 같다.

(1) 호스피스 조정자

호스피스 팀원의 활동을 감독하고 조정하며 호스피스 돌봄도 직접 제공하고 호스피스 팀회의를 주관한다.

(2) 의사

의학적인 상태에 기반하여 환자에 대한 치료계획, 의사결정을 시행하며 통증 및 신체적 증상 조절 등을 담당한다. 팀원들에게 의료정보를 제공하며 지속적인 교육체계를 확립하고 실시한다.

(3) 간호사

환자와 가족에게 신체적·정서적 돌봄, 환자와 가족 교육, 환자에게 필요한 환경 조성 등 전인적으로 환자의 돌봄에 관련된 사항을 조정한다.

(4) 간호조무사

운동, 구강 간호, 식사보조 등으로 환자와 밀접한 관계를 맺으며 업무를 수행한다.

(5) 영양사

환자의 영양에 대한 요구를 보조하며 질병의 단계나 정도에 따라 음식을 제공한다.

(6) 약사

통증조절과 증상완화를 위한 조제 및 투약을 담당한다.

(7) 사회복지사

환자와 가족의 심리사회적, 경제적, 지역사회자원 연계 등을 사정하여 개별상담, 집단상담, 사별가족상담 등을 시행하며 전인적인 치료가 될 수 있도록 지원한다.

(8) 종교인

환자와 가족이 영적 고통(죽음에 대한 두려움, 절대자에 대한 죄책감, 소외감 등)과 영적 갈등이 감소할 수 있도록 하고 영적 요구가 충족될 수 있도록 하는 상담을 한다.

(9) 전문치료사

대체요법(미술치료, 음악치료, 원예치료 등)을 통해 환자와 가족이 치료과정에서 느끼는 스트레스와 불안 등에 적극적으로 대처할 수 있도록 하고 통증에너지를 긍정적인 에너지로 전환할 수 있도록 돕는다.

(10) 자원봉사자

다학제팀을 도와 환자 및 가족을 지지하며 실제적인 도움(목욕, 말벗, 기도봉사 등)을 제공하여 말기환자의 육체적 정신적 고통완화에 도움을 준다.

호스피스의 진정한 의미

얼마 전까지만 해도 일반인들에게 낯선 개념이었던 호스피스가 이제는 말기환자와 그 가족을 위한 하나의 대안으로 받아들여지고 있다.

필자는 약 30여년 전부터 당시 개념적 수준에 머물러 있었던 호스피스를 활성화하기 하기 위하여 호스피스의 구체적인 업무의 표준화와 체계화를 위해 노력해 왔다.

특히 호스피스가 건강보험에 포함될 것을 일관되게 주장하여 왔으며 이에 대비한 호스피스 수가체계를 개발한 바 있다. 그 결과 필자를 포함한 많은 호스피스 전문가들의 노력에 의하여 지금은 많은 병원과 전문기관에서 호스피스가 시행되고 있으며 2015년 7월부터 호스피스·완화의료 건강보험수가가 적용되기 시작하였고 지속적으로 개발되고 있다.

그러나 이와 같이 호스피스가 의료제도의 한 부분으로 자리매김하는 대신 그 본래의 정신이 효율성에 묻혀 점차 잊혀지고 있어 호스피스 자체가 하나의 형식적 의료행태가 되고 있는 것이 아닌지 경계해야 할 일이다.

호스피스의 출발점은 사랑이다. 그리고 그 사랑은 호스피스·완화의료팀들에 의해 구현되어 환자에게 베풀어진다.

우리는 톨스토이의 작품 '안나 카레리나'에서 이와 같은 호스피스의 정신을 찾아볼 수 있다. 소설 속에서 주인공인 레빈의 아내 키티가 레빈의 막되 먹은 형 니콜라이를 돌보는 장면은 감동적이다. 죽음을 맞이하는 사리는 불결과 불쾌함으로 가득 차 있으며 니콜라이의 표정은 끝까지 잔인하며 혐오로 일그러져 있다. 그러나 키티는 니콜라이의 끔찍한 몸을 돌보며 청결과 질서와 평온을 끌어드린다.

그녀는 상황의 외면적 특징에만 관심을 한정시키는 것이 아니라 니콜라이의 타락한 기질을 뚫고 들어가 다정함과 배려를 누릴 자격이 있는 영혼으로 본다. 그녀는 나락에 떨어진 영혼에서 당당함과 인간 내면의 자랑스러움, 그리고 존엄성을 발견한다. 물론 이러한 예는 매우 극적이며 일상생활에서 보기 드문 완벽한 사랑이다. 우리의 대부분은 이러한 사랑의 경계면에서 멀리 떨어져 있다.

차라리 우리가 경험하는 사랑은 아리스토텔레스가 니코마코스 윤리학에서 말한 필리아(philia)에 가까울 것이다. 그는 필리아를 자기 자신이 아니라 남을 위해 선한 일을 하고자 하는 욕망으로 정의하고 있으며 그 본원은 상대방, 즉 제2의 자신을 통해 스스로의 행복을 추구하고자 하는 노력으로 보았다.

아리스토텔레스는 이러한 결론을 과연 자연 과학자인 그답게 주위사람들에 대한 광범위한 관찰을 통해 귀납적으로 얻었으며 때문에 우리 모두에게 더욱 설득력있게 다가온다.

이처럼 사랑이 순수한 기독교적 모티브에 의한 것이든 이타심의 발로로 개인의 행복을 지향하는 것이든 사랑은 상대방에 대한 배려가 필수적인 것만은 사실이다. 기쁨과 근심의 공유, 나와 상대방의 정서적·정신적 감응, 상대방과 나의 정체성의 확인으로 발견되는 존엄성 등이 모두 사랑의 속성인 배려에서 출발되는 값지고 아름다운 경험인 것이다.

– 조현 (2010)

2. 호스피스 · 완화의료의 철학

호스피스·완화의료는 말기환자와 그 가족들을 돌보고 지지한다. 환자가 죽음의 과정을 겪는 동안 가족도 함께 그 모든 과정을 겪으며 아픔을 함께하기 때문에 가족에게 예측되는 상실과 슬픔도 준비할 수 있도록 도와야 한다. 말기환자의 여생을 연장시키거나 단축시키지 않으며 잘살다가 자연스럽게 생을 마감할 수 있도록 돕는다. 또한 남은 삶에 대한 고마움과 의미를 생각하게 하여 삶을 긍정적으로 수용하고 죽음을 삶의 일부로 자연스럽게 받아들이게 한다.

따라서 호스피스·완화의료는 환자와 가족의 요구에 맞추어 가능한 모든 자원을 이용하여 신체적, 사회적, 심리적, 영적 요구를 충족시키고 지지하여 죽음을 잘 준비하도록 하고 말기환자로 하여금 소외된 채 외롭게 죽음을 맞이하지 않고 마지막 순간까지 인간답게 가치있는 삶을 살 수 있도록 사랑으로 돌보는 것이다.

3. 호스피스 · 완화의료의 역사

호스피스 활동은 중세에 성지 예루살렘으로 가는 사람들을 위하여 하룻밤 편히 쉬도록 한 것에서 비롯하여 아픈 사람과 죽어 가는 사람들을 위해 숙박소를 제공해 주고 필요한 간호를 베풀어 준 것에서부터 시작하였고 중세 이전의 고대에서도 호스피스의 의미로 여행자들을 돌본 흔적을 볼 수 있다.

1) 고 대

기원전 6세기의 인도에 남아 있는 기록에 의하면 불타는 10개 마을에 1명의 의사를 두도록 하였으며 가난한 사람이나 불구자를 위해 숙사를 세웠고 실론에는 기원전 438년에 병원이 존재하였다는 기록이 남아 있으며 병원에서 호스피스의 역할을 하였음을 알 수 있다.

초기의 인도 병원은 아소카왕(273-332 B.C.)에 의해서 세워진 18개소의 시설이 있는데 이들 시설은 오늘날의 병원 또는 호스피스와 유사하다.

고대 이집트의 의료적 처치는 거의 가정에서 이루어졌으나 때로는 병원이나 진료소 같은 곳에서 치료나 주문을 외우는 것 등이 시행되기도 하였다.

그리스에서 여행자들은 언제나 제우스 신의 보호 아래 있으며 그들에게 의·식·주를 제공하는 풍습이 있었으며 로마에서도 주인과 손님 사이에는 특별한 관계가 있어 쥬피터 신의 축복을 받는다고 믿었다.

이 같은 태도와 풍습에서 그리이스와 로마에서는 애스쿨라피아(Aesculapia)라는 성전이 치유의 성전으로 되어 있고 후기 로마와 초대 그리스도교 시기에는 성지순례자들에게 거주지를 제공함으로써 인도주의적인 봉사활동을 해오던 제노도키아(Xenodochia)가 있었다.

4세기 후반기의 파비올라는 그리이스 언어를 사용하는 부속진료소(Nasocomia)의 간호사와 후원자로 일을 하였으며 특히 거지와 행려 병자들, 의탁할 곳 없는 자들을 돌보았고 많은 제자를 양성하여 그의 사후에도 병원이 계속되었다.

2) 중 세

중세 시대에는 성지순례자나 여행자가 성지 예루살렘으로 가는 도중 쉬어가는 휴식처라는 의미의 호스피스가 아픈 사람과 죽어가는 사람들을 위해 숙박소를 제공해 주고 필요한 돌봄을 베풀어 준 것으로 시작되었다.

십자군 운동 시기에도 호스피시아(Hospitia), 즉 여행자의 휴식처로 음식, 옷 등을 제공하기도 했고 이 활동을 지속하기 위한 수도회가 창설되었다. 이 중에서 성 아우구스틴 수도회의 성 버나드가 A.D. 962년 알프스지방에 세운 대성(大聖) 버나드 호스피스(The Hospice of Great St. Bernard)와 소성(小聖) 버나드 호스피스(The Hospice of Little St. Bernard)를 들 수 있다. 당시의 성지순례자들은 특별한 존경심을 받았으며 사람들은 이들에게 세심한 간호를 제공하고 그들의 축복과 기도를 청하기도 하였는데 이는 임종 직전의 환자에게는 천국의 문이 열려있다는 중세인의 신앙심 때문이었다.

1096년 시작된 십자군 원정으로 호스피스 활동은 급속하게 퍼져나가 길가나 주요 강의 나루터 등에 병원이나 호스피스가 세워져 아픈 사람이나 피곤해 쓰러진 십자군들의 간호에 임하게 되었다. 성요한 수도회의 수녀들에 의해서 여성 환자들을 위한 호스피스가 운영되었는데 이 곳이 '성 마리아 호스피스'로 알려진 곳이다.

3) 근 대

근대적인 호스피스는 1815년 아일랜드의 수도 더블린에서 Mary Aikenhead가 말기환자를 돌보기 위해 설립한 '자비의 수녀회'에서 시작되었다.

17세기 초 플리드너 목사가 카이저스베르트에 여집사단을 창립하여 첫 프로테스탄트 병원을 설립하고 간호 수녀회를 창립하여 소외되고 병든자, 임종자들을 돌보도록 했다. 현대 간호의 창시자인 나이팅게일은 여집사단에 3개월간 머물면서 실습을 하고 파리의 '자비의 수녀회'에서 배우고 크리미아 전쟁에 참가했었다.

4) 현 대

시슬리 손더스는 정신적, 신체적 통증 완화의 중요성을 깨닫기 시작하여 '성 요셉 호스피스'에서 호스피스에 대한 원칙을 기반으로 현대 호스피스의 초석을 만들었으며 이 프로그램을 발전시켜 '성 크리스토퍼 호스피스'에 도입시켰는데 이것이 현대 호스피스 운동의 시초가 된다.

WHO의 기관지 World Health(1982년 12월호)에서 시슬리 손더스는 현대 호스피스의 배경을 다음과 같이 설명하고 있다.

「중세 호스피스는 순례자와 나그네들이 환영받는 곳이었다. 상처를 입었거나 쇠약해진 길손이 보살핌을 받고 건강을 회복하여 다시 여행을 계속할 수 있게 되는 '새 삶을 찾는 집'이었다. 특히 길고 고생스러운 성지순례 길에서 많은 사람들이 병을 얻거나 죽기까지 하였는데 호스피스는 이들이 쉬고 새 삶을 찾는 피난처였다. 근대에 들어와서 아일랜드의 「자비의 수녀회」 수녀들이 중세 호스피스를 계승하여 1879년에 더블린에 '성모 호스피스(Our Lady's Hospice)'의 문을 열었고 1905년에는 런던에 '성 요셉 호스피스'를 세웠다. 이 두 호스피스에서는 많은 장기 환자를 수용했고 그 중에 죽어가는 환자들을 특별히 보살피게 되자 호스피스는 임종환자를 보살피는 곳이라는 뜻으로 정착하여 사용하게 되었다. 현대의 호스피스는 불치의 병뿐만 아니라 임종환자들의 삶의 질 향상을 목적으로 구성된 숙련된 돌봄 공동체로 환자와 환자가 세상을 떠난 후 유가족으로 남을 그의 가족도 보살핌의 대상으로 하는 것이다.」

1950년대에 런던의 '성 루가 호스피스'와 '성 요셉 호스피스'에서 말기암환자의 통증완화를 위한 연구가 진행되어 정신치료제, 항암요법, 통증을 경감시키는 방사선요법 및 통증임상학 등을 개발하였다.

이렇게 현대 호스피스는 만성 통증의 본질에 대해 관심을 갖기 시작했고 고통을 경감시키는 치료방법을 찾으려고 노력했다. 호스피스는 환자의 증상과 느낌을 민감하게 인식하여 환자가 신체적, 정신적, 사회적으로 제한된 삶을 최대한 품위있게 살 수 있도록 돌봐줌을 목적으로 한다.

4. 호스피스·완화의료 유형

1) 독립형 호스피스(free standing hospice)

독립운영체제를 가지고 있으며 시설 호스피스라고 불린다. 가정적 환경으로 팀은 기관의 자체방식으로 구성되며 환자의 기존 주치의가 인계되어 진료하거나 호스피스 의사가 고용되어 환자를 돌볼 수 있다. 영국의 경우 80% 이상이 독립형 호스피스이며 우리나라의 경우 샘물 호스피스와 성모꽃마을 호스피스, 정토마을 호스피스 등이 있다.

독립형 호스피스는 호스피스의 기능을 충실히 수행할 수 있는 가장 이상적인 형태로 가정과 같은 분위기 및 환경조성에 유리하나 초기 투자비가 많이 들며 의료서비스 제공의 제약이 있으나 환자와 가족의 선호도가 높다.

독립형 호스피스의 장·단점은 다음과 같다.

장 점	단 점
• 입 · 퇴원이 간단하고 용이하다. • 병원 내 시설보다 의료비용이 적게 든다. • 가정과 같은 분위기 및 환경조성에 유리하다. • 환자의 생활환경이 매우 좋다. • 환자의 삶의 질과 간호의 질 향상에 유리하다.	• 투자비가 많이 든다. • 의료서비스의 제공에 제약이 있다. • 응급사태 발생시 불리하다. • 시설 위치에 따라 자원봉사자와의 연계가 어렵다.

2) 병원 내 병동형 호스피스(hospice unit within a hospital)

최근 들어 완화병동(Pallative Care Unit)으로 불리기도 한다. 이 유형은 기존 병원의 진료진과 의료시스템, 장비 등을 활용할 수 있다는 점에서 유용하나 직원이나 사람들이 죽음의 장소로 볼 수 있는 부정적 측면이 있고 우리나라에서는 가톨릭 성모병원, 부천성가병원, 계명대 동산의료원 등이 있다.

환자의 생활 및 의료환경이 뛰어나고 재정이나 전문적 의료서비스의 내용은 좋으나 경제적으로 어려운 환자는 비교적 이용하기 어렵다.

병원 내 병동형 호스피스의 장 · 단점은 다음과 같다.

장 점	단 점
• 독립형 호스피스의 단점을 대부분 보완시켜 준다. • 소규모의 투자와 최소의 시간으로 시행할 수 있다. • 기존 의료시스템을 사용할 수 있다. • 의료서비스 제공이 유리하다. • 응급사태 발생시 유리하다. • 호스피스 프로그램이 중단되더라도 병원 전체에 손실이 적고 다른 목적의 공간으로 전환할 수 있다. • 교육 및 훈련을 통하여 기존 의료인력을 이용할 수 있다.	• 가족, 방문객, 의료진을 위한 충분한 공간 확보가 어렵다. • 가정과 같은 분위기 조성이 비교적 어렵다. • 자연친화적 공간 확보 및 기존 공간과의 연계가 어렵다. • 일반병동 및 타부문과의 공간분리가 필요하다. • 타병동에 비해서 인력이 더 요구된다.

3) 병원 내 산재형 호스피스 (inpatients scattered bed consultative)

병원 내 호스피스 활동으로서 독립된 병동을 갖고 있지 않으나 각 분야별로 구성된 팀에 의하여 일반병실 혹은 주간 진료소를 이용하여 말기환자를 돌보는 형태로 다른 일반 환자들과 생활해야 하는 문제점이 있다.

병원 내 산재형 호스피스의 장·단점은 다음과 같다.

장 점	단 점
• 추가 투자가 필요하지 않으며 팀 구성 즉시 시작할 수 있다. • 병상이 남아있을 경우 활용할 수 있다.	• 환자 특성을 고려한 공간 및 환경 조성이 어렵다. • 호스피스 환자와 가족공간이 부족하다. • 의료진의 전문성이 결여될 수 있다. • 방문시간 등 병원의 규정에 맞추어야 하는 어려운 점이 있다. • 다른 환자가 회복되어 퇴원하는 것을 보는 것이 호스피스 환자에게 심리적 불안을 가중시킬 수 있다.

4) 병원 내 독립형 호스피스 (free standing hospice within a hospital)

병원 내 독립시설을 가지고 호스피스를 수행하는 유형으로 독립형 호스피스와 병원 내 병동형 호스피스의 혼합형으로 장·단점을 보완하는 유형이다.

병원 내 독립형 호스피스의 장·단점은 다음과 같다.

장 점	단 점
• 환자, 가족, 의료진의 만족도가 높다. • 기존 의료시스템을 사용할 수 있다. • 의료서비스 제공에 유리하다. • 응급사태 발생시 유리하다. • 의료인력 운용에 비교적 유리하다. • 호스피스 프로그램이 중단되더라도 병원 전체에 손실이 적고 다른 목적의 공간으로 전환할 수 있다.	• 대규모의 투자비가 필요하다. • 의료비가 비싸다.

5) 가정 호스피스(hospice home care)

호스피스 요원이 환자의 가정을 방문하여 돌보는 형태로 전 세계적으로 널리 이용되고 있는 보편적인 유형이다. 소요경비가 적게 들고 환자는 자신의 집이라는 편안한 환경에 있을 수 있는 장점이 있으나 가족의 부담이 크다는 단점이 있다.

가정 호스피스의 경우 장소의 제약을 받지 않고 시설이 필요치 않으며 자원봉사자나 사회복지사의 활용이 용이하나 전문 의료서비스의 제공이 부족하고 재정적으로 취약한 형편이다.

간호사나 자원봉사자가 가정에 직접 찾아가 돌보아 주는 것으로 독자적으로 운영되기도 하고 병원에 부속되어 있는 경우도 있다. 그리고 환자에게 새로운 증상이 나타나거나 처치의 필요성이 있을 때는 전문시설을 이용하기도 한다.

과거에는 대부분의 사람들이 가정에서 가족에게 둘러싸여 임종을 맞이하였다. 오늘날에도 많은 환자들이 가정에서 가족들과 함께 마지막을 보내기를 소망하지만 대부분 병원과 같은 시설에서 임종을 맞이하게 된다.

5. 호스피스 · 완화의료 대상질환(WHO)

호스피스 · 완화의료의 대상질환은 말기암을 포함한 만성질환으로 다음과 같이 확대되어가고 있다.

1) 성인 질환

(1) 암
(2) 후천성면역결핍증(AIDS)
(3) 심혈관질환
(4) 간경변, 신부전, 만성호흡부전
(5) 당뇨
(6) 다발성 신경증

(7) 파킨슨병
(8) 알츠하이머형 치매
(9) 류마티스성 관절염
(10) 다제내성 결핵

2) 소아 질환

(1) 암
(2) 심혈관질환, 간경변증
(3) 선천성 기형
(4) 혈구면역질환
(5) 후천성면역결핍증(AIDS)
(6) 뇌염, 신장질환

6. 국내 · 외 호스피스 · 완화의료

1) 국 내

1965년 3월, 호주의 자원봉사 의사 1명과 '마리아의 작은 수녀회' 수녀 4명(간호사, 방사선사, 임상병리사, 약사) 및 직원 22명으로 강릉에 '갈바리 의원'이 세워져 임종자들을 간호하기 시작한 것이 우리나라 호스피스의 효시였다고 할 수 있다.

1978년에는 '요셉의 집'이라는 임종방을 마련하여 주변의 어려운 환자를 돌보았으며 1981년에는 14개의 침상을 마련하여 지속적인 24시간 호스피스 입원실을 운영하면서 정기적인 가정방문 간호를 실시하였다.

1981년 8월, 가톨릭대학교 의과대학과 간호학과 학생들 중심으로 학생호스피스 활동이 시작되었고 같은 해 10월에는 서울 성모병원에서 내과병동 암환자를 중심으로 간호집담회를 열어 1982년 6월부터 호스피스 활동모임이 시작되었다.

1987년 3월, 서울성모병원과 강남성모병원에 호스피스과가 개설되었고

1988년, 성바오로병원 호스피스과가 신설되었으며 10월에는 강남성모병원에 10병상의 호스피스 병동이 신설되었다. 또한 같은 해 세브란스 암센터와 춘천 성골롬반의원에서 가정호스피스 활동을 시작하였다.

1990년 2월에 가톨릭사회복지회에서 가정호스피스 프로그램을 시작하였으며

1992년 3월, 한국가톨릭호스피스협회가 창립되었다.

1995년 10월에는 가톨릭대학교 간호대학에 WHO 인정기관인 호스피스 교육연구소가 개설되어 전문교육과 기타 프로그램을 운영하고 있다.

연도별 호스피스·완화의료 설립 및 주요 사건을 살펴보면 다음과 같다.

년 도	주요 사건
1965	강릉 갈바리의원 개원
1998	한국호스피스·완화의료학회 창립
2003～2004	보건복지부 호스피스·완화의료 시범사업 시행
2006	'암정복 2015' 발표
2008	보건복지부 말기암환자 완화의료전문기관 지정
2009	호스피스·완화의료 수가 시범사업 시행
2011	암관리법 개정 - 말기암환자 완화의료 법적 근거 마련
2015. 7	호스피스·완화의료 건강보험급여 적용 시작
2016. 3	가정호스피스 수가 시범사업 시작
2016. 8	요양병원 호스피스·완화의료 수가 시범사업 시작
2016. 2	호스피스·완화의료 및 연명의료결정에 관한 법 공포
2017. 8	호스피스·완화의료법 시행
2018. 2	연명의료결정법 시행

2) 국 외

(1) 미 국

메디케어(Medicare)에서 호스피스를 위해 예산을 사용할 수 있고 민간 보험회사들에게도 메디케어, 메디케이드의 호스피스를 위한 자원이 제공된다. 또한 보험이 없거나 보험액이 적은 환자들은 본인이 직접 서비스에 대한 비용을 지급하였다.

① 메디케어 호스피스 급여 제도

메디케어 호스피스 제도의 급여 자격, 서비스 범위, 수가 등은 다음과 같다.

※ 메디케어 호스피스 급여를 받을 수 있는 조건

㉠ 메디케어 파트 A (hospital insurance) 급여자격이 있고 주치의와 호스피스 의사가 말기질환이고 질병이 진행될 경우 기대여명이 6개월 미만이라고 증명해야 한다.

㉡ 말기질환을 치료하기 위한 메디케어 급여 대신에 호스피스·완화의료를 선택한다는 서명을 해야 한다.

㉢ 메디케어로부터 승인받은 호스피스·완화의료를 받을 경우 서비스로는 의사의 치료, 증상 및 통증조절, 가정간호서비스, 물리치료, 작업치료, 사회복지서비스, 영적 상담, 가족상담, 단기 케어 등 다제팀에 의해 제공되는 의료에 대한 급여서비스 등이 있다.

㉣ 수가는 서비스 제공 장소 및 중증도에 따라 일반 가정간호, 지속적 가정간호, 일반 입원간호, 단기 입원간호 4가지로 구분되며 1일당 일정한 금액이 정해져 있다.

ⓐ 일반 가정간호 : 생활보조시설이나 장기요양시설을 포함하여 환자가 1차 거주하는 곳에서 받을 수 있는 서비스

ⓑ 지속적 가정간호 : 일반 가정간호와 같이 가정에서 일당 8-24시간 동안 제공되는 서비스로 수가는 시간당 산정하며 케어의 50% 이상이 간호사에 의해 제공

ⓒ 일반 입원간호 : 가정에서 관리될 수 없는 경우 이용하게 되며 독립시설형이나 일반병원의 병동이나 병상에서 서비스 제공

ⓓ 단기 입원간호 : 환자를 돌보는 보호자 휴식을 위해 제공되는 서비스로 한번에 5일까지 이용가능

메디케어 호스피스 서비스를 이용하는 환자의 본인부담은 원칙적으로 없으나 가족의 휴식을 위한 단기 입원간호의 경우 1일 비용의 5%를 환자 본인이 부담하고 처방 의약품에 대해서도 5%를 부담

ⓜ **호스피스 상한**(hospice two cap) : 메디케어에서 호스피스 급여를 시행하는 목적 중의 하나가 말기에 불필요하게 지출되는 비용을 절감하기 위함이다. 이를 위해 메디케어는 호스피스 급여에 두 가지 상한을 두고 있다.

ⓐ 입원일수 상한(inpatient cap)으로 연간 급여일수 중 입원급여일수가 20% 이상이 될 수 없으며, ⓑ 급여비용 상한(aggregate cap)으로 당해 회계연도의 급여비용이 특정 금액을 초과할 수 없다(2010년 기준).

(2) 일 본

일본 호스피스·완화의료의 도입은 1970년대 영국의 '성 크리스토퍼 호스피스'에 대한 신문보도와 몇 명의 임상의사들이 호스피스에 관심을 가지고 죽어가는 환자에 대한 팀적 접근을 시도한 것에서 출발한다.

1981년 호스피스·완화의료 병동이 개설되면서 1990년 호스피스·완화의료 건강보험수가 항목이 신설되었으며 1991년에 '전국 호스피스·완화의료병동 연락협의회'를 결성하여 호스피스·완화의료의 질 향상 및 프로그램 개발 및 보급 역할을 수행하게 된다.

1996년에 호스피스·완화의료학회가 설립되었고 1997년에 '호스피스·완화의료 병동 승인 시설에서의 호스피스·완화의료 케어 프로그램의 기준'이 마련되었다.

호스피스·완화의료제도는 완화의료병동 입원료를 통하여 말기환자 호스피스·완화의료에 대한 보험급여를 실시하여 말기환자에 대한 진료 및 돌봄을 포괄적으로 평가하여 산정하고 있다.

(3) 대 만

1990년 대만의 멕케이 기념병원에서 최초의 호스피스·완화의료 병동이 설립되었고 1994년 Buddhist Lotus Hospice Care Foundation이 설립되었다.

1995년 보건부 주관으로 호스피스·완화의료 회의 개최 후 「Taiwan Hospice Organization」이 설립되었고 1998년 맥케이 기념병원 호스피스·완화의료 센터가, 1999년에는 「대만 호스피스·완화의료학회」가 설립되었다.

2000년 1월부터 2001년 6월까지 호스피스·완화의료 국민건강보험 급부 시범사업을 실시하였고 마침내 2001년 6월 호스피스 의료조항이 제정되어 공포되었다.

대만에서는 1995년부터 보건부(건강증진국 암 관리과)에서 호스피스·완화의료 관련 단체의 전문가에게 교육비를 지원하였고 1996년부터는 호스피스·완화의료 병동에 대한 재정지원 및 국민건강보험으로 가정 호스피스가 실시되었다.

호스피스·완화의료 병동은 병원 내 독립구역에 설치되어야 하고 환자 및 그 가족을 대상으로 의사가 주도한 팀 접근에 의한 서비스를 종합적이고 연속적으로 제공하여야 한다. 팀 구성원으로 80시간 이상의 호스피스·완화의료 관련 교육을 필한 주치의와 간호사 각각 1인 이상, 영양사, 약사 등이 반드시 포함되어야 한다.

가정 호스피스는 전문의의 진단과 의뢰를 거쳐 서비스를 제공할 수 있고 의사는 매주 1시간의 방문진료를 실시하고 이때는 방문간호사 1인이 동행해야 한다.

2000년 6월부터 국민건강보험에서 호스피스·완화의료에 대한 지급을 개시하여 보험에서 지급되지 않는 부문은 별도의 지불체계에 의해 환자가 비용을 부담하게 된다.

(4) 영 국

1840년 Elizabeth Fry가 독일의 호스피스·완화의료 시설 카이저스베르트를 방문한 후 영국으로 돌아와 간호학의 창시자인 나이팅게일에게 영향을 주었고 나이팅게일은 그녀의 저서에서 '치유할 수 없는 것을 견뎌야만 된다고 주장하는 것은 간호사에게 가장 위험한 것이다. 인내와 포기는 부주의와 무관심의 또 다른 표현이다.' 라고 했는데 이것은 현대 호스피스·완화의료의 주된 개념이기도 하다.

현대 호스피스·완화의료 운동의 선구자인 시슬리 손더스는 그의 저서에서 「고통이란 신체적인 것뿐만 아니라 정서적·사회적·경제적·영적인 것과 관련이 있어 전인적인 이해와 치료가 필요하다」고 제창하였다. 또한 시슬리 손더스는 1935년부터 성 누가 병원에서 '진통제의 규칙적 투여'를 치료법으로 실시하였고 이것으로 현대 호스피스·완화의료의 통증조절의 기초로 삼았다. 1950년 후반에는 말기환자와 관련된 통증조절을 위해 '성 크리스토퍼 호스피스'를 설립하였고 이는 미국과 캐나다의 호스피스 모델이 되었다. 이곳에서는 영적 돌봄 및 정서적 돌봄과 함께 말기질환 관련 증상과 통증조절에 초점을 두었다.

(5) 캐나다

호스피스·완화의료란 '말기 환자와 가족에게 통증 및 증상관리와 돌봄 제공 및 사회·문화·정서·영적 지원, 비통과 상실에 대한 상담 제공 등 종합적인 접근을 통해 신체적, 심리적, 사회적, 정신적 문제와 관련된 요구, 불안에 대처하도록 도움을 주는 것'으로 정의하고 있다. 호스피스·완화의료의 원칙은 환자와 가족을 중심으로 윤리적이어야 하며 높은 질과 팀 기반의 다학제적 케어를 원칙으로 안전하고 효과적이어야 하며 적재 적소에서 모든 사람이 서비스에 동등하게 접근할 수 있어야 한다. 6개월 미만의 예후가 예상되며 증상 완화에 중점을 두고 자연스러운 임종을 위해 연명의료를 하지 않음에 동의하는 환자를 호스피스·완화의료 대상 기준으로 하고 있다.

가정형 호스피스의 재정은 주 정부 건강보험의 홈케어 예산에서 지급되지만 약·장비 경비가 전부 지급되지는 않아 일부에서는 사보험이나 자비 부담을 통해 해결하는 경우도 있다. 호스피스 비용의 50%는 기부에 의존하며 나머지의 약 25%의 비용을 가족들이 부담하고 있다.

7. 가정 호스피스·완화의료 확대

1) 가정 호스피스·완화의료의 필요성

가정 호스피스·완화의료는 호스피스 철학에 알맞게 가족과 함께 일상생활을 유지하면서 가장 편안하고 친숙한 환경에서 살아가도록 호스피스·완화의료 서비스를 제공하는 것인데 가정에서도 적극적인 통증과 증상관리, 환자와 가족을 위한 전인적 돌봄이 제공되고 24시간 on call 서비스 및 응급상황 관리가 이루어지므로 말기 환자들의 삶의 질을 향상시킬 뿐만 아니라 병원에서 퇴원하여 가족들과 함께 남은 시간을 보내고 편안한 임종을 맞이할 수 있게 된다. 의료기관에서 퇴원 후에도 연속적인 돌봄을 받을 수 있는 기회가 생기게 되어 말기 환자의 퇴원이 증가하게 되고 의료자원을 효율적으로 활용함으로써 낭비를 막을 수 있고 또한 시설이나 장비의 투자가 많지 않음으로 완화의료 병동을 확대하기 어려운 상황에서 완화의료 서비스를 확대할 수 있는 방법이 될 수 있으므로 말기 환자의 삶의 질 향상이라는 정책적 목표와 재정 절감의 목표 달성에 기여할 수 있는 서비스이다.

2) 가정 호스피스·완화의료체계와 역할

지금까지 우리나라의 호스피스·완화의료 정책과 지원은 병원 내 입원형 호스피스·완화의료에 집중되어 있어 가정 호스피스를 말기 환자를 위한 의료서비스의 기본 형태로 하고 단기간의 입원 치료로의 연계를 권장한 세계보건기구의 공공의료 전략이나 유럽과 북미 국가들, 대만과 싱가포르를 포함한 여러 선진국들의 의료체계와 차이가 있다(National Hospice Palliative Care Organization, 2012). 건강보험심사평가원은 완화의료 수가 개발 연구보고서에서 위급한 상태에서 입원 치료를 하되 가능한 가정에서 호스피스 서비스를 받는 것이 바람직하며 이를 위해 단계적으로 현재 3차 의료기관에 집중되어 있는 말기 환자가 지역의 호스피스·완화의료 전문기관과 가정 호스피스로 옮겨갈 수 있도록 연계체계를 구축할 것을 제안한 바 있다.

3) 가정 호스피스 · 완화의료 활성화 방안

정부에서는 호스피스 · 완화의료 활성화 방안으로 완화의료팀(Palliative Care Team, PCT), 가정 호스피스 · 완화의료, 완화의료 전문기관(병상) 확대 및 관리 등을 마련하고 있다. 세부 내용으로는 병상 신설 및 운영 지원, 건강보험수가 제도 도입, 의료기관 평가항목 신설, 완화의료 전문기관 지정/취소 강화 및 대국민 이해 및 인지도 향상을 위해 '완화의료' 명칭을 '호스피스 · 완화의료'로 개정하고 의료진 교육, 대국민 맞춤형 홍보안내 등을 강화하고 있다.

가정 호스피스의 활성화를 위한 전제로 호스피스 · 완화의료의 활성화가 이루어져야 하며 이를 위한 방안으로 다음과 같은 내용을 제안하는 바이다.

(1) 가정 호스피스 접근성 제고

호스피스 유형 간의 통합적 서비스는 호스피스 이용환자를 중심으로 제공될 수 있도록 병원 내 입원 호스피스 기관의 가정 호스피스 제공 의무화와 호스피스 병동이 없는 의료기관이더라도 독립적인 가정 호스피스를 제공할 수 있는 체계가 마련되어야 한다.

(2) 적극적인 통증 및 증상조절 제공 및 가정 간병서비스 체계 구축

말기 환자 돌봄에 대한 가족의 심리적 부담, 통증 및 신체 증상 조절 어려움, 돌볼 사람이 없어서 등이 환자가 가정으로 퇴원하기 어렵고 가정에서 지내지 못하는 주된 이유로 조사되었다. 따라서 가정에서도 병원처럼 적극적인 통증 및 증상조절이 가능하고 가정 호스피스 서비스의 질 평가와 간병 서비스를 제공할 수 있는 체계가 검토되어야 하며 호스피스팀의 방문 횟수 증가와 마약, 비마약을 활용한 적극적인 통증 조절이 필요하다.

(3) 호스피스 연계체계 구축

대만의 경우 병원 호스피스 · 완화의료의 대부분이 방문 호스피스로 병원의 입원환자가 호스피스 대상자로 승인되면 입원 서비스를 최소화하고 방문 호스피스로 의뢰하도록 하는 제도적 장치를 갖추고 있다. 또한 진단 초기나 심한 증상이 있는 경우에만 병원 호스피스에서 치료를 받은 후 가정 호스피스로 이동되어 안정적이고 편안한 돌봄을 받을 수 있도록 연계체계를 구축하고 있다. 따라서 병원과 가정 호스피스를 연계한 체계 구축이 필요하다.

(4) 호스피스 클러스터 구축

재가 암환자 관리에 있어 보건소와 병·의원 및 호스피스 전문기관과의 연계를 통한 통합적인 서비스를 받을 수 있도록 네트워크를 구축하는 것이 필요하다. 일본의 경우 지역포괄 케어시스템과 재가케어 중심의 서비스 실현을 위해 상호연계 정책을 펼치고 있으며 완화케어도 거점병원을 중심으로 기존 완화케어팀 인력에 심리상담과 영양, 물리치료와 치위생 등을 추가하여 유기적으로 통합 운영하도록 정비하고 있는 바 일본의 사례를 우리 현실에 맞게 접목하는 것도 필요하다. 따라서 지역 내 호스피스 거점병원을 중심으로 요양병원과 요양시설, 보건소, 동네 의원들을 하나의 유기체로 결합하여 거점병원이 호스피스 돌봄의 중심이 되고 요양병원이나 요양시설, 가정의 말기 환자들에게 가정 호스피스 서비스를 제공하는 이른바 '호스피스 클러스터'를 구축하는 것도 가정형 호스피스를 활성화시킬 수 있는 방안 중 하나라고 생각한다.

(5) 전문적인 돌봄제공자 지원

호스피스 돌봄을 받는 순간 죽음이 가까워진다는 부정적인 인식을 감소시키는 역할이 필요하다. 또한 가족의 돌봄에 대한 정신적·육체적·경제적 부담과 가족의 갈등을 중재할 수 있는 프로그램 개발이 필요하다.

가정 호스피스는 가족과 지인들뿐만 아니라 전문적 돌봄 제공자에 의한 돌봄 지원이 필요하다. 호스피스 초기 단계에서부터 환자의 상태에 따른 돌봄을 제공하고 필요 시 언제든지 응급실이나 호스피스 전문 병동을 연결해 주고 환자와 가족에게 일상생활에 관련한 문제에 대해서도 상담해 줄 수 있는 전문적 돌봄 제공자를 양성 지원하여야 한다.

(6) 요양시설의 호스피스 제공

'호스피스·완화의료에 관한 법률'에 호스피스 기관으로 요양시설을 포함시켜 말기 환자에게 생애 말기 돌봄 기회를 제공해야 하며 호스피스 전문기관과 요양시설 간 협약을 통해 체계적이고 안정적인 환자 관리가 되도록 네트워크를 마련하여야 한다. 특히 요양시설 입소환자의 문제 발생 시 환자에게 적절한 조치를 한 경우에는 외국 사례처럼 면책 가능토록 법 제도의 도입이 필요하다. 또한 의사 소견과 가족 동의로 요양시설 가족실에서 편안한 임종을 맞이할 수 있는 제도의 도입과 사망 시 사망 진단서 발급과정의 간소화도 필요하다.

(7) 원격의료를 활용한 가정 호스피스·완화의료 확대

코로나19 팬데믹을 계기로 비대면 사회로의 변화, 고령자 증가로 인한 만성질환자의 증가, 그리고 건강증진에 대한 수요 증가라는 세 가지 측면에서 원격의료는 주목받고 있다. 원격의료가 확대되면 적은 의료 인력으로 보다 많은 환자를 돌볼 수 있으며 병상 등 의료시설에 대한 비용이 절감되고 환자 이송에 관련 교통비용을 절감할 수 있게 된다. 호스피스·완화의료의 경우에도 치료보다는 통증 완화 및 정서적 지지의 역할이 크므로 가정이나 요양시설에서 원격의료를 통한 관리가 효과적이다.

우리나라에서는 의료계의 반발로 인하여 원격의료의 시행이 늦어지고 있지만 의료기술, IT 및 정보통신기술의 발달로 격지나 오지의 환자, 만성질환자, 전염병으로 인한 긴급한 상황 등에서 원격의료의 필요성은 더욱 커지고 있다. 따라서 안전성을 문제로 원격의료의 도입을 계속 미루지 말고 시급히 의사–환자 간의 원격의료를 허용하여야 할 것이다.

가정 호스피스·완화의료는 대부분이 임종이 얼마 남지 않아 별도의 수술이나 치료가 필요 없이 의료진의 가정 방문을 통한 돌봄이 필요한 환자들을 대상으로 서비스가 제공되므로 의료진의 가정 방문을 원격의료로 대신한다면 가정 방문에 필요한 시간과 비용을 줄이고 가족들의 간병부담을 줄임으로써 환자들의 삶의 질을 향상시킬 수 있는 좋은 방안이 될 수 있다.

가정 호스피스를 호스피스·완화의료의 기본모형으로 운영하고 있는 국가에서는 호스피스 관리가 입원율과 입원 기간을 줄이는데 결정적 기여를 하며 사망 전 의료비 지출을 64%까지 절감할 수 있다고 보고하고 있다. 이는 말기 환자들이 임종에 이르기까지 의료기관이 아닌 가정이나 요양시설에서의 호스피스 이용률을 높이기 때문이며 가정 호스피스가 중요한 역할을 담당함을 의미한다. 늘어나는 말기 환자들의 인력과 병상 부족 문제를 해결할 수 있는 대안으로 원격의료 활용을 통한 가정 호스피스·완화의료를 확대하는 방안은 필수적이라 할 수 있다.

“대한민국 의학수준 걸맞는 호스피스병동 절실”

수 년 전만 해도 일반인들에게 호스피스가 잘 알려져 있지 않았으나 최근 호스피스전문기관이 꾸준히 증가하고 있고 대중매체나 언론에서도 관련 내용들을 많이 다루고 있어 일반인의 호스피스에 대한 인식이 날이 갈수록 개선되고 있는 것 같다.

특히 ‘호스피스 · 완화의료 및 임종과정에 있는 환자의 연명의료결정에 관한 법률’의 본격적인 시행을 앞두고 말기환자가 접하게 될 의료적 상황에 대한 논의도 사회 각계 각층에서 활발하게 이루어진 바 있다.

또한 올해 8월부터는 호스피스 · 연명의료 결정법의 대상환자가 말기암환자에서 만성 폐질환, 간경변, AIDS 환자들로 확대되어 적용됐다.

법 적용과 실행의 면에서 아직도 여러 가지 현실적인 문제들이 있지만 일반인들에게 호스피스에 대한 이해가 넓어지고 있는 면에서는 어찌됐든 환영할만한 일인 것은 사실이다.

인하대병원도 2년 전부터 호스피스 · 완화의료 전문병동을 개설해 운영하고 있다.

이전까지는 최신의학을 바탕으로 의료적인 면에서 암환자들을 돌보아 왔으나 호스피스병동을 통해 과거에는 채울 수 없었던 말기암환자들의 요구들에 더욱 주시하고 전인적인 돌봄을 제공할 수 있게 됐다.

병동을 운영하면서 내 자신에게도 많은 도전과 변화가 있었던 것 같다.

말기환자들이 더 이상 치료방법이 없는 절망에 빠진 사람들이 아니라 그들만의 소중하고 존엄한 시간을 보낼 권리가 있는 존중받아야 하는 사람들임을 더욱 느낄 수 있었다.

생의 마지막 순간들을 용기있게 받아들이고 하루하루를 능동적으로 살아내는 환자들을 만날 때면 의사로서 뿐아니라 한 인간으로서 많은 것을 배우고 깨닫기도 했다.

환자 가족과 친지들의 헌신적인 돌봄 속에서 서로의 상처가 치유되고 관계가 회복되는 순간들을 보는 것도 나에겐 특별한 기회였다.

하지만 안타까운 순간들도 많다. 호스피스에 대한 편견으로 입소하는 것을 주저하다가 뒤늦게 전실돼 이렇다 할 돌봄을 받지 못하고 임종 돌봄만 받게 되는 환자와 가족들을 볼 때면 병동 운영 외에도 환자와 가족의 인식개선을 위해 해야 할 일들이 아직도 많음을 절감하게 된다.

병동에 오길 원했지만 병실이 나지 않아 끝내 일반병동에서 임종을 맞이하는 환자를 보는 것도 불편하다. 환자를 간병하느라 육체적으로나 정신적으로 또 간병비를 대느라 경제적으로 소진되는 가족들을 보는 것도 마음 아픈 일이다.

이전에는 환자의 간병을 위해 직장을 그만두거나 가정의 일을 뒤로 미루고 가족들이 간병을 전담하면서 급격히 소진되는 일이 비일비재했다. 가족의 간병이 여의치 않아 개인 간병인을 고용하는 경우에는 병원비의 서너배가 되는 비용을 지불하는 바람에 경제적인 어려움을 겪던 가족들에게 더 큰 부담이었다.

다행스럽게 완화의료도우미(간병서비스)제도가 시행돼 저렴한 비용으로 훈련된 전문 간병인의 도움을 받을 길이 열렸다. 인하대병원도 지난 5월부터 간병서비스제도를 시행하면서 이런 가족들의 짐이 크게 덜어져 환자와 의미 있는 시간을 나누는 일에 집중할 수 있게 됐고 간병의 수준도 향상됐다.

우리나라 호스피스완화의료가 최근 급격하게 성장한 것은 사실이지만 이상적인 호스피스를 실현하기 위해서는 아직도 해야 할 일이 많은 것 같다.

정부 차원에서 지속적으로 전문기관을 늘리려고 노력하고 있고 가정간호서비스나 자문형 호스피스와 같은 사업도 진행 중이거나 진행 예정이다.

하지만 아직도 환자와 가족의 인식 개선이 필요하고 전문인력 양성이나 자원봉사자 확보도 시급한 상황이다.

새로 실행될 호스피스·연명의료법에도 호스피스·완화의료에 도움이 될지 우려스러운 부분이 있어 추가적인 논의가 필요할 것으로 보인다. 기존의 호스피스 전문기관의 지속적인 질관리도 꾸준히 요구되고 있으며 원활한 돌봄을 제공하기 위한 수가체계 개선이 필요하다.

이런 모든 노력들을 통해 세계 어느 나라와도 견줄만한 대한민국 의학수준에 걸맞은 호스피스·완화의료가 자리매김할 수 있기를 바란다.

출처: 데일리메디, 이현규, "대한민국 의학수준 걸맞는 호스피스병동 절실", http://www.dailymedi.com/detail.php?number=821659, 2017. 08. 20.

‘호스피스로 삶을 마무리하는 사람들’

다양한 분야의 전문가들로 구성된 호스피스·완화의료의 주요 목표는 말기환자의 통증과 증상을 조절해줌으로써 삶의 질을 유지시키는 것입니다.

호스피스·완화의료 돌봄에는 독립형 호스피스와 산재형 호스피스 그리고 가정형 호스피스가 있습니다. 일반적으로 말기환자 및 가족들은 호스피스·완화의료 병동에 대해 ‘죽으러 가는 곳’ ‘버려지는 곳’이라는 생각을 갖고 있습니다. 그래서 호스피스·완화의료를 권유받으면 먼저 서운함을 느끼곤 합니다. 하지만 실제 호스피스의 돌봄을 직접 경험한 환자들은 매우 긍정적인 평가를 내립니다. 그리고 일반 병원보다 인간적인 따뜻함과 친절함을 경험했다고 합니다.

이제는 여기가 오히려 우리 집처럼 편해요

지금은 괜찮지만 처음에는 진짜 무서웠어요. ‘일단 그곳에 들어가면 죽기 전에는 나올 수가 없다.’ 그렇게 들었거든요. 그런데 지금은 안 그래요. 눈이 좀 불편할 뿐 뛰어다닐 수도 있어요. 언젠가 집으로 외출을 나갔는데 이상하게 여기가 우리 집처럼 생각되면서 빨리 돌아오고 싶은 거예요. 여기는 길도 전부 평평해서 걸리는 게 없잖아요. 그런데 집에 가면 밖을 못 나가요. 길이 울퉁불퉁하니까 이리 자빠지고 저리 자빠지고. 이제는 여기가 진짜 우리 집처럼 편해요.

통증을 완화할 수 있다면 거기서부터 다시 시작해보자 했죠

나는 호스피스 병원에 죽으려고 들어온 건 아니에요. 통증 완화 때문에 들어왔어요. 나는 통증이 제일 무서워요. 통증이 한 번 왔는데 식은땀이 막 나면서 장난이 아니더라고요. ‘이대로 죽는 거 아닌가?’ 싶을 정도로 엄청난 고통이었어요. 그래서 ‘일단 통증을 완화시켜준다니까 거기서부터 다시 시작을 해보자, 조그만 희망이라도 갖고 다시 시작해보자.’ 하고 들어왔어요. 기력이 회복되면 퇴원을 하라고 했으니까 퇴원해서 또 도전을 할 겁니다. 조금이나마 운동도 하고……. 살아있는 순간만큼은 내일을 위해 어떻게든 도전을 해야죠. ‘내일 세상의 종말이 와도 오늘 한 그루의 사과나무를 심겠다.’ 그러잖아요?

출처: 질병체험이야기 연구팀, 호스피스로 삶을 마무리하는 사람들, 한빛라이프, 2015. 09. 20.

〈관련 동영상〉

1. 「목 숨」

남은 시간 평균 21일. 삶의 끝에서 잠시 머물며 이별을 준비하는 곳, 호스피스.

누군가의 아버지, 어머니 그리고 사랑하는 사람들이 이곳에서 마지막을 준비한다.

누구도 피할 수 없는 임종 앞에서야 진심으로 사랑하며 마치 처음인 듯 뜨겁게 살아가는 사람들의 이야기가 펼쳐진다.

출저 : 네이버 영화
http://movie.naver.com/movie/bi/mi/basic.nhn?code=130378

2. 「EBS 다큐프라임 – Docuprime_가족쇼크 7부 마지막 식사」

'우리 가족에게 인사할 시간이 필요합니다. 함께 하는 동안에 그 누구보다 서로 사랑하고 감사했노라고'

삶의 마지막 순간을 함께하는 가족의 이야기.

출처: ebs 다큐프라임
http://home.ebs.co.kr/docuprime/index...
https://youtu.be/Y5HoltWCzyE

존엄한 죽음 돕는 완화의료·호스피스 확대 필요 – 죽음으로 가는 길도 편안할 수 있다

죽음은 피해갈 수 없다. 죽음에 대한 공포는 가장 원초적이다. 더구나 죽음으로 가는 길은 순탄치가 않다. 암처럼 극심한 통증을 견디다 죽기도 하고, 중풍처럼 움직이지 못하면서 멀쩡한 정신으로 살아야 하는 고통도 겪는다. 치매처럼 모든 자아를 잃고 딴사람이 되어버리는 일도 늘어나고 있다. 그래서 강녕하게 천수를 누리다 자는 듯 돌아가시는 어른은 부러움을 산다.

생과 사에 대해 원숙한 태도를 가질수록 죽음에 대한 공포는 줄어든다. 종교도 크게 기여한다. 개인적 성숙도가 중요하지만, 그것이 전부는 아니다.

사회적 지지 체계가 잘돼 있을수록 죽음으로 가는 길은 편안해진다. 완화의료와 호스피스는 이런 목적의 대표적 프로그램이다. 죽음을 자연스러운 과정으로 받아들이도록 지원해준다. 익숙한 환경에서 가족, 친지들과 함께 죽음을 맞이할 수 있도록 해 준다.

그런데 한국에서는 암, 에이즈, 만성 폐쇄성호흡기질환, 만성 간경화 등으로 이를 국한해 다른 질병으로 죽어가는 환자들은 나라의 혜택을 받을 수 없다. 호스피스 제공 기관은 통틀어 181곳밖에 되지 않는다. 결국, 만성질환으로 돌아가시는 분의 10% 정도가 겨우 이용하고 있다.

한국은 여전히 통증 관리가 부족하다. 마약성 진통제 사용에 소극적인 제도와 관행이 있다. 적어도 통증은 없이 죽을 수 있도록 하는 것이 존엄한 죽음의 첫걸음 아니겠는가? 중풍이나 치매 같은 유형의 질병에는 다양한 방문 서비스와 주·야간 보호 서비스를 적극적으로 제공하는 것이 매우 중요하다.

다른 한편, 연명의료를 줄이는 과제가 있다. 연명의료는 치료 효과는 없으면서 임종 시간만 연장하는 무의미한 의료를 뜻한다. 2018년 이후 본인 또는 가족의 선택으로 연명의료를 포기할 수 있게 됐다. 누구나 건강보험공단 지사 등에서 사전연명의료의향서를 작성하면 된다. 이렇게 포기 선언을 한 분들이 지금까지 191만명에 달하고 28만명이 실제 이행했다. 그런데 연명의료 중단을 실시할 수 있도록 승인 받은 의료기관 수는 1,808개에 불과하다.

죽음으로 가는 길은 고통스러운 것으로 누구나 생각한다. 하지만 죽음을 더욱 편안하고 품위 있는 것으로 만들어주는 사회적 장치들이 많이 있다. 한국도 이런 제도를 대폭 확대해야 할 때가 됐다. 올해 돌아가실 분의 수는 34만명이고 2040년에는 53만명이 된다.

[출처] 김용익의 돌봄 이야기, 2023.7.
https://news.kmib.co.kr/article/view.asp?arcid=0924309853&code=14130000&cp=nv

제 10 장

장 례

제10장

장 례

1. 장례의식

1) 장례의식의 의미

(1) 죽은 자의 명복과 행복을 기원한다.

(2) 유가족들의 건전한 비탄을 해결한다.

(3) 관계나 질서의 재확립을 돕는다.

2) 장례의식의 기능

(1) 유체의 처리

(2) 죽음의 의미를 현실화하기

장례의식은 유족으로 하여금 죽음의 의미를 인정하고 받아들여서 고인으로부터 심리적으로 분리되도록 돕는 기능을 한다(Turner & Edgley, 1976).

(3) 재통합

유족은 사랑하는 사람의 죽음과 함께 붕괴된 세계를 새롭게 통합할 필요가 있고 장례의식과 죽음 이후의 다른 활동들이 이러한 과정을 시작하는 데 중요한 역할을 할 수 있다. 이처럼 장례식은 유족으로 하여금 고인의 죽음 이후 경험하게 되는 개인적·가족적·사회적·영적 분열을 극복하도록 도울 수 있다.

(4) 고인의 삶에서 죽음으로의 이동 중재

장례의식은 이승과 분리된 망자의 혼이 사자(死者)의 세계로 통합될 수 있도록 돕는 기능을 한다. 상례·장례 의식은 고인을 묘지에 묻는 것으로 끝나지 않고 전이기가 끝날 때까지 연장된다.

상례·장례는 생의 제일 마지막에 치뤄지는 의례로 산자인 상주와 죽은자인 망자는 함께 의례의 구조인 '분리' '전이' '통합'의 단계를 거친다. 죽은 자의 영혼이 이승에서는 분리되었으나 저승에는 완전히 통합되지 못한 전이기에 놓이게 되며 이 기간 동안 죽은 자의 영혼은 어느 때보다도 불안정한 상태에 빠지게 된다. 이때 상주는 영혼과 함께 자리를 지키며 영혼이 사자의 세계에 온전히 통합될 수 있도록 도와주는 역할을 한다(외국학종합연구센터, 2006).

3) 장례의식의 공통된 요소

(1) 정화(염습) : 시신을 씻기고 깨끗한 옷을 입히는 것

(2) 시신의 안치 : 유가족들이 사랑하는 사람의 죽음을 받아들이고 작별인사를 하도록 함

(3) 음식 제공

(4) 시신의 보전 : 미이라, 관 등

4) 시신처리 방식

(1) 매장

시신 혹은 시신을 넣은 관이 직접 흙에 접촉해 시신이 분해되어 자연으로 환원되도록 하는 장법으로 과거에는 비용이 다소 적게 들어가는 장법이었으나 현대에 이르

러 매장지를 구하기 어려워져 비용이 점차 많이 들고 있다.

(2) 화장

시신을 고온의 불로 연소시켜 완전하게 소멸시키거나 줄여 인위적으로 자연계에 환원되기 쉽게 하는 장법이다.

(3) 수장

시신을 물속에 넣는 장례법으로 고대 일본에서 많이 행해졌으며 주로 갈대로 만든 배에 시신을 실어서 바다로 흘려 보낸다.

(4) 풍장

시체를 그대로 혹은 관에 넣거나 짚 등으로 말아 야산, 동굴, 낭떠러지 등에 방치해 들짐승에게 먹히게 하거나 비바람에 의해 자연히 없어지도록 하는 자연의 풍화 작용을 기대하는 장법이다.

(5) 조장

죽은 사람을 장지로 옮겨 칼이나 도끼를 이용해 토막을 낸 후 독수리로 하여금 그 시체를 먹게 하는 것이다.

(6) 미라장

시신에서 뇌나 내장 등 부패되기 쉬운 부분을 꺼낸 후 약제를 이용해 방부처리하고 도포로 말아 관 속에 넣어 보존하게 된다. 죽음에 의해 일시적으로 신체를 떠난 영혼이 다시 신체로 돌아와 부활할 것으로 믿고 시체를 보존하려는 장법이다.

5) 장례의식 계획시 유의할 점

(1) 물질적인 면보다는 고인의 삶과 정신적 가치에 관심을 집중시키도록 한다.

(2) 고인의 죽음관, 내세관, 종교관을 점검하고 가족들과 의논하여 합리적으로 결정한다.

(3) 남은 가족들에게 위로가 되고 그들의 삶에 경제적으로 부담이 가지 않고 의미있는 의식이 되도록 계획한다.

2. 한국의 장례

1) 임종 전 준비

사랑하는 사람의 임종은 남은 이들에게 깊은 슬픔과 좌절을 남긴다. 그러나 임종이 예견될 때에는 예를 갖춰 고인을 보낼 수 있도록 장례에 대해 대비하여야 한다.

(1) 평소 이용하던 병원이 있다면 병원 연락처, 병명 등을 메모해 둔다.

(2) 사전에 장례계획을 세우고 궁금한 사항이 있으면 장례식장과 상담한다.

(3) 영정용 사진과 임종시 갈아입힐 깨끗한 옷 등을 준비해 둔다.

(4) 부고를 알릴 친지, 지인 및 단체 등의 연락처를 정리해 둔다.

(5) 유언이 있으면 침착하게 기록하거나 고인의 육성을 녹음해 둔다(유언을 기록할 경우 법률적 근거에 의하여 작성하여야 함).

(6) 임종시 장례식장으로 연락하길 원하면 영구차 등 장례식에 관련한 안내를 받는다.

① 자택에서 운명할 경우 : 병원 응급실에서 고인의 사망원인 규명을 위하여 검안하고 장례식장으로 이동하여 고인을 안치 후 상담한다(의사가 없는 시설기관에서 사망할 경우에도 동일함).

② 병원에서 운명할 경우 : 간호사에게 장례식장 사용여부를 통보하고 장례식장으로 이동하여 고인을 안치 후 상담한다.

(7) 관련서류

① 사망진단서

병원에서 치료 중 사망하는 경우

② 사체검안서

자택, 의사가 없는 시설기관, 외인사, 병원으로 이송 중에 사망한 경우 등

③ 검시필증 및 사체인도서

검사가 사망원인을 확인 후 발급되는 서류(사망종류가 병사가 아닌 외인사, 기타 및 불상사인 경우는 사망 장소의 관할경찰서에 신고하여 경찰의 지시를 받아야 함)

2) 장례 절차

(1) 장례 1일

① 임종

마지막 숨이 넘어가는 것을 말하며 운명이라고도 한다.

② 수시

㉠ 수시는 친척이나 친지 중 범절에 밝은 사람이 하도록 한다.

㉡ 눈을 곱게 감도록 쓸어내리고 팔다리를 매만져 가지런히 한다.

㉢ 탈지면으로 코와 입을 막아 오수의 누출이나 미물이 들어가지 않도록 한다.

㉣ 손발이 굽어지지 않게 곧게 펴서 남자는 왼손을, 여자는 오른손을 위로 하여 배위에 가지런히 올려놓고 두 다리는 똑바로 모아 백지나 붕대로 묶는다.

㉤ 머리에서 발끝까지 흰 천이나 희고 깨끗한 홑이불로 덮는다.

㉥ 수시가 끝나면 병풍이나 검은색 휘장으로 가리고 그 앞에 고인의 사진을 모시고 양쪽에 촛불을 켜고 향을 사른다. 이때는 영정에 검은 리본을 두르지 않는다.

㉦ 고인을 모신 방은 차게 하며 방을 비우지 않도록 한다.

③ 발상

㉠ 상이 났음을 외부에 알리고 상례를 시작함을 말한다.

㉡ 유가족은 흰색 또는 검정색의 검소한 옷으로 갈아입으며 귀걸이나 목걸이 등 치장을 하지 않는다.

㉢ 고인에 대해 애도하고 근신하며 큰소리로 곡하는 것은 삼간다.

㉣ 자택에서 하는 경우 근조(謹弔)라고 쓴 등을 대문 앞에 달아 놓거나 상중(喪中), 기중(忌中)이라 쓴 종이를 대문이나 집 입구에 붙여 초상을 알린다.

④ 장례 일정 및 방법

㉠ 장례방법 : 가족장, 단체장, 기타 고인의 사회적 지위나 활동, 유언에 맞추어 정하고 혹은 종교적 예식으로 할 것인지의 여부 등을 결정한다.

㉡ 화장 및 매장 여부를 결정하고 화장일 경우 화장장의 예약, 매장일 경우 묘지 등을 결정한다.

㉢ 부고대상 및 방법(이메일, 신문, 전화 등)을 정한다.

㉣ 기타 장례식장과 장례방법 절차 등에 대해 상담 및 자문을 받는다.

⑤ 부고

㉠ 고인과 유족의 친지나 친척, 지인, 단체 등에 알린다.

㉡ 부고에는 장례식장 및 연락처, 장례기간과 장지를 포함한다.

(2) 장례 2일

① 염습

㉠ 염습이란 시신을 정결하게 씻기어 수의를 입히는 것으로 입관 전에 행하는 절차이다. 전통적으로 향나무나 쑥을 삶은 물로 시신을 정결하게 씻었지만 근래에는 알코올 소독된 솜 또는 거즈를 사용하는 경우가 많다.

㉡ 전통적으로는 가정에서 하는 경우에는 남자의 염은 남자가, 여자의 염은 여자가 한다.

② 반함

전통적으로는 고인의 입에 불린 생쌀을 버드나무 숟가락으로 좌, 우, 중앙에 각각 1숟가락씩 넣고 동전이나 구멍이 뚫리지 않은 구슬을 넣어주고 망자가 먼 저승길을 갈 때 쓸 식량과 노잣돈이라 여겨 행하지만 현대적 장례에서는 생략하는 추세다.

③ 입관

㉠ 시신을 관에 모실 때는 시신과 관 사이에 깨끗한 보공(백지나 마포, 삼베, 혹은 고인이 입던 옷 중에서 천연섬유의 옷을 골라 둘둘 말아둠)을 넣어 시신이 움직이지 않도록 한다. 고인의 유품 중 염주나 십자가, 성경 등을 넣어 드리기도 한다. 입관이 끝나면 관보를 덮고 명정을 발치 쪽에 세운다.

㉡ 화장일 경우에는 관에 부장품을 넣어 드리지 않는다.

④ 영좌 설치

㉠ 고인 앞에 병풍이나 검은 취장을 치고 그 앞에 영좌를 설치한 후 영정에 검은 리본을 두른다.

㉡ 제사위에 영정을 모시고 영정 양 옆으로 촛불을 밝힌다.

㉢ 제상 앞에는 향탁을 놓고 향을 피운다.

㉣ 영좌의 앞에 문상객을 맞을 자리를 마련하고 옆에 상주자리를 깐다.

㉤ 상주의 자리는 거친 자리로 까는데 그 까닭은 죄인이라 초토에 몸을 둔다는 뜻으로 문상객을 맞는 상주들이 방석을 깔고 앉는 것은 잘못된 것이다.

⑤ 성복

㉠ 성복이란 정식으로 상복을 입는다는 뜻으로 상주(고인의 배우자, 직계비속)와 복인(고인의 8촌 이내의 친족)은 성복을 한다. 전통적인 상복으로 굴건제복(屈巾祭服)을 입는 것이 원칙이었으나 현대에 와서 이를 양복으로 입는다.

㉡ 성복을 올바로 입는 법

ⓐ 남자의 경우

- 한복 : 굴건제복 및 흰색(검정색) 바지저고리에 흰(검정) 두루마리를 입고 건을 쓴다.
- 양복 : 무늬없는 흰 와이셔츠에 검정색 양복을 입고 검은 넥타이를 맨다.
- 검정색 양말과 구두를 신는다(지역 및 가풍에 따라 두건을 쓰는 경우도 있다).
- 평상복 : 부득이한 경우 평상복을 입는데 이때에는 점잖은 색(감청색 계통)으로 입고 왼쪽 가슴에 상장 또는 흰 꽃을 달고 두건을 쓴다.

ⓑ 여자의 경우

- 흰색 치마저고리를 입고 흰색 버선(양말)과 흰색 고무신을 신는다(종교적 및 기호에 따라 검정색 한복을 입는다).
- 양장을 할 경우에는 검정색을 입으며 양말이나 구두도 검정색으로 통일하는 것이 좋다.
- 더운 여름이라도 긴 소매를 입고 속이 비치지 않는 단순한 디자인의 옷을 선택하며 액세서리를 달거나 치장을 하지 않도록 한다.
- 상복을 입는 기간은 장일까지 하되 상제의 상장(리본)은 탈상까지 한다.

⑥ 문상

㉠ 성복이 끝나면 문상을 받는다. 상주 및 유족은 근신하고 애도하는 마음으로 영좌가 마련되어 있는 방에서 문상객을 맞으며 문상객이 들어오면 일어나 곡을 하는 것이 일반적인 관습이다.

㉡ 상주는 죄인이므로 말을 해서는 안 된다는 전통의식에서 문상객에게 아무말도 하지 않는 것이 좋다고 하지만 간단히 고마움을 표하는 것도 좋다.
상주는 영좌를 모신 자리를 지키는 것이 우선이므로 문상객을 일일이 전송하지 않아도 된다.

(3) 장례 3일

① 발인

㉠ 영구가 집(장례식장)을 떠나는 절차이다.
관을 이동할 때는 항상 머리 쪽이 먼저 나가야 한다.

㉡ 종교의식

ⓐ 일반적 : 발인제(발인에 앞서 간단한 제물을 차리고 제사를 올리는 의식)

ⓑ 기독교 : 발인예배

ⓒ 천주교 : 발인미사

② 영결식

고인의 신분에 따라 가족장, 단체장, 사회장, 종교행사 등으로 하는데 단체장이나 사회장의 경우 장의위원회가 구성되어 주재한다.

③ 운구

㉠ 발인제가 끝난 후 영구를 장지까지 영구차나 상여로 운반하는 절차

㉡ 영구차를 이용할 경우에는 영정, 관(명정), 상주 및 유족, 문상객의 순으로 승차하고 상여의 경우에는 영정, 명정, 영구(상여)가 앞서고 상주가 따르며 문상객이 따른다.

④ 하관

㉠ 하관이란 장지에서 영구를 광중(壙中)에 넣는 것을 말한다.

㉡ 관을 수평과 좌향(坐向)을 맞추어 반듯하게 내려놓고 명정을 관 위에 덮는다.

㉢ 횡대를 가로 걸친 후 상주는 흙(取土)을 관 위에 세 번 뿌린다.

⑤ 성분 및 봉분

㉠ **평토** : 취토(取土)가 끝나면 석회와 흙을 섞어 관을 덮는 행위

㉡ **봉분** : 흙을 둥글게 쌓아 올려 잔디를 입힌다.

㉢ 지석 : 봉분이 끝나면 지문을 적은 지석을 묘의 오른쪽 아래에 묻는 행위

㉣ 위령제 및 성분제 성분이 끝나면 묘소 앞에 영좌를 모시고 간소하게 제수를 차린 뒤 고인의 명복을 빌고 영혼을 위로하는 제사를 올린다. 화장을 했을 경우 영좌를 유골함으로 대신해 제를 올린다.

㉤ 축문 : 전통방식과 현대식이 있음

⑥ 반우제 또는 초우

㉠ 묘지에서 위령제가 끝나면 상제들은 영위를 모시고 집으로 돌아와 그 날 영혼을 집에 맞아들이는 의식을 한다.

㉡ 제물을 생략하고 배례나 묵도로 대신하여도 되고 이로써 삼일 장례는 끝나게 된다.

3. 종교별 장례절차

1) 불교식 장례

임종에서부터 입관까지의 절차는 일반 상례와 거의 비슷하며 오직 영결식의 방법이 다를 뿐이다. 불교의 장례의식은 의례 법규인 〈직문의법〉에서 설명하고 있지만 자세하지는 않다.

영결식을 다비식이라고 하며 순서는 다음과 같다(최웅열, 2011).

① 개식	호상이 맡아서 한다.
② 삼귀의례	불(佛), 법(法), 승(僧)의 삼보(三寶)에 돌아가 의지한다는 의식을 주례승(主禮僧)이 행한다.
③ 약력보고	고인을 추모하고 유족을 위로하는 뜻에서 생전에 고인과 가까웠던 친구가 한다.
④ 착어	고인을 위해 주례승이 부처의 가르침을 설법한다.

⑤ 창혼	극락 세계에 가서 편안히 잠들라는 것으로 주례승이 요령을 흔들며 고인의 혼을 부른다.
⑥ 헌화	친지 대표가 고인의 영전에 꽃을 바친다.
⑦ 독경	주례승과 모든 참례자가 고인의 혼을 안정시키고 생전의 모든 관계를 청산하고 부처님의 세계에 고이 잠들라는 경문을 소리내어 읽는다.
⑧ 추도사	초상에는 조사라고 하며 일반에서 행하는 의식과 같다.
⑨ 소향	모든 참례자들이 향을 태우며 고인의 명복을 빈다.
⑩ 사홍서원	주례승이 하며 다음과 같다. ① 중생무변 서원도 : 중생은 끝닿는 데가 없으니 제도하여 주기를 맹세 ② 번뇌무진 서원단 : 인간의 번뇌는 끝이 없으므로 번뇌를 끊기를 원하는 맹세 ③ 법문무량 서원학 : 불교의 세계는 한량이 없으니 배우기를 원함 ④ 불도무상 서원성 : 불도보다 더 훌륭한 것이 없으니 불도를 이루기를 맹세코 원함
⑪ 폐식	영실식 절차가 끝났음을 선언한다.

2) 기독교식 장례

운명한 시신의 수시에서부터 하관에 이르기까지의 모든 의식 절차가 목사의 집례로 행해진다. 운명을 하면 찬송과 기도로 고인의 영혼을 하느님께 맡기는 의미의 예배를 보며 초종 중에는 날마다 목사의 집례로 기도회를 갖고 유가족은 빈소에서 기도회를 가지는데 찬송이 그치지 않도록 한다. 곡을 하지 않고 음식도 차리지 않으며 절도 하지 않는다. 또한 아침저녁으로 전과 상식을 올리지 않고 염습할 때에 묶지도 않는다. 영결식은 영구를 교회에 안치하거나 상가에서 간단하게 행하는 경우가 있으며 분향대신 영전에 꽃 한 송이씩 바친다. 하지만 일반 조객들을 위해 분향을 준비하기도 한다.

영결식 순서는 다음과 같다(최응열, 2011).

영결식	하관식
① 개식사 주례목사 말씀	① 개식사 주례목사가 말씀
② 찬송	② 기원
③ 기도 고인의 명복, 유족의 위로 기원	③ 찬송
④ 성경 봉독	④ 기도
⑤ 시편 낭독	
⑥ 신약 낭독	⑤ 성경 봉독
⑦ 기도	⑥ 기도 주례목사가 명복을 비는 기도
⑧ 고인의 약력보고	
⑨ 주기도문	⑦ 신앙고백
⑩ 찬송	⑧ 취토 상제들이 봉분 전 흙 한줌씩 관 위에 뿌림
⑪ 헌화 고인의 명복을 빌며 영전에 바침	
⑫ 출관	⑨ 축도 축복을 기도

3) 천주교식 장례

생전에 영세를 받은 사람은《성교 예규》에 의하여 장례를 치른다. 신자로서의 정신에 벗어나지 않는 한도 내에서 우리나라의 고유 풍습이나 장례의식을 존중하여 병행하기도 한다.

(1) 종부성사

마지막 숨을 거둘 때에 행하는 성사를 종부성사라고 하며 의식이 있을 때 신부를 청하여 종부성사를 받는데 오늘날에는 명칭이 바뀌어 병자성사라고 한다. 이 의식을 행하기 전에 가족들은 환자의 옷을 깨끗하게 갈아 입히고 성유를 바를 곳(얼굴, 눈, 코, 입, 손바닥, 발바닥)을 씻어준다. 또한 상위에 흰천이나 백지를 깔고 그 위에 십자고상과 촛대, 성수그릇, 성수채, 작은 그릇 등을 준비한다. 신부가 도착하면 상위의 촛대에 불을 밝힌 다음 신부와 환자만 남기고 다른 사람들은 모두 물러나는데 이는 고해성사가 있기 때문이다. 고해성사가 끝나면 노자성체, 종부성사, 임종 전 대사의 순서로 성사를 진행한다.

(2) 임종 전 대사

종부성사는 신부가 없이 운명했을 때에도 받을 수 있는데 이때에는 주위에 있는 사람들이 환자를 위로하고 격려하는 말을 해주고 성서 가운데 거룩한 구절을 골라 읽어준다.

(3) 운명

환자가 숨을 거둘 때는 성촉에 불을 켜는데 성촉이란 성랍으로서 신성한 용도에 쓰기 위해 보통의 것과 구별하여 만든 초를 말한다. 다음에는 임종경, 매괴경을 읽으며 기도문은 숨을 거둔 다음에도 얼마동안 계속해서 읽는다. 환자가 마지막 숨을 거둘 때에는 떠나는 마음을 편하게 하기 위해 주위 사람들은 될 수 있는 대로 흐느끼거나 통곡하는 것을 삼가야 한다.

(4) 초상

환자가 운명한 뒤에는 깨끗한 옷으로 갈아입히고 손과 발이 굳어지기 전에 가지런히 해준다. 이때에 손은 합장시켜 묵주나 십자가상을 쥐어주고 눈을 쓸어 감게 하며 입도 다물도록 해준다. 시신 머리맡의 상위에는 십자고상을 모시고 양쪽에 촛불을 켠 다음 성수 그릇과 성수를 놓는데 입관할 때까지 이런 상태를 계속 유지하며 가족들은 그 옆에 꿇어앉아 위령기도를 올린다.

(5) 위령미사

연옥에 있는 사람을 위해 천주께 드리는 제사로서 연미사의 바뀐 말이다. 환자가 숨을 거두면 이 사실을 바로 본당 신부에게 알리는 동시에 곧 미사 예물을 전하고 미사를 청한다. 그리고 장례 날짜와 미사 시간을 신부와 의논하여 정한다.

(6) 염습과 입관

신자의 가족이면 부탁을 하지 않아도 염습에 경험이 있는 사람이 와서 고인의 시신을 알코올로 깨끗이 닦고 수의를 입힌 다음에 입관해 준다.

(7) 장례식

장례일에 관을 성당으로 옮겨 위령미사와 사도예절을 행하며 입관 및 출관과 하관은 성교예규에 따라 거행한다.

(8) 하관

장지에 다다르면 묘지 축성을 기도하고 영구와 관중에 성수를 뿌린 후 하관기도를 하고 하관한다.

썰렁한 사흘 대신 '정성 어린 하루'… '작은 장례식' 주목

'창가의 고양이'라는 이름의 블로그를 운영하는 한 일본 여성은 지난해 12월 부친상을 당한 뒤 치른 장례 경험을 최근 블로그에 기록했다.

생전 한 고승의 가르침에 깊이 매료됐던 아버지는 자신이 죽거든 장례식을 치르지 말고 유골을 바다에 뿌려 달라는 말을 입버릇처럼 해왔다. 아버지의 유언과 상주로서의 책임감 및 친척의 반대 사이에서 갈등하던 그는 '작은 장례'를 전문으로 하는 장의사와 상의한 끝에 다음과 같은 몇 가지 원칙에 따라 최소 의식으로 상을 치렀다.

'발인 예식을 하지 않는다. 신문에 부고를 내지 않는다. 부의금과 조화를 받지 않는다. 가족장을 기본으로 하고 아주 가까운 친지들에게만 알린다. 조문 온 사람은 각자 자기가 하고 싶은 대로 예를 표하도록 한다.'

규모와 절차, 비용을 대폭 줄인 이른바 작은 장례식이다.

일본에서는 꽤 오래 전부터 이런 작은 장례식이 유행이다. 장례식 참석자가 20~30명인 가족장, 며칠씩 빈소를 지키지 않고 하루 만에 끝내는 1일장, 빈소없이 바로 화장을 하는 직장 등 규모와 절차를 간소화한 장례식이 수년 사이 큰 비율로 늘고 있다. 고령화 추세에서 비롯된 작은 장례식은 비용을 줄이는 경제적 측면 외에도 가족중심의 사적인 애도 문화를 확산시킴으로써 전통 장례문화의 근간을 흔들고 있다. 최근 인구 감소 및 고령화 추세로 볼 때 한국과는 무관한 딴 나라 얘기로 들리지 않는다.

썰렁한 빈소…꼭 사흘씩 지켜야 할까

지난해 여름 청십자장묘협동조합이 시작한 장례대행서비스 '심플한 장례식'은 가족장 298만원, 약식장 198만원, 화분수목장 49만원, 산골 수목장 49만원이라는 파격적인 가격을 내세웠다. 약식장의 경우 안치, 입관, 발인, 화장 및 수목장까지 업체에서 진행하고 추모의 형식과 내용은 유족들이 결정할 수 있다. 입관에서 발인까지 시간 동안 가족끼리 짧게 추모 여행을 떠나거나 집이나 식당을 빌려 조문객들을 맞거나 아예 추모 과정을 생략할 수도 있다. 회사 홈페이지에는 장례 상품 외에도 직접 장을 치르고 싶어하는 사람들을 위해 사망진단서 발부받는 법부터 화장시 주의법까지 세세하게 써놓았다. 이 업체가 추구하는 '거품없는 장례식' 서비스의 대부분은 지금 일본에서 성업 중인 작은 장례식 전문 업체들을 벤치마킹한 것이다.

일본은 가족끼리 소규모로 치르는 장례식이 갈수록 늘어나는 추세다. 산케이신문에 따르면 월간지 '불사(佛事)'를 출간하는 가마쿠라신쇼가 전국 장의업체 217개사를 대상으로 2014년 실시한 조사에서 장례 참석자 숫자가 31명 이상인 일반장이 전체의 42%, 30명 이하의 가족장 32%, 직장 16%, 1일장이 9%를 차지했다. 이 신문은 "15년 전부터 가족장이 확산됐다"며 그 배경으로 "고령화와 가치관의 변화"를 들었다.

일본에서 80세 이상 사망자는 1975년 전체 사망자의 25% 정도였지만 최근 60%까지 늘었다. 고인의 나이가 많아지면 자녀의 나이도 많아져 90세 부모가 사망할 경우 자녀가 이미 정년퇴직했을 가능성이 높다. 한창 사회활동을 하는 사람들과 달리 친족과 가까운 친구들만 썰렁한 빈소를 지키게 되면서 기존 장례식의 긴 절차와 막대한 비용은 점점 부담스러워졌다. 일본 공정거래위원회가 장의업자를 대상으로 한 2005년 조사에서 이미 조문객이 줄었다는 대답이 67%에 이르렀다.

가치관의 변화도 장례식 규모를 줄이는 데 한몫하고 있다. 일본소비자협회 2014년 조사에서는 '가족끼리 단란하게 장례를 치르고 싶다' '과도한 비용을 들이고 싶지 않다'는 사람이 많았고 전통적 장례 형태에 대해 '형식을 버리고 소박해질 필요가 있다'는 비판적인 시선이 다수를 차지했다.

살아서 치르는 '생전장' 등 아이디어 다양

2010년을 전후로 창업한 일본의 장례업체들은 이 같은 소비자들의 요구를 파악해 파격적인 장례상품으로 장례 판도를 바꾸고 있다. 이 분야의 대표주자로 꼽히는 인터넷 장례중개업체 유니퀘스트온라인은 2009년부터 '작은 장례식' 시리즈를 20만엔(200만원)에서 50만엔(500만원) 사이의 정액제 상품으로 선보였다. 철야 없이 하루 만에 장례를 끝내는 '작은 하루장', 바로 화장을 치르는 '작은 화장식', 기존의 절차를 그대로 따르되 조문객 규모를 줄인 '작은 가족장' 등으로 고객이 상품을 선택하면 제휴한 장의사에게 장례서비스를 위탁하는 식이다. 무엇보다 사람들의 마음을 사로 잡은 건 일절 추가요금이 없다는 것. 고인을 위해 남부끄럽지 않게 장례를 치러야 한다는 생각때문에 울며 겨자먹기로 각종 추가요금을 부담했던 유족들에게 유니퀘스트의 전략이 제대로 먹혀든 것이다.

유니퀘스트의 성공 이후 후발주자들은 저렴한 가격에 더해 개인 맞춤 서비스로 승부수를 걸었다. 평소 음악을 좋아한 고인을 위해 현악 4중주단이 빈소에서 라이브로 연주를 하는 음악장, 죽기 전에 본인이 직접 주최하는 생전장, 유골을 화분에 담아 집에 모시는 화분장 등 다양한 아이디어가 쏟아져 나오고 있다.

출처: 한국일보, 황수현, "썰렁한 사흘 대신 '정성 어린 하루'…'작은 장례식' 주목", http://www.hankookilbo.com/v/085bb876b3f74a18b065e0f485ecb7c3, 2016. 02. 12.

세계의 상장례문화

1. 일본

장묘관습의 이념적 토대가 되는 조상숭배 및 사자(死者)에 대한 관념은 일본과 우리나라가 매우 흡사하다.

한국의 경우 조상숭배 사상은 유교의 영향으로 효의 이념과 결합하여 강화되었으나 일본의 경우 불교의 영향으로 환생의 개념과 결합하여 관념적으로만 존재한다.

출생에서 사망으로의 이행은 몇 단계의 의식의 경과에 따라 행하여지고 확인된다. 내체와 영혼과는 따로 존재하는 것이고 영혼은 내체를 떠나 활동하는 것으로 생각되어지고 있지만 죽음은 그 영혼이 사영화하는 것으로 의식에 의하여 내체에서 분리되는 것이라고 일본인들은 믿어왔다. 이와 같은 내체와 영혼과의 분리를 확인하는 것이 죽음의 확정이기도 하지만 옛날로 거슬러 올라갈수록 그 기간이 길었다고 한다.

2. 프랑스

프랑스는 가톨릭교도가 압도적으로 많으나 근세기 들어 급속한 세속화로 도시의 노동자층에서는 종교는 형식적인 것으로 변모해가고 있으나 지방의 노인층에서는 아직도 인생 최후의 통과의례인 장의를 성대하고 장엄하게 치르려는 기풍이 남아 있다.

세계에서 맨 먼저 오픈한 공설묘지는 파리 제20구 초입에 있는 페르라세즈 묘지로 1804년부터 파리시민의 유택지로 애용되고 있다. 묘지의 관리가 지방자치단체 소관이기 때문에 망자나 그 유족이 돈이 많다고 해서 넓은 묘역을 차지할 수도 호화롭게 장식을 할 수도 없다.

묘지는 대다수가 5년, 10년, 30년, 50년, 100년의 시한부로 이용되어 끊임없이 재사용되고 있다. 이 때문에 연간 파리시에서 사망하는 사람이 1만 6천 명 가량으로 이중 2천명(13%)이 화장되고 나머지는 매장되지만 아직 묘지가 부족하지는 않다. 매장되더라도 대부분이 가족묘 형태로 합장되는 데다 1기당 분묘면적도 반 평 이하로 넓지 않기 때문이다.

3. 러시아

사망했을 경우 의사의 사망진단서를 첨부하여 가까운 관청의 장의계에 신고하면 국영의 장의사 업무를 수행하는 곳에서 장의 업무를 수행해준다. 장의 요금에는 관값, 운송비, 화장비, 유골함비, 또는 매장비가 포함되어 있다.

모스크바 등 대도시에서는 거의 공영묘지 부설의 화장장 겸 장의장에서 장례를 치른다. 장의는 일반적으로 무종교 의식으로 고인이 속했던 조합의 상사가 조사(弔辭)를 읽고 유족대표가 조문객들에게 인사하는 등으로 간략하게 거행되나 "쇼팽"의 장송곡이 흐르기도 하며 장의비용은 상·중·하의 3단계 정도로 되어 있다.

출처: 보건복지부 장사정보시스템

〈관련 동영상〉

1.「살아있는 장례문화 – 씻김굿, 다시래기, 진도만가」

씻김굿, 다시래기, 진도만가 등 전남 진도인의 일상적인 삶속에 남아있는 장례문화. 삶과 죽음은 항상 같이 다니고 이승과 저승 사람은 같은 사람이다 라는 의식을 통해 슬픔을 극복하는 문화

출처: 목포MBC Program 中 [생방송 전국시대]
https://youtu.be/Zo4ldkqHsbE

2.「귀천, 세계의 장례식」

세계 여러 나라의 장례식을 통하여 다향한 문화의 차이를 알 수 있는 동영상

출처: EBSDocumentary (EBS 다큐)
http:youtu.be/EvvG6EiWEGw

3. 「장례식 갈 때 복장, 이것만은 안돼요」

장례식에서 가장 쉽게 저지를 수 있는 실수를 설명해 주는 동영상

출처 : YTN NEWS
http://www.ytn.co.kr/_pn/0483_2015071
https://youtu.be/whZrXlyD-Hk

4. 「아름다운 작별 입관 영상」

상례(喪禮) 중에서 죽은 사람의 시신을 관에 넣는 과정을 담은 동영상

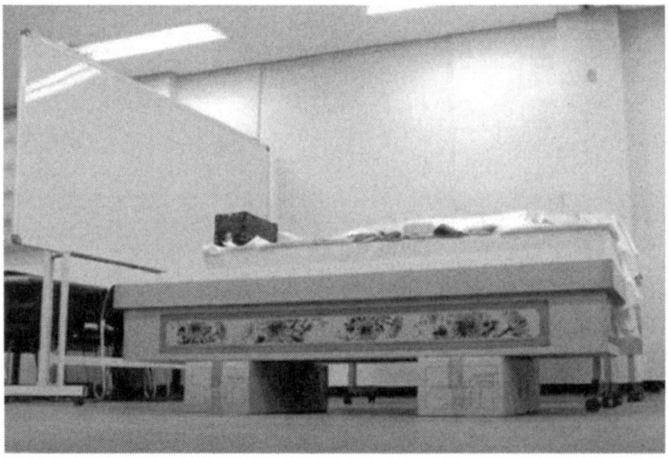

출처 : 네이버 백과사전
https://youtu.be/ZdwMsuEdiMU

장례도 친환경으로…영국 '수(水)분해장' 허용
강알칼리 용액에 시신 안치해 4시간 가열하는 방식

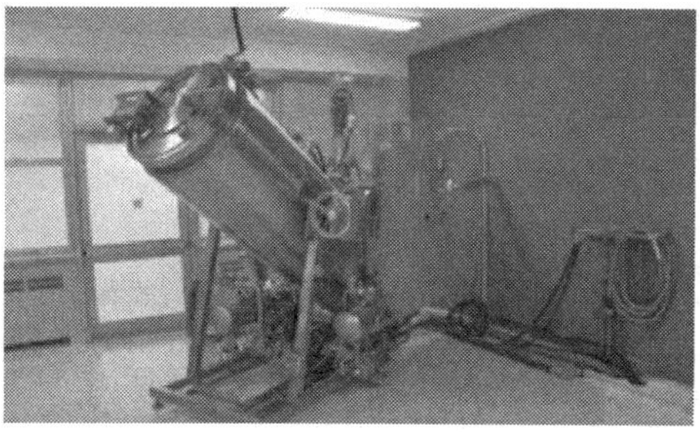
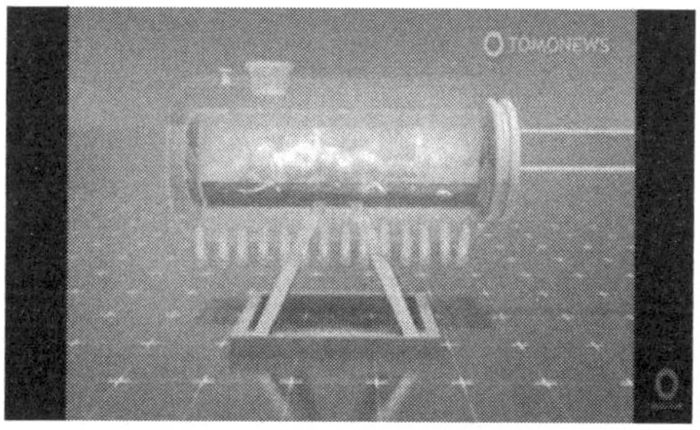

친환경적 장례법인 '수분해장'이 올해부터 영국 일부 지역을 시작으로 조만간 전역에서 허용된다고 BBC가 보도했다. 기존의 장례 방식이 토지 고갈과 대기오염이라는 문제를 낳자 오염 물질 배출이 적은 환경친화적 장례에 사람들의 관심이 쏠린 결과라는 분석이다.

수분해장은 강알칼리 용액과 물이 담긴 금속 실린더에 시신을 안치해 열을 가하는 방식으로 진행된다. 약 4시간에 걸쳐 높은 열을 가하면 시신은 화학작용을 거쳐 물로 변한다. 이후 배수 과정을 거치면 치과보철물, 인공 관절 같은 금속 물질과 뼈만 남는데, 뼈를 분쇄해 유가족에게 전달하는 형식이다. 수분해장은 화장보다 2~30% 더 많은 유골을 수습할 수 있다는 장점도 있다.

1984년 노벨평화상을 받은 남아프리카 공화국 고(故) 데즈먼드 투투 대주교의 장례식도 생전 고인의 요청에 따라 수분해장으로 진행됐다. BBC의 보도에 따르면 상조회사 코옵 퓨너럴케어(Co-op Funeralcare)는 올해 말부터 영국 일부 지역에서 수분해장을 제공할 계획이다. 이 업체에 따르면, 수분해장 비용은 기존 화장과 비슷한 수준이며, 앞으로 일부 지역에만 제공되는 서비스를 점차 영국 전역으로 확대하게 된다. 수분해장은 현재 캐나다, 남아프리카, 미국의 일부 주에서만 허용되고 있다.

영국의 생화학자 샌디 설리반이 2007년 수분화장의 상용화를 위해 설립한 업체 레조메이션(Resomation)은 수분해장을 할 경우 화장보다 온실가스가 3분의 1 정도 적게 발생하고, 에너지는 7분의 1만 사용하면 된다고 주장한다. 설리반은 "수분해장을 통해 나온 액체는 DNA 흔적 없이 안전하게 물로 돌아간다"고 말했다. 또한 수분해장은 상대적으로 낮은 온도에서 진행돼 다이옥신이나 수은 등 유해물질 배출 염려로부터도 자유롭다.

영국 정부는 이미 지난 2018년 '2033년이면 매장할 곳이 아예 없어질 것'이라 관측한 바 있다. 질 스튜와트 코엡 퓨너럴 케어 관리 이사는 "시신을 매장할 땅이 고갈되고 있다"며 "수분해장은 탄소 감축 목표를 개선하고 인구 증가 문제의 해결책이 될 수 있다"고 말했다. 수분해장은 1902년 영국에 화장법이 도입된 이후, 처음으로 국가에서 허용하는 장례 방식이다.

한국에선 이미 2022년 중소기업 옴부즈만의 건의로 반려동물 장례에 수분해장이 허용되었다. 기존의 화장 방식이 가진 환경 오염의 우려와 수분해장 기술이 있어도 활용할 수 없었던 중소기업들의 애로를 해결하기 위해서다. 하지만 한국동물장례협회에 등록된 55곳의 반려동물 합법 장례식장 중 수분해장을 제공하는 장례식장은 단 한 곳도 없다. 업체 관계자는 "보호자의 거부감이 가장 큰 이유"라며 "익숙하고 사람의 장례와 동일한 방식인 화장을 두고 생소한 수분해장을 선택할 이유는 없다"고 말했다. 소비자가 수요가 없으니 장례업체가 굳이 고가의 수분해장 기계를 들이지 않는다는 것이다.

화장이 법적으로 인정되는 데도 오랜 시간이 걸린 만큼 수분해장 역시 세계적으로 통용되기까지는 시간이 필요하다.

출처 : 주간조선(http://weekly.chosun.com)

제 11 장

사별 · 비탄 · 애도

제 11 장

사별 · 비탄 · 애도

인간은 여러 가지 상실을 경험할 수 있으나 죽음을 통한 상실은 특별한 것으로서 남아있는 가족에게 커다란 슬픔과 충격을 준다. 특히 사랑하는 이를 잃는다는 것은 심오하고 고통스러운 경험이므로 사별가족들이 상실에 대한 적응을 잘하도록 돕기 위해서는 가족과 친구, 친지들의 지지뿐만 아니라 체계적이고 계속적인 사회적 지지와 제도적 장치가 요구된다.

1. 사 별

1) 사별의 정의

사별이란 죽음에 의해 사랑하는 사람이나 사물의 상실을 경험하는 개인의 객관적인 상황을 의미하는 말로써 사랑하는 사람이나 사물과의 관계, 그 관계의 종말, 그리고 그 상실에 의해 남겨진 사람 등을 구성 요소로 삼는다. 사별은 죽음에 의한 지위의 변화를 의미하기도 한다. 부모가 죽은 아이는 고아가 되고 남편이 죽은 여자는 미망인이 된다.

사별이라는 용어는 사랑하는 사람을 잃은 가족 구성원과 친구들이 그 사람의 죽음을 예측하는 것에서 시작하여 그 사람의 죽음, 죽음 이후의 적응 등에서 겪게 되는 일련의 경험 전체를 포괄하는 의미로 정의되기도 한다(Christ et al., 2003).

2) 사별의 종류

(1) 배우자 사별

신체적, 심리적, 사회적으로 영향을 주는 심각한 상황으로 배우자 사별로 인한 우울과 외로움은 대인 기피증과 같은 주변과의 단절을 더욱 강화하는 형태로 나타나게 된다. 여성의 사망률이 남성보다 낮아 많은 수의 여성이 오래 살아남고 대부분의 아내들이 남편들보다 젊어서 배우자보다 오래 살 가능성이 높고 여성이 남성보다 재혼율이 낮아 사별한 여성의 경우 문제가 더 크다.

사별한 여성의 어려움은 남편과의 관계와 유대감의 정도에 달려있다. 혼자된 여성들이 겪는 가장 심각한 어려움은 외로움이며 외로움의 형태는 다음과 같다.

① 자아정체성의 지지자인 남편의 사랑을 생각할 때 솟아나는 외로움

② 돌보아 주거나 사랑을 받아줄 대상의 부재에서 오는 외로움

③ 집안에 혼자 있기 때문에 생기는 외로움

④ 자신이 할 수 없거나 하고 싶지 않은 일을 함께 할 수 있는 사람의 부재에 따른 외로움

⑤ 이전의 생활방식 또는 이전에 죽은 이와 함께 했던 활동에 대한 그리움에서 오는 외로움

⑥ 남편이 사망한 결과 생긴 지위의 하락 혹은 이전 생활방식과 관계의 단절에서 오는 소외로서의 외로움

(2) 자녀 사별

자녀 사별은 그 부모는 물론 가족 전체에 큰 영향을 주는 아픔이 된다.

① 자녀를 사별한 부모의 고통

㉠ 부모와 자녀 사이는 인간의 삶에서 가장 친밀한 관계이므로 자녀 사별로 인한 마음의 상처는 무엇보다도 고통스러운 경험이 되고 예외적인 사건이기 때문에 가족과 사회를 유지하는 부모 역할에 대한 기본적인 위협이 된다(Jackson).

㉡ 부모는 자녀 사별로 인한 2차적인 상실, 즉 자녀에게 가졌던 꿈과 희망과 자존감의 상실로 인해 괴로워하며 대신 죽지 못한 것에 대한 회한에 잠기게 된다(Kliman).

㉢ 자녀가 부모보다 먼저 사망하게 되면 부모는 자연의 질서가 깨지는 것으로 생각하여 어떻게 부모가 자식보다 오래 살 수 있는가라는 부자연스러운 감정을 갖게 된다. 부자연스럽다는 것은 자녀가 부모와 순서를 바꾸어 죽었다는 사실이며 부모 자신이 살아있다는 죄책감이 심해져 이에 대한 대처가 힘들어진다. 자녀 사망을 부자연스럽게 하는 또 다른 요소는 특히 어린아이와 청소년의 경우에 죽음이 급작스럽고 극적인 사고의 결과라는 점이며 이러한 경우에는 정신적 쇼크와 같은 심각한 결과를 가져오기 쉽다.

㉣ 부모들이 받아들이기 어려운 문제는 자녀의 상실로 노후에 자신들을 돌보아 줄 사람을 잃었다는 점이며 자녀로부터 감정적, 신체적 혹은 재정적 지원을 받아온 고령의 부모에게는 특별히 심각한 문제가 된다.

㉤ 자녀의 죽음으로 부부 모두 충격을 받고 똑같이 곤혹스러운 상실과 슬픔에 직면하여 서로에게 도움이 될 수 없고 원망과 분노의 감정에 빠질 수 있다는 것이다.

㉥ 부부는 위기에 대처하기 위해 서로 일치해 왔지만 자녀 사별 앞에서 겪는 슬픔의 입장은 똑같지 않을 수 있다.

㉦ 부부는 슬픔과 상실의 적응이라는 짐을 지게 되고 이런 문제들이 자녀와 사별한 부부들의 이혼율을 높이는 요인이 된다.

㉧ 부모들은 남은 자녀들을 위해 부모의 역할을 계속해야 하지만 그 자녀가 죽은 자녀를 상기시켜주기 때문에 심리적인 어려움을 겪게 된다.

② 자녀를 사별한 부모의 심리적인 문제

자녀의 안전에 대한 책임감과 자녀의 고통과 죽음을 방지하지 못한 무력감에서 죄책감이 생길 수 있으며 이에 대한 원인은 다음과 같다(Miles & Demi, 1987).

㉠ 사망원인 제공에 대한 죄책감

㉡ 병과 관련된 죄책감

㉢ 부모역할로 인한 죄책감

㉣ 도덕적인 죄책감

㉤ 생존에 대한 죄책감

㉥ 슬픔에 관련된 죄책감

③ 자녀 사별의 심각성과 의미

부모들은 슬픔을 겪는 과정에서 자녀가 살아 있었다면 경험했을 졸업, 결혼, 출산 등의 시기에는 극심한 슬픔이 온다. 사별의 영향은 시간이 흘러도 감소되지 않고 시간이 흘러도 분노나 적대감에는 거의 변화가 보이지 않는다고 하였다(Rando, 1983).

(3) 부모 사별

부모와의 사별은 어린 자녀가 직면하게 되는 가장 큰 상실로써 분리불안을 초래하게 된다. 자신을 지지하고 돌봐주던 부모와의 사별은 가정환경 변화를 경험함으로써 자아형성에 영향을 미칠 수 있으므로 이에 대한 정서적 지지가 무엇보다 중요하다.

① 부모를 사별한 아동의 슬픔

아동도 어른들처럼 부모의 죽음에 대해 다양한 반응을 보이며 다양한 증상과 문제들이 발생한다. 아이들의 반응이 어른과 다르다고 해서 어른과 같은 과정이 아이에겐 일어나지 않음을 의미하는 것은 아니며 단지 덜 성숙한 형태를 보이는 것이다. 아동이 슬픔의 과정을 극복하는 것을 방해하는 요인들은 다음과 같다.

㉠ 애도과정을 제대로 처리하지 못하는 무능력한 부모

㉡ 아동의 고통과 슬픔을 인정하지 않고 아동의 감정표현을 부정하는 부모

㉢ 아동을 돌보는 주위 환경의 안정성 결여
㉣ 아동을 돌보는 어른이 애도과정을 격려하고 도와주지 못함
㉤ 사별한 부모에 대한 양가감정
㉥ 생각이나 감정, 기억을 언어로 표현하는 능력의 결여
㉦ 죽음을 받아들일 수 있는 지각력의 결여
㉧ 사별부모에 대한 동경과 감정, 기억을 함께 나눌 수 있는 기회 부족
㉨ 부모가 죽은 후 가정의 불안정한 상태

② 아동의 슬픔에 영향을 주는 요인

부모를 사별한 아동에게 특별히 어려움을 주는 가정의 유형은 죽음이 금기시되는 가정, 죽음에 대해 누군가를 탓하는 가정, 정서적인 관계가 냉담하고 초연한 가정, 모든 일이 전처럼 진행되어야 하는 가정, 사별로 인해서 혼란이 오는 가정, 가족들의 의무를 강조하는 가정 등이다(노유자, 1998).

3) 사별의 단계

(1) 사별 전 단계

실제 사별이 발생되기 전에 상실을 예견한 슬픔으로 사별 상황이 발생되었을 때 신체적, 정신적, 사회적으로 적응하게 하는 완충적 단계라 할 수 있다.

(2) 초기단계

급성 슬픔기간으로 충격으로 인한 기절, 충격으로 인한 무감각, 불신 등의 상호 복합적 반응이 나타나게 된다. 외부와의 관계를 차단하려는 현상이 나타날 수 있으며 사별을 부정하는 감정현상이 나타나기도 한다.

(3) 중간단계

사별을 생활 속에서 인지하게 되는 고통과 직면한 단계라 할 수 있다. 우울과 절망의 시기로 표면적으로 사별의 고통을 인지할 수 없을 정도로 일상적 생활을 하게 되

나 내면에서는 상실감을 크게 느끼는 큰 고통에 직면하게 되는 시기이다.

(4) 적응단계

사별의 슬픔을 회복하는 단계로 대략 사별 후 24개월 이후 나타나게 된다. 사별이후 발생된 새로운 역할에 적응하게 되고 삶을 재조명하게 되는 시기가 된다.

4) 사별 전·후 관리

(1) 사별 전 관리

사별 전에는 환자와 가족이 임종에 예상되는 일련의 일을 의논할 수 있도록 지지하여야 한다. 예를 들어 가족과의 화해, 유언, 장기기증, 장례절차, 묘지선정, 재산정리 등 임종 이후 발생할 수 있는 일에 대해 미리 가족들에게 설명함으로써 도움을 준다.

(2) 사별 후 관리

사별 초기단계, 즉 회피단계에서는 급성 슬픔을 겪게 되는 가족에게 무기력함과 무감각, 비현실감의 상태가 정상적인 반응임을 알리고 고인의 죽음과 관련된 이야기를 경청하고 지지한다. 일상적 생활을 관리할 수 있도록 관심과 조언이 필요하고 불면증과 같은 여러 가지 신체 반응이 나타날 수 있음을 알려주어 충분한 휴식을 취하도록 권한다.

(3) 직면단계

고인에 대한 그리움과 죄의식을 느낄 수 있는 단계로 상실의 고통을 자연스럽게 받아들일 수 있도록 지지하고 돕는다. 고인을 보내는 데에는 많은 시간이 필요한 어려운 일임을 인지하도록 하고 고인과 관련된 이야기를 경청한다. 또한 일상생활에서 급격한 감정변화는 일시적 현상으로 나타날 수 있는 것임을 알려준다. 규칙적인 운동과 식사, 충분한 수면을 권하고 불안 증상이 지속될 경우 의료진과 상의하도록 한다. 고통을 극복하는 방법으로써 유가족 모임 참여와 고인의 유품 정리를 통해 새로운 삶에 대한 시작을 준비해 나가도록 지지한다.

(4) 조정단계

사별 24개월 이후 점차 정상적인 삶을 회복하는 단계로써 일상의 안녕상태를 찾게 된다. 사별 이후 상황에 적응하기 시작한 시기로 고인에 대한 죄책감으로 이어지지 않도록 수용해 주고 자연스러운 과정임을 깨닫게 돕는다. 새로운 흥미나 취미, 영적 활동 등을 할 수 있도록 격려하도록 한다.

5) 사별의 영향

(1) 가족구조

① 고인의 가족내 역할

고인이 아주 늙었거나 아주 어릴 경우 그들의 죽음으로 발생하는 역할 공백은 다른 가족에게 큰 영향을 미치지 않는다. 그러나 고인이 가족 내에서 중요한 기능적 역할을 차지하고 있었다면 그의 죽음은 기능적 평형 상태를 깨어 역할 공백이 발생하게 되고 가족 내 다른 구성원이 그 역할 공백을 메우고자 노력하게 된다.

② 가족의 통합

통합되지 못한 가족은 그 구성원의 죽음이 발생한 당시에는 비탄 반응이 크게 나타나지 않지만 이후에 신체적, 정서적 증상을 나타내거나 사회적인 비행을 보일 수 있다(Bowen, 1978).

(2) 유족에 대한 사별의 영향

배우자의 죽음을 경험한 사람은 사망할 위험성이 급격히 증가하는 것으로 나타났다(Christakis & Iwashyna, 2003; Goodkin et al., 2001).

배우자와 사별한 사람의 사망률 증가를 '상심증후군'으로 설명하고 있다(Parkes, Benjamin, & Fitzgerald, 1969). 그들의 연구에 따르면 배우자 사별 후 사망한 사람의 대부분은 관상동맥혈전증, 동맥경화적 심장질환 등 질환으로 사망하였으며 사별의 충격이 혈압과 심장박동에 변화를 일으키고 혈액의 응고와 화학 작용에 영향을 미쳐서 관상동맥의 혈액 응고를 촉진하는 요소로 작용한다.

또한 사별 전에 오랜 병간호로 지친 사람이 더 높은 우울 증상과 더 나쁜 건강 습관을 보인 것으로 나타났고(Schulz et al, 2001), '외로움 효과 가설'에 따르면 비탄, 절망감, 새로운 걱정과 책임, 식사와 작업 패턴의 변화, 재정적 상황 등 홀로된 사건과 그에 따른 환경 변화가 사별한 사람의 건강에 해로운 영향을 끼치는 것으로 나타났다(Epstein et al., 1975).

2. 비 탄

1) 비탄의 정의

칼리시(Kalish)는 비탄이란 상실이나 사별을 겪을 때 일어날 수 있는 슬픔, 분노, 죄의식, 혼란 등의 감정으로 정의하였고 엘리아스(Elias, 1991)는 비탄을 단순한 정서적・감정적 문제로 국한하지 않고 상실에 대한 신체적・행동적・감정적 반응을 모두 지칭하는 넓은 의미로 정의하였다.

비탄은 사랑하는 사람의 죽음 때문에 겪게 되는 인지적・정서적・사회적 어려움으로 남겨진 사람들이 경험하는 비탄의 형태, 강도, 지속 기간, 표현방식 등은 개인에 따라 다양하게 나타날 수 있다고 하였다(Christ et al., 2003).

비탄 경험은 스트레스 요인으로 작용하여 사별가족들의 신체적・정신적 문제, 특히 우울증이나 질병에 걸릴 위험성의 증가와 사망률 증가로 이어질 수 있으므로 비탄을 감정적인 문제로만 국한시키지 말고 상실에 대한 신체적・정서적・사회적・행동적 반응 등을 다양한 각도에서 이해하고자 하는 시각이 필요하다.

2) 비탄의 종류

비탄은 그것을 경험하는 사람의 나이, 발달 단계, 성, 상실 경험, 우울증 경력, 죽은 고인과의 관계, 상실 유형, 가족관계, 사회적 네트워크, 종교, 문화 등에 따라 비탄의 형태, 강도, 지속 기간, 표현 방식 등이 다르게 나타날 수 있다.

(1) 정상적 비탄

정상적 비탄은 사랑하는 사람이 죽었을 때 경험하는 비탄으로 극단적이고 지속 기간이 긴 경우를 제외하고는 일반적으로 상실에 대한 건강하고 정상적이고 적절한 반응이다.

(2) 복잡한 비탄

복잡한 비탄은 비정상적이고 병적인 비탄으로 비탄을 경험하는 사람의 정신적 · 신체적 건강에 악영향을 미치기 때문에 상실에 대한 정상적인 반응이라기보다는 의미 있는 사람의 죽음 이후에 발생하는 장애나 질환으로 정의된다(Ott, 2003).

복잡한 비탄의 일반적인 특징은 사별을 경험하는 사람이 충격과 상실의 고통으로부터 활기있고 충족된 삶으로 이동되지 않는다는 것이다.

(3) 감추어진 비탄

감추어진 비탄은 사별한 사람이 자신의 감정을 표현할 기회를 차단 혹은 부정당했을 때 나타나는 비탄으로 비탄 해결이 지연될 수 있다.

(4) 빼앗긴 비탄

빼앗긴 비탄이란 사별당한 사람이 비탄할 자격이 없다고 간주되어 비탄할 기회를 빼앗겨 감추어진 비탄을 의미한다.

빼앗긴 비탄은 다음의 세 가지 경우에 발생할 수 있다(Doka, 1989).

첫째, 관계가 사회적으로 인정받지 못하는 경우로 결혼 외적 관계나 동성애적 관계는 사회적으로 인정받지 못하기 때문에 사별로 남겨진 파트너는 비탄할 자격을 박탈당한다.

둘째, 상실 자체가 인정받지 못하는 경우로 유산, 조산, 분만 전후의 죽음, 애완동물의 죽음 등은 상실을 경험하는 사람에게는 엄청난 슬픔으로 작용할 수 있지만 관계 밖에 있는 사람에게는 상실의 의미와 중요성이 간과되고 인정받지 못할 수 있다.

셋째, 비탄하는 사람이 인정받지 못하는 경우로 어린 아동이나 고령의 노인, 정신 지체자 등은 비탄을 경험할 자격이 있는 사람으로 인정받지 못할 수 있다.

(5) 예기적 비탄

예기적 비탄이란 실제적인 상실이 일어나기 전에 미리 예상되는 상실에 대한 비탄 반응을 의미한다(Lindemann, 1944).

Rando는 예기적 비탄이란 사랑하는 사람의 죽음이 임박하였음을 깨닫고 이와 관련된 과거, 현재, 미래의 상실을 인식하면서 시작되는 애도, 대처, 심리사회적 재편 과정 현상으로 정의하였다. 또한 예기적 비탄은 사별 후의 비탄을 없애거나 줄이는 것이 아니라 유족에게 죽음 후의 일에 대해 계획을 세우고 비탄에 대처할 시간을 주어서 지나치게 슬픔에 압도되지 않도록 하는 것이라고 하였다.

3) 비탄 반응

사별한 사람은 슬픔뿐만 아니라 분노, 죄의식, 수면장애, 한숨, 통곡 등 전인적인 측면에서 고통스런 심정을 나타낸다. '슬픔'이 감정적 반응만을 지칭한다면 '비탄'은 상실에 대한 신체적·인지적·정서적·행동적 반응을 모두 포함하는 개념이라고 할 수 있다.

비탄의 강도가 강하여 부정적인 행동을 보이거나 진전되지 않고 끝없이 비탄 상태에 머물러 있는 복잡한 비탄 반응은 심리적인 장애, 즉 질병의 일종이라고 할 수 있다.

(1) 정상적인 비탄 반응

사별한 사람이 나타내는 비탄 반응으로는 신체적 고통, 고인의 이미지에 몰두, 고인 혹은 죽음의 환경과 관련된 죄의식, 적대적인 반응, 상실 이전에는 가능했던 기능의 불능 등이 그것이다.

① 신체적 반응

공복감, 가슴이 죄는 느낌, 목구멍이 죄는 느낌, 소음에 지나치게 민감, 자아상

실감, 호흡곤란, 근육 약화, 에너지 부족, 입안이 마르는 느낌

② 인지적 반응

불신, 혼란, 몰두, 무력감, 충격, 그리움, 해방감, 안도감, 무감각

③ 행동적 반응

수면장애, 식사장애, 넋 놓은 행동, 사회적 위축, 고인에 대한 꿈, 고인을 생각나게 하는 것의 회피, 큰 소리로 부르고 찾기, 한숨, 안절부절 못하는 과도한 활동, 울음, 고인을 기억하게 하는 장소를 방문하거나 그의 물건 지니기, 고인의 물건을 소중히 간직하기 등

(2) 복잡한 비탄 반응

① 복잡한 비탄 반응의 형태

㉠ 만성적 비탄 반응

고인이 죽은 후 몇 년이 지나도록 고인을 그리워하고 슬퍼하는 등 비탄의 기간이 지나치게 길고 끝나지 않아서 삶으로 복귀하지 못하는 비탄 반응을 말한다. 만성적 비탄 반응은 고인이 예고없이 갑자기 죽었을 경우, 죽음에 의해 고통스러운 관계가 끝났을 경우, 고인에게 지나치게 의존적이었던 경우 등에서 나타나기 쉽다(Parkes & Weiss, 1983).

㉡ 연기된 비탄 반응

연기된 비탄 반응은 직접적으로 관련된 상실이 발생하였을 때뿐만 아니라 다른 사람이 겪는 상실을 볼 때와 상실을 주요 테마로 하는 영화, 드라마 등을 볼 때도 나타날 수 있다.

㉢ 과장된 비탄 반응

과장된 비탄 반응을 보이는 사람은 자신의 행동과 증상이 상실과 관련되어 있다는 것을 알고 있고 그 경험의 도가 지나쳐서 자신을 무능력하게 만들기 때문에 적극적으로 치료를 받고자 한다.

㉣ 변장한 비탄 반응

변장한 비탄 반응을 보이는 사람은 스스로가 비탄을 경험하도록 허용하지 않으며 고인이 나타냈던 것과 비슷한 의학적 증상이나 다른 종류의 정신 신체적 질병을 앓기도 한다.

② 복잡한 비탄과 관련 장애

㉠ 우울증

비탄 현상을 측정하고자 할 경우 주로 우울증 척도를 사용하고 우울 징후를 중심으로 검사한다. 우울증과 비탄 현상은 슬프고 우울한 감정, 흥미의 상실, 수면장애나 식사장애 등 많은 부분에서 일치되지만 전형적인 우울증과 상실에 의해 경험되는 우울과는 차이가 있다. 자아와 세상에 대한 부정적 시각, 자아존중감의 저하와 절망감, 반복적인 자살 충동, 고인과 재결합하는 환상, 불안감 혹은 안절부절 못하고 침착하지 못함, 반복적이고 몰두적인 죄의식, 깊은 침울감 등은 정상적인 비탄과 상실에서 비롯되는 우울증과 구별하게 하는 차이점이다.

㉡ 불안장애

배우자를 사별한 사람의 44%가 사별 후 첫 1년 동안 한 가지 이상의 불안장애와 공황장애를 보고한 것으로 나타났다(Jacobs & Kim, 1990).

4) 비탄 관련 이론

사별이란 죽음에 의해 사랑하는 사람이나 사물의 상실을 경험하는 개인의 객관적인 상황을 의미하는 말이다. 애도를 남겨진 사람과 고인 간의 중요한 상호작용 과정이라고 한다면 비탄이란 유족이 사별하면서 겪게 되는 고통이라고 할 수 있다.

(1) 비탄과업 이론

비탄과업이란 상실이라는 슬픈 현실을 부정하거나 회피하지 않고 직면하여 죽음의 순간과 그 이전의 사건들을 검토하고 상실의 현실을 인식하여 고인과의 분리를 시도하는 인지과정이라고 정의할 수 있다(Stroebe & Schut, 1999).

① 비탄은 정서적 고통을 표현하는 것뿐 아니라 상실에 대한 적응반응이다.

② 비탄은 어렵고 시간이 소요되는 과업이다.

③ 비탄과업의 기본 목적은 죽음의 현실을 받아들이고 고인에게 가졌던 강한 애착으로부터 자아를 해방시키는 것이다.

④ 비탄과업은 상실의 현실에 직면하는 것을 통해 수행된다.

⑤ 비탄과정은 유족이 고인에 대한 애착을 버리는 것에 저항할 때 악화될 수 있다.

⑥ 비탄과업의 실패는 계속되는 기능장애와 불행을 초래할 수 있다.

(2) 애착이론

애착이론은 영국의 정신과 의사인 보울비에 의해 처음 주장된 이론으로 생존을 위한 생물학적 욕구와 비탄, 애도 현상간의 관계를 밝혀서 사별과 비탄 연구에 지대한 영향을 미친 이론으로 평가받고 있다(Center for the advancement of health, 2004).

또 보울비의 애착이론을 기반으로 버먼과 스펄링은 성인의 애착을 개념화하여 비탄과 사별을 설명하고 있다. 이 두 이론에 대해 살펴보면 다음과 같다.

① 보울비(Bowlby)의 애착이론

다른 사람과 강한 정서적 유대를 만드는 인간의 경향을 개념화하였고 이러한 유대가 위협받고 깨졌을 때 발생하는 강한 정서적 반응을 행동학, 통제이론, 인지심리학, 신경생물학, 발생생물학 등의 자료를 이용하여 설명하고 있다.

보울비가 개념화한 애착이론은 다음과 같은 기본 전제에 바탕을 두고 있다.

㉠ 애착행동이란 좋아하는 사람에 대한 접근성을 획득하거나 유지하는 행동의 형태를 말한다.

㉡ 애착행동은 젖을 주어 양육하는 행동이나 성적 행동과는 구별되는 행동이나 인간의 삶에서 그런 행동만큼 중요한 의미를 지닌다.

㉢ 건강한 발달과정에서의 애착행동은 전생애에 걸쳐 나타나고 작동한다.

㉣ 다른 사람과 구별되는 애착인물에 대해 일정한 정도의 근접성이나 소통을 유지하는 것이다.

㉤ 강한 정서는 애착관계의 형성, 유지, 붕괴, 회복 과정 동안 일어난다.

㉥ 애착행동은 인간으로 하여금 그를 돌봐 주는 사람과 접촉을 유지하도록 하여 인간의 생존에 공헌하였기 때문에 진화 단계를 통하여 많은 종(species)의 특성이 되었다.

㉦ 정신장애적 형태의 애착행동은 비정상적인 심리 발달로 나타나는 것이기 때문에 어떤 연령에서도 나타날 수 있다.

보울비는 비탄과업이 왜 극복하기 힘들고 개인차가 있는지를 '애착'이라는 개념을 가지고 설명하고 있다. 애착행동의 목적은 의미있는 인간관계에 의해 제공되는 안전감을 유지하는 데 있다.

② 버먼과 스펄링의 애착이론(Berman & Sperling)

애착상태에 근거한 증후군으로 사별의 고통이 클수록 친밀한 관계에 대한 의존성이 더 크고 어린 시절에 상실과 분리 경험의 가능성이 높다.

(3) 과제이론

인간이 비탄경험을 극복하여 의미있고 기능적인 삶으로 되돌아가기 위해서는 반드시 완성해야 할 심리적인 과제가 있다는 것이 기본전제다. 비탄은 시간이 지나면 저절로 회복되는 것이 아니라 그것을 극복하기 위해서는 노력이 필요하고 이러한 노력을 통해 유족들은 그들의 삶을 다시 통제할 수 있게 되는 것이다.

고인에 대한 기억을 버리고 고인과의 애착관계를 해체해야 하다고 주장한 프로이트의 이론과 달리 과제이론은 비탄을 경험하고 있는 사람이 고인과의 애착 유대를 완전히 해체할 필요는 없고 사랑하는 고인에 대한 기억을 소중히 간직하면서도 고인에 대한 정서적 투자를 거두어서 다른 사람과의 활동에 재투자해야 한다고 주장한다.

사별 이후의 적응과 성장을 위해 완수해야 한다고 주장하는 비탄과제의 내용은 다음과 같다(Worden, 1991).

① 상실의 현실을 받아들인다.

② 비탄의 고통을 겪어낸다. 상실의 고통을 인정하고 처리하지 않으면 그것은 어떤 증후나 비정상적인 행동을 통해 나타나게 될 것이다. 또 비탄의 고통을 회피하거나 억압하면 비탄과정이 연장될 수 있다(Parkes, 1972).

③ 고인이 없는 환경에 적응한다. 대부분의 사람들은 변화된 환경을 인정하고 삶의 목적을 재정의하고 익숙하지 않은 역할을 감당하고 이전에는 없었던 기술을 개발하고 재평가된 세계관을 가지고 생활한다.

④ 고인을 정서적으로 재배치하고 삶 속으로 이동한다. 고인을 위해 슬퍼하고 고인에 대한 사랑과 기억을 유지하며 유족의 심리적 · 정서적 삶에서 고인을 위한 적합한 자리를 찾는 동시에 고인에 대한 정서적 투자를 거두어서 다른 사람과 활동에 재투자하는 것이다. 더 이상 고통없이 고인을 생각할 수 있을 때 그리고 비탄과 상실에만 몰두하지 않고 정서와 감정을 삶과 생활로 다시 재투자할 수 있을 때 비탄과제가 완수되었다고 할 수 있다.

(4) 단계이론

단계이론에 따르면 비탄과정 역시 다양한 감정, 행동들이 표출되는 몇 단계를 거치면서 진행된다.

① Gorer (1965)

㉠ 쇼크(자기 통제의 상실, 에너지 감소, 동기부족, 당황, 방향감각의 상실, 관점의 상실)

㉡ 격심한 비탄(주기적인 통곡과 혼돈을 일으키고 실제로 일어난 일을 이해할

능력 상실)

㉢ 흥미의 점진적 재각성(사랑하는 사람이 죽은 현실과 그것이 의미하는 모든 것을 수용)

② Stephenson (1985)

쇼크 → 혼란과 재정립 → 재적응과 회복

③ Glick, Weiss, & Parkes (1974)

쇼크와 압도적인 슬픔 → 불안과 공포에 대처 → 중간 단계 → 회복

④ Bowlby (1980)

마비 상태 → 고인을 그리워하고 찾음 → 혼란과 절망 → 재정립

⑤ Alfons Decken (1986)

정신적 타격과 마비 상태 → 부정 → 공황 상태 → 분노와 부당감 → 적의와 원망 → 죄의식 → 공상과 환상 → 고독감과 우울 → 정신적 혼란과 무관심 → 체념과 수용 → 새로운 희망과 유머와 웃음의 재발견 → 회복과 새로운 정체성의 탄생

⑥ Kavanaugh (1974)

쇼크 → 혼란 → 폭발하기 쉬운 감정 → 죄의식 → 상실과 고독감 → 안심 → 회복

(5) 과정이론

① 비탄과정(Lando)

㉠ 상실을 받아들이고 죽음을 인정하며 이해한다.

㉡ 분리에 반응한다.

㉢ 고인이나 고인과의 관계를 기억하고 재경험한다.

㉣ 고인에 대한 애착과 그와 함께했던 생활을 포기한다.

ⓜ 새로운 삶을 시작하지만 이전의 삶을 기억한다.

ⓑ 정서와 에너지를 다른 관계와 활동에 재투자한다.

② 이원적 과정 모델

㉠ 상실지향적 과정

㉡ 회복지향적 과정 : 사별하기 이전의 생활로의 회복이 아닌 고인이 없는 새로운 세계에 적응하고자 하는 노력

(6) 기타

① 인지적 스트레스이론

사람은 자신이 가지고 있는 대처자원을 능가하는 환경의 요구를 경험하고 이것이 안녕과 건강을 위협할 때 스트레스를 경험하게 된다. 스트레스 상황을 해결하기 위해 문제중심적 대처와 정서중심적 대처를 하게 된다. 문제중심적 대처란 고통을 야기하는 문제를 처리하고 변화시키고자 하는 것으로 변화가능한 상황일 경우에 적합한 대처방식이다. 그리고 정서중심적 대처란 스트레스 상황의 결과로 발생한 정서적 문제를 해결하고자 하는 것으로 상황을 변화시킬 수 없을 경우에 더욱 적합한 대처방식이다. 사별이라는 스트레스 요인을 극복하고 성공적인 결과를 얻기 위해서는 정서중심적 대처와 문제중심적 대처 모두가 필요하다.

② 스트레스반응 증후군

스트레스반응 증후군이란 정신적 외상 경험시 정상적으로 나타나는 반응을 일컫는다. 정신적 외상에 대한 반응의 가장 두드러진 특징으로 점유와 회피를 들었다. '점유'란 사건을 해결하기 위해 강박적으로 당시의 감정과 생각들을 재경험하는 것이고 '회피'란 부정의 과정으로 기억 상실과 같이 당시의 기억을 마음에 떠올릴 수 없는 것을 말한다(Horowitz, 1986).

③ 증식된 비탄모델

증식된 비탄모델에서 하나의 상실이 어떻게 또 다른 상실을 유발하고 그 결과 각각의 더해진 상실에 의해 어떻게 비탄이 확대되는지를 설명하고 있다. 1차적 상실(자식의 죽음)에서 비롯된 비탄은 2차적 상실(배우자와의 관계의 변화)을 유발하고 또 다른 3차적 상실(이혼 등)을 촉진한다(Cook & Oltjenbruns, 1998).

④ 통합된 개인-가족 모델

통합된 개인-가족 모델은 가족 내에는 상호작용 패턴이 존재하고 이것이 개인 내에서 일어나는 단계나 과업만큼 사별 현상을 이해하는 데 중요하다는 점에 주목하였다. 가족의 특성은 가족의 비탄과정에 영향을 미친다. 가족 구성원 간의 개방적이고 융통성 있는 의사소통은 임박한 상실이나 실제적 상실의 스트레스를 다루어야 할 때 유리하다. 가족의 죽음은 오래된 정서적 상처를 드러나게 하고 갈등과 불안을 강화하는 경향이 있다. 가족이 하나가 되어 이러한 비탄의 스트레스에 대처할 때 혹은 그 경험에 의해 부서지고 파괴되었을 때 가족관계는 더욱 강화된다. 가족이 상실의 위협과 현실에 대처하기 위해 가장 필요한 것은 상호 존중과 서로에 대한 사랑, 융통성 있는 의사소통이라고 할 수 있다(Becvar, 2001).

⑤ 비탄의 개인적 성장이론

개인적 성장이란 사별한 사람이 자신과 다른 사람에게 더욱 관대하고 아량있는 새로운 자아개념을 개발하고 절망감을 극복하고 미래에 대한 낙관적인 시각을 갖게 되는 것을 의미한다.

5) 비탄 경험에 영향을 미치는 요인

어떤 사람은 사랑하는 사람을 상실한 후 격심한 비탄에 빠지는 반면 어떤 사람은 슬픔보다는 안도감을 느끼는 경우가 있고 어떤 사람은 심한 우울 상태에 빠지고 식음을 전폐하는 반면 어떤 사람은 상실의 고통을 잊고 곧 삶으로 복귀한다.

비탄 경험에 영향을 미치는 요인으로는 ① 고인이 어떤 사람인가 ② 애착의 특징 ③ 죽음의 방식 ④ 성격 ⑤ 상실 경험과 대처전략 ⑥ 동시 발생적 스트레스 등이 있다.

(1) 고인이 어떤 사람인가?

늙어서 돌아가신 조부모와 교통사고로 죽음을 당한 형제에 대한 비탄 반응은 다를 수 있고 먼 친척의 죽음과 자녀의 죽음, 배우자의 죽음과 부모의 죽음에 대한 비탄 반응은 다를 수 있다.

(2) 애착의 특징

① 애착의 강도

비탄의 강도는 사랑의 강도에 의해 결정된다. 이처럼 비탄 반응은 애정의 강도에 비례하여 증가한다.

② 애착의 안전성

유족이 자신의 자아존중감과 안녕감 유지를 위해서 고인을 필요로 한다면 이것은 복잡한 비탄 반응의 전조가 될 수도 있다.

③ 관계의 양면성

상반되는 감정이 병존하여 부정적 감정이 거의 같은 비율로 병존하는 양면적 관계에서는 사별 후 복잡한 비탄 반응을 보일 수 있다.

(3) 죽음의 방식

고인이 갑작스럽게 죽은 경우는 미리 예고된 죽음보다 유족들에게 더 큰 슬픔을 준다. 고인의 죽음을 예측하고 준비하지 못한 사람들이 상실을 인정하고 수용하는 데 어려움이 있고 복잡한 비탄과 우울 장애를 더 많이 겪는 것으로 나타났다(Parkes & Weiss, 1983).

(4) 성격

의존성이 강한 사람, 관계 형성에 어려움이 있는 사람, 경계적 인격장애나 자기중심적 성격장애를 가진 사람들이 상실을 다루는 데 어려움을 겪을 수 있다.

(5) 상실 경험과 대처 전략

상실 이전에 변화를 많이 겪은 사람이 더 힘든 비탄의 시간을 갖게 된다. 정신건강에 문제가 있는 사람은 그렇지 않은 사람과 비교하였을 때 더 힘든 비탄의 시간을 보낼 수 있다.

(6) 동시 발생적 스트레스

다른 사람보다 오래 산 노인의 경우 깊이 사랑했던 사람의 상실을 잇달아 경험하여 사별 과부하에 걸리기 쉽다(Kastenbaum, 1969).

3. 애 도

1) 애도의 정의

애도란 사별에서 비롯된 슬픔의 감정을 기술하는 용어로 비탄을 표현하기 위해 문화적으로 규정된 행동 패턴을 지칭하는 데 사용된다(Aiken, 1994: Kalish, 1985a).

2) 애도의 단계와 반응

애도는 충격→고통→회복단계로 각 단계별 반응을 살펴보면 다음과 같다.

(1) 충격

첫 단계는 충격, 무감각, 불신으로 수시간 혹은 수일간 지속될 수 있다. 생리적 증상으로 울음, 탄식, 흉통, 목이나 가슴이 조이는 듯함, 구강건조 등이 나타날 수 있다.

(2) 고통

두번째 단계로 상실을 더 크게 인식하게 되고 고통을 느끼기 시작한다. 상실, 분노, 슬픔의 감정을 표현하게 되고 고인에 대한 분노의 감정과 죄의식을 느낄 수 있고 자신의 편안함에 대한 죄의식으로 불안해하고 우울해진다. 생리적 증상으로 허약감과 피로, 불면증, 식욕부진, 멍한 상태를 나타내고 과다행동을 보일 수도 있다.

(3) 회복

다음 단계로 정상적인 삶으로의 회복으로 무력감으로부터 새로운 힘이 생기고 점차적으로 고통이 감소되고 대처할 수 있는 능력이 증가된다. 신체적, 정신적으로 사별이전의 상태로 돌아오면서 비참한 절망감이 사라지고 미래에 대한 생각을 하게 된다.

[표 11-1] 애도의 단계별 반응

충 격	고 통	회 복
무력감, 무감각	분노, 비통, 죄의식, 외로움, 그리움, 불안, 우울	해방, 회복
구강건조, 목메임, 가슴이 답답함	허약감, 피로	죽음 이전의 상태로 돌아옴
울음, 한숨	불면증, 과식, 식욕부진, 멍한 상태, 사회적 철회행위, 과나행동	사회적 상호작용, 새로운 관계확립
불신, 현존감	몰입, 환각, 혼돈	죽은 이에 대한 실제적인 기억

4. 사별과 비탄에 대처하는 사별가족 돕기

1) 정상적인 비탄 반응을 보이는 사별가족 돕기

(1) 사별가족에게 도움이 되는 반응

사별가족을 대상으로 도움이 되는 말은 사별한 사람을 위해 '함께 하겠다'는 것이다. 반면 사별가족에게 도움이 되지 않는 말은 다음과 같다(Corr et al, 2000).

① 그들이 겪은 상실을 과소평가하는 말
② 그들이 겪고 있는 강한 비탄 반응을 대중 앞에서 표현하지 않도록 권고하는 말
③ 즉시 삶으로 복귀하여 그들의 비탄 때문에 다른 사람을 괴롭혀서는 안된다고

제안하는 말

(2) 사별가족(미망인)을 위한 제언

남편을 잃은 후 미망인들이 직면하게 되는 문제들을 피하는 방법은 다음과 같다 (Brothers, 1992).

① 자신의 삶은 자신이 맡아라.
② 성급한 결정은 피하라.
③ 미래를 설계하라.
④ 평상시의 일과들을 계속 유지하라.
⑤ 기념일, 휴일, 주말을 앞서 계획하라.
⑥ 외로움과 싸워라.
⑦ 자신에게 잘 대하라.
⑧ 운동을 하라.
⑨ 울고 싶으면 울어라.
⑩ 약과 술을 조심하라.

가장 좋은 해결책은 모임을 만들어 여러 사람과 함께 지내는 것이다. 그러나 여행을 떠나는 것은 좋지 않다. 여행은 미망인으로 하여금 다른 부부들이 서로 즐기는 것을 보면서 자신이 무엇을 잃었는지를 더욱 의식하게 만들 뿐이다.

(3) 사별가족 도우미를 위한 조언

① 사별가족은 경황이 없고 처리해야 할 일이 많으므로 그들에게 도움이 되는 구체적인 일을 하거나 실제적인 방식으로 기꺼이 돕겠다고 알려라.
② 혼자있고 싶어할 경우에는 그들의 선택을 존중하라.
③ 장례기간에 실제적인 방식으로 도와라.
④ 장례식 이후 힘든 시기에 사별가족의 접촉을 피하지 마라.
⑤ 평소대로 행동하고 죽기 전에 불렀던 자연스러운 방식으로 고인의 이름을 언급하라.

⑥ 답변할 수 없는 질문에 섣불리 답하려 하지 말고 자신의 종교적 · 철학적 신념을 사별가족에게 강요하지 마라.
⑦ 어떤 기분인지 안다고 말하지 마라. 똑같은 길을 걷지 않는다면 결코 알 수 없다.
⑧ 사별가족이 원할 때 즉시 응할 수 있도록 해라. 그러나 그들이 비탄 작업을 통해 자신의 독자적인 방식을 찾도록 허용하라.

2) 복잡한 비탄 반응을 보이는 사별가족 돕기

(1) 비탄 상담

사별가족이 고인과 끝내지 못한 일을 완수하고 마지막 작별인사를 할 수 있도록 돕는다.

(2) 비탄 상담의 원칙과 절차

① 사별가족이 상실을 현실화하도록 돕는다.
사별가족이 죽음이 일어났음을 충분히 인식할 수 있게 되기까지 마음속에서 반복해서 상실의 사건을 검토하고 재고할 필요가 있다. 상실에 대해 이야기하는 것이 죽음의 현실을 이해하도록 도울 수 있다.
② 사별가족이 감정을 확인하고 표현하도록 돕는다.
분노, 죄의식, 불안, 슬픔, 무력감 등으로 사별가족이 고인에 대해 갖는 부정적인 감정과 긍정적인 감정 간에 균형을 찾을 수 있도록 돕는다.
③ 고인이 없이 살 수 있도록 돕는다.
④ 고인에 대한 정서적 재배치를 촉진한다.
⑤ 비탄할 시간을 준다.
⑥ 정상적인 비탄 반응을 설명한다.
⑦ 개인차를 허용한다.
⑧ 계속하여 도움을 준다.
⑨ 방어기제와 대처방식을 점검한다.
⑩ 병적인 증상을 확인하고 필요한 경우 전문의에게 보낸다.

비탄은 쓸모 있다

“통곡이 치받쳤다. 며칠 동안 주리 참듯 참던 울음이었다. 도무지 어떻게 할 수가 없었다. 짐승 같은 울음소리를 참으려니 온몸이 격렬하게 요동을 쳤다. … 구원의 가망이 없는 극형이었다. 끔찍한 일이었다. 이럴 수는 없는 일이었다. 누구라도 이런 끔찍한 극형에 당해서는 그 영문을 물을 권리가 있다.” 박완서 작가는 25살 외아들을 사고로 잃은 슬픔을 산문집 〈한 말씀만 하소서〉에 이렇게 적었다.

사랑하는 가족이나 애인, 단짝과 사별하면 누구나 참담한 고통에 시달리고 일상생활을 제대로 못하게 된다. 면역력이 떨어지고 약물에 손대거나 자살할 위험도 증가한다. 이러한 비탄은 모든 문화에서 나타난다. 억장이 무너진 유가족 앞에서 비탄을 과학적으로 설명하겠다고 나선다면 냉혈한이라고 욕먹기 십상이다. 하물며 비탄이 먼 조상들의 번식을 높여주었기 때문에 자연 선택된 유용한 형질이라고 주장한다면 정신나간 사람으로 취급받기 쉽다. 비탄이 쓸모가 있다니, 그게 무슨 망발인가?

비탄을 과학적으로 이해하려는 시도를 많은 사람이 못마땅해하는 이유는 아마도 절절한 슬픔이 인간의 삶에 엄숙한 의미를 부여한다고 믿기 때문일 것이다. 비탄은 신과 초월을 진지하게 고민하게 해준다. 이처럼 비탄이 인간 삶에서 차지하는 중요성을 고려하면 욕먹을지언정 백해무익해 보이는 비탄이 널리 존재하는지 물을 수밖에 없다. 비탄이 유용한 적응이라고 보는 가설을 하나 살펴보자.

진화의학자 랜돌프 네스는 비탄이 다음에 소중한 이를 비슷하게 잃는 우를 되풀이하지 않게끔 예방하게 해준다고 본다. 어딘가 다쳤을 때 찾아오는 신체적 통증을 생각해보자. 싫고 끔찍하다. 하지만 통증은 손상된 조직을 계속 사용해서 더 크게 다치는 사태를 방지하게끔 정교하게 설계된 적응이다. 선천적으로 통증을 못느끼는 소수의 사람은 행복한 삶을 누리긴커녕 여기저기 부딪치고 골병이 드는 바람에 30살 이전에 죽는다는 사실이 알려져 있다. 통증이 신체의 손상을 경고하고 대비하게 해주듯 비탄은 무엇이 사별을 초래했는지 심사숙고하게 해서 앞으로 유사한 참사를 또 겪지 않게끔 대비하게 해준다. 이를테면 석기시대의 여성이 자식을 뱀에게 잃었다고 하자. 이 어머니는 다른 자식들이 함부로 숲에 못들어가게끔 신신당부할 것이다. 또한 어떻게 처신했어야 그 참혹한 비극을 막을 수 있었을지 고민할 터이다. 애끓는 비탄을 못느끼는 어머니는 덜 괴로워하고 더 오래 살겠지만 그녀의 다른 자식들은 여전히 뱀에게 물릴 위협에 노출된다. 즉, 비탄에 빠진 어머니는 그렇지 않은 어머니보다 자식들 그리고 손주들을 후세대에 더 많이 남길 가능성이 크다.

예방 가설과 부합하는 증거를 보자. 일반적으로 사람들은 배우자나 애인, 단짝을 사별했을 때보다 유전자를 공유하는 피붙이를 사별했을 때 더 큰 비탄에 빠진다. 또한 부모를 잃었을 때보다 자식을 잃었을 때 더 애달파한다. 이는 연령에 따른 번식 가치, 즉 특정 시기부터 미래까지 기대할 수 있는 자식 수의 총합은 내 자식이 내 부모보다 더 높기 때문이다. 자식이 죽으면 부모는 자식을 가슴에 묻는다는 말이 그래서 나왔다.

진화적인 관점에서 보면 사망할 당시 자식의 나이에 따라 부모를 엄습하는 비탄의 강도도 달라지리라 예측할 수 있다. 번식 가치는 출생 이래로 번식을 시작하는 사춘기가 될 때까지 계속 증가하다가 이후 꾸준히 감소하기 때문이다. 캐나다에서 자식을 잃은 부모들을 조사한 연구에 따르면 10대 중반의 자식을 잃은 부모들은 그 어느 연령대의 자식을 잃은 부모들보다 더 큰 고통을 겪었다. 세월호 참사로 자식을 떠나보낸 유족들의 슬픔이 얼마나 참혹할지 다른 사람들은 상상조차 하기 어려움을 알 수 있다.

과학자들 사이에 예방가설만이 유일한 정답으로 받아들여지지는 않음에 유의하길 바란다. 재설정가설은 비탄이 이미 고인이 된 사람에 대한 미련을 속히 접고 새로운 목표와 계획을 설정하게끔 도와준다고 본다. 신호가설은 유족이 통렬한 비탄에 빠진 모습을 남들에게 보여줌으로써 그가 헌신적이고 믿을만한 사람임을 신호한다고 본다(카뮈의 소설 〈이방인〉에서 "오늘 엄마가 죽었다. 아니 어쩌면 어제"라고 건조하게 말하는 뫼르소는 독자의 분노를 일으킨다). 비탄이라는 정서는 이제야 막 진화적 관점에서 활발히 연구되기 시작했다.

그렇지만 비탄이 자연선택에 의해 만들어진 보편적인 심리적 적응임은 확실해 보인다. 비탄은 자연스럽고 정상적인 정서다. 유가족에게 이롭진 않지만 진화 역사에서 유가족의 번식에 어쨌든 도움이 됐기 때문에 자연선택됐다. 이는 극심한 고통을 겪는 유가족을 그냥 내버려두라는 말이 아니다. 신체의 통증은 유용한 방어지만 내일 한국시리즈 최종전을 앞둔 선발투수라면 어깨에 진통제를 맞는 게 합리적일 수 있다. 비탄의 진화적 기능을 밝힘으로써 유족의 슬픔에 언제 어떻게 개입해야 할지 통찰을 얻을 수 있다.

출처: 경향신문, 전중환, "비탄은 쓸모 있다",
http://news.khan.co.kr/kh_news/khan_art_view.html?artid=201605102113005&code=990100,
2016. 05. 10.

래리 뉴먼의 이야기

나는 아버지의 죽음을 전혀 예상하지 못했다. 그런 믿기 어려운 사실을 예상하고 준비하는 사람이 어디 있겠는가? 아버지는 어느 토요일 밤에 어머니하고 친구분 댁에서 포커 게임을 하다가 갑자기 돌아가셨다. 평소에 아버지는 카드 운이 별로 없는 분이었는데 그날 드디어 게임에서 이기게 됐다. 기쁜 마음으로 승리의 결과물을 자기 쪽으로 끌어오려고 손을 뻗던 아버지가 어머니를 한번 쳐다보고는 그대로 풀썩 쓰러져버렸다. 급성심근경색이었다. 예기치 못한 시점에 나는 장례식을 총괄하면서 모든 것을 분별있게 처리하는 대표 노릇을 해야 했다. 아버지에게는 내가 둘도 없는 친구셨다. 나는 여전히 아버지께 전화를 걸어서 시시콜콜한 소식들을 주고받고 싶다. 아버지가 돌아가신 뒤 내게는 일이 최선의 치료책이었다. 어머니와 다른 가족들은 전문적인 치료 요법으로 많은 도움을 받았다. 벌써 30년이 훌쩍 지났고 이젠 나도 할아버지가 되었건만 늘 아버지가 사무치게 그립고 여전히 아버지의 죽음이 아프게 다가온다. 지금 내가 느끼는 고통은 애도라기보다는 공허감이다. 내가 곤경에 처했을 때 의지할 수 있는 사람이 너무 빨리 쓰러져서 느끼는 뼈아픈 허전함이다.

오레곤에 사는 셜리의 조언

나는 침대에 누워 꼼짝도 하지 않았다. 우리 애들은 냉장고에서 뭐든 꺼내 먹거나 친구네 집에서 식사를 해결했던 것 같다. 뭐가 어떻게 됐는지 정말 모르겠다. 세상과 마주할 힘을 얻기까지 꼬박 2주가 걸렸다. 그랬더니 좀 괜찮았다. 아버지는 나한테 전부였기 때문에 지금도 말로 표현할 수 없을 만큼 아버지가 보고 싶다. 내가 건네는 조언은 자기 방에 은신해 있으라는 것이다. 내겐 그 방법이 도움이 되었다.

출처 : 로버타 템즈, 모든 슬픔에는 끝이 있다, 정미현 옮김, 애플북스, 2015. 11. 09.

〈관련 동영상〉

1. 「세상에서 가장 아름다운 이별」

영원히 반복될 것만 같았던 일상에 찾아온 이별의 순간. 그날 이후…
우리는 진짜 '가족'이 되었습니다.

출처 : 네이버 영화
http://movie.naver.com/movie/bi/mi/basic.nhn?code=79762#story

2. 「채비」

일곱살 같은 서른살 아들 인규를 24시간 특별 케어(?) 하느라 어느 새 30년 프로 잔소리꾼이 된 엄마 애순 씨는 앞으로 아들과 함께 할 시간이 많지 않음을 알게 된다.

자신이 떠난 후 남겨질 아들을 생각하니 또다시 걱정만 한 가득인 애순 씨는 세상과 어울리며 홀로 살아갈 인규를 위한 그녀만의 특별한 체크 리스트를 작성하고 잠시 소원했던 첫째 딸 문경과 동네 사람들의 도움을 받으며 빈칸을 하나씩 채워나가기 시작하는데…

출처 : 네이버 영화
http://movie.naver.com/movie/bi/mi/basic.nhn?code=162932

오래가는 슬픔은 '병'…美 '1년 이상의 지속적 비탄' 장애로 인정

정신질환진단・통계 매뉴얼 개정 5판에 '지속적 비탄장애' 병명 등재
자녀・배우자 등 사랑하는 이를 잃은 유족의 고통 치료대상으로 인정
수십 년간 이어온 해묵은 논쟁 종지부…그러나 여전히 논란은 계속
"정신적 고립된 이들 도움 필요" vs "질병이라 이름 붙이면 압도"

미국 의학계가 '1년 이상의 지속적인 비탄'을 장애로 인정하면서 치료 대상 여부를 놓고 수십 년간 벌인 해묵은 논쟁이 결국 종지부를 찍었다.

일부 전문가들은 그동안 자녀나 배우자 등을 잃은 유족의 고통을 사회가 당연하게 받아들이면서 이들의 아픔을 돕지 못했다면서 '극심한 슬픔'을 정신질환으로 분류해야 한다고 주장해왔다.

지난주 미국 뉴욕타임스(NYT)의 보도에 따르면 최신 출간된 '미 정신질환 진단 및 통계 매뉴얼 개정 5판'(DSM-5)에는 슬픔이 지속되는 심리적 상황이 '지속적 비탄 장애'(Prolonged Grief Disorder)라는 병명으로 등재됐다.

이를 병으로 분류하는 것을 반대해온 전문가들은 사랑하는 이를 잃었을 때 겪는 슬픔 등은 인간이 경험하는 근원적인 감정인데 이를 병적인 것으로 생각하는 것은 위험하다고 주장해왔다. 그러나 소수이지만 사랑하는 사람을 잃고 그 슬픔에서 벗어나지 못해 고립된 삶을 이어가는 사람들이 있는 것도 사실이다.

'지속적 비탄 장애'라는 진단명을 갖게 된 것은 임상에서 의사들이 이 병의 치료비를 보험회사에 청구할 수 있게 된 것을 뜻한다. 또 이 약의 치료제 개발이 급물살을 타게 되는 것도 의미한다. 현재 미국에서는 알코올 중독 등의 치료제로 쓰이는 날트렉손이 슬픔 치료제로 임상시험 중이다.

일부 전문가들은 여전히 슬픔에 빠진 이들이 천천히, 자연스럽게 상실에서 벗어나고 있는데 병으로 규정해버리면 도리어 유약해지고 그 감정에 압도당할 것이라고 우려한다. 자신이나 자신의 감정을 믿고 나아가야 하는데 그러지 못하게 된다는 것이다.

한편 비탄을 병으로 보는 것의 시초는 1990년대 정신역학자인 홀리 G. 프리거슨이 우울증 치료 효과에 대한 자료를 수집하면서 이 감정이 우울감이나 불안감과 확연히 다르다는 것을 깨달으면서다.

프리거슨 박사는 환자들을 보면서 항우울제로 우울감은 약화됐지만 슬픔의 정도는 계속 강한 것을 알게 됐다. 그리고 이들은 (없는 것을) 갈망하고 그리워하는 증세를 갖는데 이는 우울증과 구별되며 고혈압이나 극단적 선택 상상 등으로 귀결되기도 했다.

프리거슨 박사의 연구에 따르면 슬픔은 사랑하는 사람을 잃은 후 6개월간 최고조에 달했고 약 4%에서 그 증세가 지속돼 수면이나 일상적 기능이 제대로 이뤄지지 못했다. 하지만 2010년만 해도 미국정신의학회가 우울증 정의에 슬픔에 빠진 이들까지 넣자고 제안했다가 '과잉 진단과 과잉 치료'라는 광범위한 반발을 샀다.

당초 연구자들은 6개월 후까지도 슬픔이 계속되면 이 장애라고 생각했지만 이번 DSM 등재는 좀 더 보수적으로 1년으로 잡았다. 그리고 유족들의 4%가 이에 해당할 것으로 추정했다.

하지만 NYT는 일각에서는 "1년이라는 시점을 두는 것은 임의적이고 잔인한 일로 생각한다"고 전했다. 모든 사람에게 슬픔의 감정이 있고, 6개월이든 1년이든 여전히 죽은 가족을 그리워할 수 있는데 사랑을 병으로 치부하는 것 같기 때문이라는 점에서다.

출처 : 세계일보, 2022.03

제 12 장

사별가족 돌봄

제 12 장

사별가족 돌봄

1. 사별가족 돌봄

1) 용어정의

(1) 슬픔(grief)

상실에 대한 총체적 반응이며 무력감, 분노, 절망감, 죄의식 같은 정서적 반응이다. 신체 반응으로 나타나는 신체적 통증과 일상적 생활 영위에 필요한 기능 손상이 나타난다.

(2) 애도(mourning)

슬픔을 표현하는 사회문화적 양식으로 상실에 대한 외부적 반응이다. 슬픔의 사회적인 표현과 행동이 나타난다. 장례와 관련된 관습이나 의식, 슬픔을 위한 일정한 기간이 필요하며 애도 반응은 개인의 인격이나 문화에 따라 다르게 표현된다.

2) 사별 이론

대표적인 사별 이론으로 프로이드의 정신분석학적 이론과 볼비의 애착이론을 들 수 있다.

(1) 정신분석이론

프로이드는 정신분석학적 이론을 바탕으로 고인에게 집착된 리비도 에너지를 철수하고 에너지를 재조정하는 과정을 애도과정으로 설명했다. 애도의 시간은 고인과 관련된 생각들과 과거의 기억들을 뒤돌아봄으로써 고인과 밀착된 에너지를 점진적으로 분리하는 과정으로 고인과의 지속적인 관계 유지는 기본적으로 병리적인 애도반응이다. 고인에 대한 양가감정은 병리적인 슬픔으로 흐를 가능성이 높다고 하였다.

(2) 애착이론

볼비는 '애착과 상실'을 통해 애착행동은 상실에 대한 인간의 본능적, 보편적 반응으로서 사람들과 긴밀한 관계를 유지하는데 중요하다. 애착은 아기가 어머니와 신체적으로 분리된 상황에서 어머니와 계속적으로 관계를 유지하고자 하는 행동이다. 어린이와 어머니 사이의 애착관계처럼 사별한 사람도 고인과의 관계에 집착한다.

시간이 흐르며 고인과의 점진적인 분리를 통해서 새로운 관계를 발전시키는데 에너지를 사용하게 된다.

3) 사별과정과 돌봄

사별과정은 사회적, 신체적, 영적, 인지적 측면을 포함한 상실에 대한 애도반응이다. 어떤 사람은 상실감에 대처하기 위해 의식적인 노력을 하지만 어떤 사람은 일어난 사건을 부정하고 상실감을 다루지 않으려 한다. 외관상 극복할 수 없을 것 같은 상실감일 때 흡연, 과음, 약물 남용, 자살 충동 등 파괴적인 대처 전략이 가속화될 수 있다.

(1) 예견된 슬픔 단계

실제 죽음이 발생되기 전에 겪는 슬픔이다. 환자가 계속 나빠지는 것을 가족이 지켜볼 때 아무 것도 도울 수 없고 이것이 자신의 운명이라고 느끼는 절망감으로부터 오는 슬픔이다. 예견된 슬픔의 기간이 너무 길어지면 환자를 돌보는 가족은 지치게 되고 가족은 은근히 환자의 죽음을 기다리며 죄책감을 가질 수 있다.

이 단계에서의 돌봄 방법으로는 임종이 가까워짐을 알려주어 가족들이 서로 용서하고 화해하는 시간을 갖게 한다. 환자가 유언을 안했다면 의식이 저하되기 전에 유언할 수 있도록 돕는다. 또한 환자가 편안하고 존엄한 임종을 맞이할 수 있도록 청결한 주위 환경을 조성하고 환자의 종교에 맞는 영적 돌봄을 제공한다.

(2) 충격 단계

죽음에 대한 소식을 듣는 순간 가족들은 충격과 함께 사실인지 아닌지 믿겨지지 않는 멍한 상태를 경험한다. 갑작스런 예견하지 못했던 죽음의 경우 죽음에 대한 부정과 함께 더 오래 지속될 수 있다. 미리 예견하고 마음의 준비를 한 죽음일지라도 죽음에 대한 소식은 여전히 가족에게 충격을 줄 수 있다. 상실에 대해 가족들이 현실적으로 받아들이고 인정하는 것이 중요하다.

이 단계에서의 돌봄 방법으로는 죽음의 현실을 수용하도록 하며 임종, 장례식 등 애도과정에서 충분하게 슬픔을 표현하도록 한다. 그리고 가능한 사별가족들이 누군가와 함께 하도록 도우며 필요시 적절한 실질적 도움이 필요하다. 심리적, 신체적 이상증상은 일시적인 현상으로 쇼크에 대한 정상적인 반응임을 알려 준다. 환자에 대한 원망과 죄의식 등에 대한 표현을 편안히 들어 준다.

(3) 고통직면 단계

상실로 인해 발생되는 어려움과 변화에 직면하는 단계이다.

고인에 대한 그리움과 절망감 및 우울이 교차되는 시기로 상실의 고통을 겪으면서 고인이 없는 현재 상태에 적응하는 것이 중요하다.

이 단계에서의 돌봄 방법으로는 고인을 떠나보냄은 매우 어렵고 고통스러운 것이며 많은 시간을 요하는 일임을 인지시키고 감정조절이 안되고 민감한 반응은 자연스러운 것이며 일시적인 현상임을 알려 준다. 고인이나 자신에 대한 고통스러운 느낌들을 말이나 글로 표현하도록 한다. 규칙적인 운동과 균형있는 식사, 충분한 수면을 하도록 격려한다. 고인의 죽음으로 가족 구성원 모두 어려움을 겪고 있음을 이해하도록 도우며 가족들이 서로의 감정을 표현하고 나눌 수 있도록 한다. 비슷한 경험을 한 사람들의 자조모임이나 지지모임을 찾는 것도 도움이 될 수 있다.

(4) 회복 단계

상실감의 고통으로부터 회복되고 새로운 삶에 대한 적응 단계이다.

새로운 관계에 대해 관심과 에너지를 쏟고 자신의 삶에 대한 재조정의 단계로 점차 사별 이전의 상태로 돌아가게 되고 고인에 대하여 생각하더라도 슬픔의 고통이 크지 않게 된다.

이 단계에서의 돌봄 방법으로는 죄책감과 고인에 대한 배신감이 생길 수 있으나 자연스러운 과정이라는 것을 인식시키며 내면의 힘이 생기는 것을 느끼게 되면 슬픔이 끝나가고 있다는 신호임을 알린다. 고인의 죽음과 관련된 고통스러운 상념들을 떠나보내고 고인이 건강했을 때 누렸던 행복한 기억들로 그 자리를 다시 채운다. 장기간의 슬픔 여정으로 몸이 쇠약할 수 있으므로 규칙적인 운동, 균형있는 식사를 하도록 한다. 새로운 사람들이나 친했던 사람들을 만나 사회적 활동과 취미생활을 시작하도록 한다. 삶의 의미를 재창조할 수 있도록 좋은 글과 책, 기도, 명상 등 영적인 활동이 필요한 경우도 있다.

4) 병적인 슬픔 반응

시간이 지나도 사별의 슬픔이 자연스럽게 해결되지 못한 경우 나타난다. 죽음에 대해 받아들이기 너무 고통스러워 회피하고 부정한다면 상실의 고통은 시간이 지남에 따라 희석되는 것이 아니라 더욱 병적인 슬픔으로 흘러 인격을 황폐화시킬 우려가 있다.

(1) 병적 슬픔의 위험요인

① 사회적 지지가 부족할 때

② 경제적 어려움이 있을 때
③ 정신질환의 병력이 있을 때
④ 성격이나 스트레스 대처방안에 문제가 있을 때
⑤ 과거의 상실 경험이 부정적일 때
⑥ 예상치 못한 죽음이거나 대형 사고사일 때
⑦ 아이의 죽음일 때
⑧ 의존적인 노인이 배우자를 사별했을 때
⑨ 자살 혹은 타살 등과 같이 사회적으로 금기시되는 죽음일 때

(2) 종류

법적 슬픔의 종류로는 지연된 슬픔, 금지된 슬픔, 만성적 슬픔이 있다.

① 지연된 슬픔

슬픔을 표현하지 못하고 억누른 경우 시간이 지난 후 나타날 수 있고 사별의 고통이 길어질 수 있다. 사별 당시에는 슬퍼하기보다는 도리어 명랑해 보일 수 있고 사별 후 얼마 동안은 고통없이 꿋꿋하게 잘 적응하고 있는 것처럼 보일 수 있다.

② 금지된 슬픔

사회, 문화적 상황에서 개인적 슬픔 표현이 금지된 경우이다. 슬픔에 대한 감정을 제대로 표현하지 못하고 억누른 경우 억제된 슬픔으로 신체적 이상 증상이 발현될 수 있다. 어린이들이 애도할 수 있는 기회를 갖지 못했을 경우에는 어른이 되어 원인을 알지 못하는 신경증적 증상이 나타나기도 한다.

③ 만성적 슬픔

시간이 지나도 계속되는 슬픔이며 만성적 우울증, 알코올 중독이 유발될 수 있다. 오랜 시간이 지난 후에도 슬픔이 희석되지 않은 채 지속적인 상실의 고통이 계속될 수 있다.

5) 사별 유형

사별 유형으로는 자녀 사별, 배우자 사별, 부모 사별, 형제·자매 사별 등이 있으며 각각에 대해 살펴보면 다음과 같다.

(1) 자녀 사별

자녀의 죽음은 부모가 겪는 가장 고통스러운 상실감으로 부모에게 매우 심한 슬픔을 안겨준다. 부모는 자신의 기본적인 역할을 수행하지 못했다는 실패감이 들며 자녀 사별로 자녀에게 가졌던 꿈, 희망, 자존심 등 2차적 상실을 경험한다. 배우자가 지지해주길 기대하나 부부가 함께 고통을 겪고 있기 때문에 어느 한편이 지지해주는 것은 불가능하다. 자녀의 죽음이 부부의 이혼을 야기시킬 수 있으며 부부 사이의 긴장감을 증가시킬 수 있다.

(2) 배우자 사별

죽음으로 인해 배우자를 잃은 유형으로 사별 여성의 경우 본인이 사별 여성임을 드러내기를 기피하며 남편의 죽음 후 사회적 지위의 변화, 정체성 혼란, 사회적 고립감이 나타날 수 있다. 또한 주 수입원이었던 남편의 사망은 경제적으로 큰 어려움이 될 수 있다.

사별 남성의 경우 성장한 딸이 아이들의 엄마 역할을 대신하거나 자녀가 어린 경우 본인이 엄마의 역할을 수행해야 하며 재혼에 대한 압력을 받게 되고 재혼을 서두르는 경향이 나타난다.

(3) 부모 사별

부모의 죽음은 아이가 직면하는 가장 중요한 상실이다. 부모는 자녀를 물질적, 정신적으로 지지하고 자녀가 성숙할 수 있는 안정된 가정환경을 제공하는 사람으로서 자녀를 위한 보호자이며 자녀가 성인이 되기 위해 필요한 주요 발달과제들을 잘 다루도록 도와주는 동반자이다. 따라서 부모의 죽음으로 인한 상실은 아이의 삶에 있어서 매우 중요한 부분들을 변화시킨다.

(4) 형제, 자매 사별

아동의 죽음은 한 가정의 분위기에 엄청난 변화를 준다. 남겨진 형제나 자매는 경쟁자이자 놀이 친구를 상실하는 경험이며 일시적으로 부모의 관심과 보살핌 밖에 머물게 된다. 남은 자녀와 부모 사이에 거리감을 형성할 수 있으며 다음에 태어나는 자녀에게도 영향을 준다. 부모의 불안감 증대로 아동을 과잉보호하게 되기도 하며 아동의 잠정적인 발달과 독립에 방해를 주기도 한다. 또한 남은 아동에게 잃어버린 자녀의 자리를 채우도록 강요할 수도 있어 남은 아동의 정체성 확립에 장애를 가져오기도 한다. 형제자매 간의 부정적 관계는 사별 후 비애를 증가한다. 자신에게도 생길 수 있는 일이라는 생각이 들어 남은 아동이 생존해 있는 현실에 대한 불안한 마음이 든다.

6) 사별 과제

사별 후 과제로 현실 인정, 새로운 환경적응, 새로운 삶의 구축, 고통치유 등이 있으며 이들을 살펴보면 다음과 같다.

(1) 현실 인정

환자 임종 후 수개월간 환자의 죽음을 부인할 수 있고 일부 사별가족은 환자를 계속 찾아다니거나 환자를 기다린다. 환자가 세상을 떠났다는 것을 인정할 때까지 다음 단계로 옮겨갈 수 없으므로 현실을 인정할 수 있도록 돕는다.

(2) 새로운 환경 적응

상실이 가지는 중요성과 상실로 인한 삶의 변화를 인지하고 새로운 환경에 적응하도록 돕는다.

(3) 새로운 삶의 구축

새로운 사회적 · 인간적 관계의 형성이 필요하다. 따라서 환자 사망 후 몇 주 동안은 그들을 집중적으로 돌봐주어야 한다.

(4) 고통 치유

사별가족은 상실로 인한 고통을 피하기 위해 노력하며 의료진은 약물처방을 해서라도 이러한 고통을 덜어주고자 한다. 약물처방은 파괴적인 반응에 대처하기 위해서 일시적으로 필요하지만 너무 많이 사용하면 상실로 인한 고통 및 애도반응을 부적절하게 연장시킬 수 있다.

7) 사별가족 돌봄 원칙

사별가족 돌봄의 원칙은 다음과 같다.

(1) 사별가족이 상실에 대한 현실을 수용하도록 돕는다.

사별가족에게 죽음과 관련된 상황에 대하여 설명할 수 있는 기회를 제공하여 죽음을 현실로 받아들이는데 도움이 된다.

(2) 사별가족이 감정을 표현하도록 돕는다.

문제가 될 수 있는 사별가족의 감정은 분노, 죄책감, 불안과 무력감 등이 있다. 감정을 감추지 않고 표현할 수 있는 기회를 제공해 줌으로써 자신의 감정이 어떤 것인지를 파악하도록 돕는다.

(3) 고인이 없는 생활에 적응을 돕는다.

사별가족이 어떤 문제를 가지고 있으며 문제 발생 시 어떻게 해결하고 있는지 파악이 중요하다. 혼자서 결정해야 한다는 것에 어려움을 느낀다면 고인없이도 현명한 결정을 할 수 있도록 돕는 것이 중요하다.

(4) 고인과의 정서적 재배치를 촉진하도록 돕는다.

자신의 삶에서 고인과 새로운 관계를 맺을 수 있도록 돕고 고인에게 집중되어 있는 의식에서 점진적으로 벗어나도록 돕는다.

(5) 슬픔을 공감하는 지속적인 지지를 제공한다.

일반적으로 사별 후 3개월 정도가 되면 주위 사람들의 사별가족에 대한 관심은 철회하게 된다. 혼자 남겨지고 주위사람들이 자신을 피한다는 생각이 들면 복잡한 감정과 주위 사람들에 대해 분노를 가질 수 있으므로 지속적이고 규칙적인 지지를 제공해 줄 수 있는 도움이 필요하다.

(6) 정상적 애도 반응에 대한 해석

사별가족은 자신의 애도 반응에 대해 매우 생소하게 느끼고 당황하는데 이것은 사별과정에 따른 애도 반응에 대해 설명하고 현재 자신의 증상이 정상임을 확인하고 안심하도록 돕는다.

(7) 개인적 차이를 인정한다.

슬픔 반응에는 개인마다 다양한 차이가 있음을 인식하도록 돕는다.

(8) 방어기제와 대처기제 파악 후 병리적인 경우 전문가에게 의뢰한다.

사별가족의 슬픔을 줄여주기 위해서 상실감과 감정적 반응 및 대처기제를 평가한다. 유족들은 자신들이 '미쳐간다' 거나 '이성을 잃고 있다'고 느낄 수 있으므로 그들이 자신의 감정에 대해 토로할 수 있도록 돕는다. 상실감, 애도반응, 대처기제가 부적절하고 위해가능성이 있는 경우 신속한 평가가 필요하며 숙련된 전문가에게 상담을 의뢰하여 위험을 줄이도록 한다.

8) 사별가족 돌봄 방법

사별가족 돌봄 방법으로는 사별 후의 감정들을 표현하고 수용하도록 도우며 고인을 잘 추모할 수 있도록 한다. 신체적, 정신적 건강을 유지할 수 있도록 하고 정상적인 슬픔 반응과 사별 과정에 대한 학습과 증상과 단계에 따른 돌봄이 필요하다.

가치관, 철학, 신념 등의 위협으로 삶이 흔들릴 수 있으므로 삶의 의미를 재창조할 수 있도록 영적인 활동을 격려한다.

사별 후 변화된 생활에 대한 대처 능력을 향상되도록 돕는다. 구체적 방법으로는 개인상담, 가족상담, 사별 자조모임을 진행하는 것이 있다. 자조모임은 일반사별과 특별사별(에이즈, 자살 등)로 나누어 진행한다. 정기적인 편지는 내성적이거나 대인관계를 꺼려하는 사별가족에게 유용하다. 사별가족들의 애도 및 추모행사에 참석하게 하며 사별관리팀이 애도행사를 주최하여 사별가족들을 초대한다.

9) 개인 상담과 추모방법(Corless, 2001)

- 30분 동안의 울음을 20분 만에 그치지 말라.
- 사별자의 생각이나 느낌을 고인에게 보내는 편지를 통해 표현하게 한다.
- 빈 의자에 고인이 앉아 있다고 상상을 하고 고인에게 할 말을 할 수 있도록 한다.
- 사별자가 고인이 되는 역할극을 실시한다.
- 사별과정 동안 겪게 되는 생각과 느낌을 표현하게 한다.
- 사별로 인한 변화와 상실로 인한 이차적인 상실에 대해 사정하고 돕는다.
- 소리지르며 울도록 하여 분노가 배출되도록 돕는다.

사별, 그 이후의 반응

올 초 친구 두명이 아버님을 하늘로 보내드렸다. 의과대학 시절 한데 어울려 지내던 친구들이었다. 장례식장에서 만난 친구들은 다들 한마디씩 했다. "이젠 우리가 부모님 장례식에 참석할 나이가 되었구나." 얼마 전까지만 해도 친구들의 결혼식에서 반가운 모습으로 만나던 얼굴들이었다. 장례식장에서 시끌벅적한 문상객들을 멀리서 쳐다보고 있노라니 묘한 감정이 스며들었다. 돌아가신 분 앞에서처럼 살아있다는 것을 생생하게 느껴 본 적이 없었던 것 같다. 어둠이 깊으면 깊을수록 작은 불빛도 선명하게 보이는 것처럼. 사별을 받아들이는 3단계 사별(bereavement)은 죽음으로 맞게 된 상실 그 자체를 말한다. 애도(grief)는 상실과 연관된 감정과 행동(예를 들면 우는 것)을 말한다. 프로이트와 초기 정신분석가들은 고인과의 연결을 고통스럽게 포기하는 것이 애도작업(work of grief)이라고 했다. 즉 애도를 이별(분리)에 대한 복구반응으로 본 것이다. 애도는 뒤에 남은 사람이 자신의 정서적 에너지를 새로운 방향으로 향할 수 있을 때 끝난다고 생각했다. 최근 이론에서는 애착이론의 영향을 받아 애도작업이 일련의 애착행동을 포함한다는 것을 강조한다. 애착이론은 강하고 지속적인 감정적인 유대(bond)를 만들려는 것이 인간의 본능이라고 가정한다. 애착관계가 끊어질 때 사람들은 분리 불안을 경험하면서 잃어버린 관계를 회복하고자 하는 강렬한 행동을 보인다. 사별의 경우 잃어버린 관계의 회복이 불가능하다. 고인은 다시 돌아오지 않는다. 고인을 떠나보낸 사람이 궁극적으로 죽음이라는 현실을 받아들이는 것을 배우는 동안 고인에 대한 기억을 아주 생생하게 간직할 수 있는 방법도 배우게 된다. 사별과 애도는 이별과 애착이라는 딜레마를 풀려는 시도로 생각할 때 가장 잘 이해된다. 한편 사별한 사람은 현실 세계에서 지속되는 삶에 적응하기 위해서는 상실을 받아들여야만 하는 상황에 직면하게 된다. 다른 한편으로는 잃어버린 관계에 대한 연결점을 놓치지 않고 균형을 잡으려는 심리적인 요구가 버티고 있다. 전자는 극심한 심리적 고통을 불러일으키며 후자는 심리적인 평안감을 가져온다. 그렇기에 사별의 전형적인 경과가 고통과 평안 사이를 오르락내리락하는 것이다. 사별과정은 개인마다 많이 차이가 있지만 대략 3단계로 구성된다고 생각된다. 첫 단계는 초기의 충격, 믿기 어려운 느낌, 부정 등이다. 다음 단계는 급격하게 찾아오는 불편감과 사회적인 위축이다. 마지막 단계는 서서히 진행되는 회복(restitution)과 재편(reorganization)의 과정이다. 이 세 과정은 칼로 자르듯 명확히 나뉘어지는 것이 아니며 서로 겹치기도 하는 유동적인 과정으로 생각된다. 죽음만이 애도반응을 가져오는 원인은 아니다.

급증하는 이혼율로 우리 주변에서 이혼한 사람들을 흔히 볼 수 있다. 자신이 원해 선택한 이혼이든 어쩔 수 없는 상황으로 등 떠밀려 한 이혼이든 간에 이 사람들 역시 애도 반응을 경험한다. 어떤 연구에서는 사별하는 것보다 이혼하는 것이 우울증에 걸리기 쉬운 위험 요소라고도 했다. 어떤 사람들에게는 애지중지 키우던 강아지를 잃는 것이 애도를 경험하는 원인이 된다. 눈에 보이는 대상이나 사물 외에도 젊음이나 건강, 지적인 능력, 신체 감각(예를 들면 사고로 시력을 잃거나 나이가 들어 청력이 저하되는 식으로)이나 신체 일부(유방암으로 유방 절제술을 받는 등)를 잃어버리는 것, 중요한 인간관계나 역할을 잃는 것(조기 퇴직 등), 능력, 잠재력 등이 손상되는 것도 애도 반응을 유발한다. 애도반응과 주요 우울증은 닮은 점도 있고 다른 점도 있다. DSM-IV의 진단 기준에 따르면 주요 우울 삽화의 증상들이 사랑하는 사람을 잃은지 2개월 이내에 나타나 2개월 이상 지속되지 않는다면 사별에 기인하는 것만으로 판단하도록 하고 있다. 단, 직장에 나가야 하는데 계속 결근을 하는 식으로 나타나는 두드러진 기능장애를 보이거나 무가치에 병적으로 집착하거나 자살 사고가 있거나 죽은 사람의 목소리를 듣는다든지 하는 식으로 정신병적 증상이 지속되거나 정신운동의 지연이 있는 경우는 주요 우울증을 진단하도록 한다. 사별과 관련된 우울 증후군은 매우 흔하다. 많은 경우에는 특별한 치료없이 저절로 좋아진다. 삶의 질 저하도 거의 없다. 자조모임을 통해 소속감과 자신감이 살아나는 경험, 그러나 약 1/3가량의 사별한 사람들이 1년 이후에도 우울 상태에 빠져있다는 연구 결과가 있는 것을 보면 "우울할 만도 하지." 하면서 가볍게 지나쳐서는 안 될 것 같다. 우울증후군에 대해 효과적인 치료를 받는다면 애도과정을 치르는 데 도움이 된다. 항우울성 약물이나 상담 치료가 애도과정을 방해한다는 케케묵은 생각은 비현실적이며 치료를 막는 것이 오히려 고통과 무력을 연장하는 게 될 수도 있다. 대부분의 사별자들은 치료없이 잘 지내고 좋아진다. 주변의 친구와 가족들, 때로는 성직자들이 주는 지지와 확신, 정보로 충분하다. 그러나 보다 공식적인 도움이 애도과정을 돕기 위해 필요할 때도 있다. 가장 접근하기 쉬운 것은 자조모임(self-help group)이다. 이들은 개인적으로 접촉하면서 정보를 제공하고 사랑하는 사람의 죽음에 적응하는 방법을 알려 준다. 사람들은 자조모임이 주는 소속감과 모임원들의 보살핌을 통해 자신감을 되찾는다. 자조모임보다도 더 공식적인 치료가 필요한 경우는 사별한 사람의 상황에 따라 달라진다. 과거에 정신과적으로 어려움을 겪었던 경우, 고인이 자살이나 타살로 사망하게 된 경우, 한꺼번에 인생의 갖가지 어려움에 노출된 경우, 사랑하는 사람을 동시에 잃은 경우, 남은 사람이 뭔가 실수를 저지른 사고에서 고인이 사망하게 된 경우, 사별자의 건강이 좋지 않거나 주위에 도울 만한 사람이 거의 없는 경우 애도과정이 엉망이 될 수 있기 때문에 주의를 기울여야 한다.

2002년 아마존닷컴에서 베스트셀러가 되었던 'The Lovely Bones'라는 책이 있다(앨리스 세볼드 著). 사랑스러운 뼈라니, 의아하게 생각될 수도 있겠지만 이 말은 죽음이나 불행한 사건을 계기로 형성되는 사람들간의 유대를 의미하는 것이다. '수지'라는 14살짜리 소녀가 동네 아저씨에게 성폭행당한 뒤 살해됐고 죽은 그녀가 이 세상을 내려다보며 이야기를 들려주는 형식의 책이다. 어린 딸의 죽음이라는 비극과 이로 인한 가족들의 충격, 흔들리는 신뢰와 깨어지는 인간관계, 그리고 그 모두를 한꺼번에 아우르는 회복의 희망을 담고 있는 책이다. 작가는 자신의 책을 설명하면서 이렇게 말한다. "살인이나 죽음이 일어나는 것은 좋은 일이 아니지만 그런 일이 일어난 이상 그 사실을 바꿀 수는 없는 것이니까 어떻게 대응해 나가는가가 더 중요하다고 생각합니다. 이와 같은 심각한 상실감을 극복하는 단순한 공식이란 없습니다. 그런 것이 존재했다면 우리는 상실을 두려워하지 않았을 터이지요. 나는 깊고 어두운 슬픔이 중요하다고 생각하지만 그것에서 벗어나는 것 역시 중요하다고 생각합니다. 고통에서 회복되는 데는 몇 년, 혹은 인생의 절반이 걸릴 수도 있어요. 정해진 시간 내에 반드시 슬픔이 치유된다는 보장도 없거니와 치유되는 과정도 사람에 따라 다릅니다. 뒤에 남아 있는 동안 사람들은 빛을 찾고 희망을 찾기 위해 노력하는데 그 점이 진정으로 중요한 것이죠."(www.yes24.com 'The Lovely Bones' 서적 소개에서 인용) 저자의 말처럼 죽음과 이별은 피할 수 없는 인생의 부분으로 이를 어떻게 소화해 내느냐에 따라 남은 자의 갈 길은 달라진다. 똑같이 발치에 놓인 돌이라도 걸려 넘어지는 돌이 될 수도 있고 딛고 올라서는 받침대가 될 수 있는 것과 같다.

출처: 엠디저널, 전현수, "사별, 그 이후의 반응",
http://www.mdjournal.kr/news/articleView.html?idxno=2073, 2005. 03. 01.

'모현 상실 수업'에서

간호사와 사회복지사, 자원봉사자는 물론 미술 치료사와 음악 치료사, 상담사 그리고 천주교・개신교・불교의 성직자와 수도자들이 참여했다.

'상실의 자각'을 주제로 미술 치료사의 '아트 테라피(예술 치료요법)'가 진행되었다. 강의실 앞쪽에 진열된 형형색색의 다양한 소품으로 수업주제에 따라 각자가 느끼는 상실을 표현하는 수업이다. 휑하게 뚫린 가슴으로 울다 지친 모습, 손발이 묶인 사람이 흘린 피눈물로 바닥이 얼룩진 모습, 바닥에 떨어진 꽃을 주우려 구부리고 있는 이의 모습 등 참가자들의 작품이 하나둘 진열되기 시작했다.

한 사회복지사는 줄곧 흘러내리는 눈물을 가만히 닦아내며 입을 열었다. "작업을 하면서 자꾸 눈물이 나네요. 자연스럽게 눈물을 쏟고 나니 후련해요."

수업을 듣는 이들 가운데 팔다리 한짝씩 깁스하고 작품을 만드는 이가 한눈에 들어온다. 아내와 사별한 뒤 너무 괴롭고 힘들어서 오토바이를 사서 무작정타고 나갔다가 사고가 났단다. "지금 내 상황을 다른 사람에게 말하기가 어려운데 설명없이 이렇게 나를 표현할 수 있다는 것이 좋아요. 사이다를 마신 것처럼 막힌 게 쑥 내려가는 청량감을 느낍니다." 이런 수업을 자기와 같은 처지에 있는 다른 사람에게도 권하고 싶다며 말을 이었다. "배우자나 자녀, 부모님을 잃고 혼자 가슴 아파하는 이들에게 주위사람들은 시간이 가면 해결된다며 견디라고 합니다. 이게 참으며 견딘다고 될 일이 아니에요. 이런 프로그램을 하면서 위로의 말을 듣지 않았는데도 위로받은 느낌이랄까요? 제가 아픔을 겪어보니 저처럼 아픔 있는 분들은 이런 프로그램을 꼭 했으면 좋겠어요."

출처: 경향잡지, 윤정희, 한국천주교주교회의, 2016. 11. 11p.~12p.

사망 임박했는데… 가족의 시한부 선고, 어떻게 전하실 건가요?,

"더 이상 할 수 있는 게 없습니다", "마음의 준비를 하셔야 합니다". 실제 의료진들이 말기암 환자나 보호자들에게 하는 말이다. 한국인 3명 중 1명은 암을 경험한다. 60대 사망자의 42%, 70대의 35%, 80대는 17%가 암으로 죽는다(2020년 사망원인 통계). 그 다음으로는 심장질환, 뇌혈관질환, 간질환, 치매 순이다.

우리나라의 암 치료 성적은 세계 최고 수준이다. 그러나 죽음을 앞둔 환자와 보호자를 대하는 건 그렇지 않다. 치료가 실패하면 그 이후 과정에 대해 친절하게 안내해주는 시스템이 없다. 말기 사실을 전달하는 역할도 보호자에게 떠넘기기 일쑤다. 그러다 보니 보호자는 환자에게 어떻게 알릴지 혼란스럽기만 하다. 환자가 충격 받을 걸 우려해 진실을 숨기기도 한다.

말기 선고에 대한 반응, "환자마다 매우 달라"

의학적으로 시한부는 어떻게 정해질까. 질환마다 다르지만 대개 적극적인 치료가 불가능하고 점차 증상이 악화되며 통계적으로 기대 여명이 예측될 때다. 예컨대 말기암은 4기거나 전이됐을 때가 아니라, 수술, 방사선 치료, 항암 화학 요법 등이 더 이상 효과를 내지 못해 수개월 안에 사망할 것으로 예상될 때 선고한다. 서울대병원 완화의료임상윤리센터 유신혜 교수는 "치료법이 없는 신경계질환 같은 경우에는 환자의 컨디션이 어느 정도로 떨어졌을 때를 말기로 보자는 의료진 간의 컨센서스가 있다"고 말했다.

말기가 오진일 가능성도, 극복하는 사람도 있다. 그런데 대부분은 그렇지 않다. 나쁜 소식을 통고하는 게 어려운 까닭이다. 말기를 선고 받은 환자들의 반응은 매우 다양하다. 일반적으로는 '부정, 분노, 타협, 우울, 수용'이라는 다섯 단계를 거친다고 알려져 있다. 그러나 완화의료를 거부하고 강원도의 찜질방에서 지내면서 안수기도를 받거나 산삼주사 등 비정형적인 치료를 찾아 다니는 말기 환자들이 많다. 전 재산을 줄 테니 살려달라는 환자도 있다. 건강한 사람이 이들의 참담한 심정을 이해하기란 어렵다.

나쁜 소식 전달하는 보호자 고뇌, 끝내 숨기기도…

그런데 나쁜 소식은 대개 보호자가 의료진으로부터 듣게 된다. 보호자들은 행여나 나쁜 소식이 큰 충격으로 다가가 병을 빠르게 악화시키는 건 아닐지, 환자가 치료를 포기하게 만드는 건 아닐지 걱정한다. 고민 끝에 사실을 말하지 않기도 한다. 2010년 국립암센터의 연구결과에 따르면 말기암 환자 42%는 말기 사실을 모르는 것으로 조사됐다. 지금도 상황은 비슷한 것으로 보인다. 완화의료 의료진들은 말기 사실을 전달받지 못하는 환자들도 많고, 끝까지 모르고 임종하는 사례도 있다고 말한다.

환자가 사실을 모르면 2차적인 문제로 이어질 수 있다. 가족에게 괜찮다는 말만을 들은 환자 입장에서는 자기 몸이 나빠지는 걸 느끼지만 왜 나빠지는지는 모른다. 막연한 불안감으로 실제보다 더 나쁜 상황을 가정하고 두려워할 수 있다. 의료진과의 관계가 악화되기도 한다. 유신혜 교수는 "환자 입장에서는 의료진에게 마지막으로 들은 말이 치료를 해보자는 것이었기 때문에 더 이상 의사를 신뢰할 수 없게 된다"며 "다른 의사를 찾아가기도 하고 대체의학에 기대를 걸어보기도 한다"고 말했다.

보호자에게 통고 책임 전가하는 의료진, "말기 판정 이후 안내 없어"

사실 보호자들이 입을 닫는 데에는 의료진 책임도 크다. 가장 이상적인 건 환자와 함께 있는 자리에서 의사가 직접 통고하는 것이지만 모든 부담이 보호자에게 전가된다. 치료 옵션에 대해서는 적극적인 가이드 역할을 하지만 그 이후 단계를 안내하는 것엔 인색한 의료진들이 많다. 인천성모병원 가정의학과 박중철 교수는 "심각한 문제라 생각하는데 말기 판정 이후 준비나 선택들에 대해 상세하고 친절하게 안내해주는 시스템이 없다"며 "의료가 세분화되면서 환자와 보호자의 감정은 고려 대상에서 점점 멀어지는 것 같다"고 말했다.

다만 의료진에게도 나쁜 소식은 버겁기 마찬가지다. 오랫동안 진료해온 환자나 어린 환자, 성공적인 결과를 낙관적으로 기대했던 환자라면 더 그렇다. 보호자도 힘든데 의료진이라고 쉬울 리는 없다. 박 교수는 "사실 의료진도 자신의 철학이나 가치관을 담아서 뭔가를 제안하고 싶지만 환자마다 어떻게 반응할지 알 수 없다"며 "섣불리 말했다가 원망 받고 죄책감에 시달릴 걸 우려해 방관자를 자처하게 되는 측면이 있다"고 말했다.

임종 돌봄을 제공하는 의료진에게는 특히 요구되는 사항이 많다. 말기 환자와 가족 간 의사소통이 갖는 의미, 그 내용에 대한 심층적 이해 등이 필요하다. 그런데 우리나라는 의대에서도 죽음을 교육하지 않는다. 유신혜 교수는 "의과대학 교육에서 의학적인 기술 등은 점점 발전하고 있지만 죽음을 둘러싼 소통법은 교육 과정에 포함된 지 얼마 되지 않았고 이마저도 비중이 적다"며 "소통이야말로 상황이 굉장히 다양한데 이에 대한 대비가 없다 보니 예상치 못한 상황에 감정적으로 힘들어하는 의료진들이 많다"고 말했다.

환자가 어디까지 알고 싶은지 파악해야…

의료진이 어떻든 결국 가장 중요한 건 보호자와 환자다. 그렇다면 환자가 모든 사실을 아는 게 좋은 걸까? 꼭 그런 건 아니다. 모르고 싶은 환자도 있기 마련이다. 세브란스병원 완화의료센터 권승연(소아청소년과) 교수는 "성인이라면 누구나 주체적인 삶을 살고 마무리할 권리가 있으므로 본인이 죽음을 수용하고 정리할 수 있는 시간을 가지게끔 하는 게 좋지만 그걸 원치 않는 환자도 분명 있다"며 "본인의 상태에 대해서 얼마큼 알고 싶은지, 혹시 안 좋은 일이 일어나면 직접 듣고 결정하고 싶은지 미리 파악하고 물어보는 과정이 중요하다"고 말했다.

질환의 상태에 대해서 알고 싶지 않은 환자는 거의 없다. 다만 임종은 얘기가 다르다. 환자가 느끼는 두려움의 정도가 크기 때문이다. 의료진으로부터 들은 말기 사실을 환자에게 전달할 결심이 생겼다면 다음과 같은 사항들을 고려하는 게 좋다. ▲환자가 안정감을 느끼는 공간에서 말하기 ▲환자가 자신의 상태를 얼마나 아는지 확인하기 ▲무엇을 궁금해 하는지 물어보기 ▲이해하기 쉬운 언어를 사용하기 ▲환자의 반응에 공감해주기 ▲질문에 성의껏 답해주기 등이다. 유 교수는 "이제 병이 조절되지 않으니 당신은 죽을 것이라는 말처럼 직접적으로 말하는 건 지양해야 한다"며 "오랜 시간 뜸을 들이면서 말하면 환자 입장에서 자기의 감정을 배려했다는 느낌을 받을 수 있다"고 말했다.

말기 통고를 둘러싼 의사소통은 자칫 간과될 수 있다. 그러나 연명의료, 호스피스·완화의료 등 남은 단계들을 결정해 나가는 데 있어서 환자와 보호자의 합의는 중요하다. 사별 후 보호자의 상실감도 고려해야 한다. 여러 증례 연구에 따르면 말기 사실을 제대로 전달하지 못해 후회하는 사람이 많다.

출처 : 월간조선, 오상훈 기자
출처 : https://health.chosun.com/site/data/html_dir/2023/07/05/2023070502279.html

참고문헌

건양대학교 웰다잉융합연구회 (2016). 지혜로운 삶을 위한 웰다잉. 구름서재.
게르트 미슐러 (2002). 자살의 문화사. 시공사.
경찰청 (2014). 내부자료.
고준기, 조현 외 (2014). 연명의료결정법안에 관한 문제점 및 개선방안. 강원법학 제43권.
구미래 (2015). 존엄한 죽음의 문화사. 모시는사람들.
길은미, 박재범 (2015). 장기기증을 위한 뇌사자 관리. J Korean Soc Transplant(JKST), Volume 29, Issue 3.
김명희 (2004). 한국의 생체장기 기증제도에 대한 윤리적 고찰. 연세대학교 대학원.
김민중 (1992). 뇌사 및 장기이식에 관한 문제와 그 해결. 대한병원협회지 제21권 10호.
김상희 (2002). 뇌사자 장기기증에 대한 간호사의 지식과 태도, 고신대학교 대학원.
김숙남 (2009). 의사와 간호사의 안락사에 대한 태도. 정신간호학회지 제18권 제2호.
김열규 (2001). 메멘토 모리, 죽음을 기억하라. 궁리.
김예진, 이명남 (2011). 병원간호사의 간호윤리 가치관 및 뇌사자 장기기증에 대한 태도에 관한 연구. 한국콘텐츠학회논문지, 제11권 10호.
김은영 등 (2012). 형법적 관점에서 살펴본 안락사 허용의 문제점. 원광대학교 법학연구소. 제7권. pp. 229-254.
김진모 (2006). 뇌사와 장기이식에 대한 윤리신학적 고찰. 광주가톨릭대학교 대학원 석사학위논문.
맹주만 (2016). 안락사와 존엄사, 그리고 웰다잉법. 철학탐구. 제44집. pp. 185-211.
문성학 (1998). 안락사의 도덕성 논쟁. 철학논총 15집. 새한철학회.
박경 (2011). 수용, 외상 후 성장, 우울과 자살사고의 관계. 대한스트레스학회. 제19권 제4호. pp.281-292.
박현정 (2015). 청소년 죽음교육 프로그램 개발과 효과성 연구. 성결대학교 일반대학원 박사학위논문.
박형민 (2010). 자살, 차악의 선택: 자살의 성찰성과 소통 지향성. 이학사.
방성애 (2012). 뇌사자의 장기기증에 대한 간호사의 지식과 태도. 인제대학교 보건대학원.
보건복지부 (2004). 2004년도 보건복지부 연구용역보고서. 자살예방정책개발연구.
보건복지부 (2013). Konos Annual Report. 질병관리본부 장기이식관리센터.
보건복지부 (2014). 장기이식 통계연보. 질병관리본부 장기이식관리센터.

보건복지부 (2015). Konos Annual Report. 질병관리본부 장기이식관리센터.
보건복지부 (2015). 자살예방백서 2015. 중앙자살예방센터.
보건복지부 (2016). 자살예방백서. 중앙자살예방센터.
서울대학교 산학협력단 (2012). 자살유해정보 예방을 위한 제도개선에 관한 연구. 보건복지부 발간자료.
서혜경 (2009). 노인죽음학개론. 경춘사.
성미혜 (2006). 임상간호사의 뇌사자 장기기증에 관한 지식과 태도. 임상간호연구. 제12권, 제1호.
셸리 케이건 (2012). 죽음이란 무엇인가. 엘도라도.
손명세 등 (2000). 안락사 기준에 관한 국제비교연구. 한국의료윤리학회. 제3권 1호.
송승필 (2015). 죽음을 알면 삶이 보인다. 시간의 물레.
송영신, 이미영(2008). 일 지역 간호사의 뇌사자 장기기증에 대한 태도 조사. 한국간호교육학회. 제14권 제2호.
신민섭, 박광배, 오경자, 김중술 (1990). 고등학생의 자살성향에 관한 연구. 한국심리학회. 제9권 제1호. pp. 1-19.
신옥주 (2009). 소극적 안락사의 법제화를 위한 비교법적 연구. 한국법제정보. 제37호. pp. 229-267.
양영미 (2016). 식물인간상태 자녀 돌봄에 대한 어머니의 체험. 순천향대학교 대학원 박사학위논문.
에밀 뒤르켐 (2008). 자살론. 청아출판사.
오진탁 (2013). 자살예방 해법은 있다: 죽음 이해가 삶을 바꾼다. 교보문고.
오진탁 (2015). 죽음을 두고 대화하다. 모시는 사람들.
울리 분덜리히 (2008). 메멘토 모리의 세계: '죽음의 춤'을 통해 본 인간의 삶과 죽음. 길.
윤매옥 (2009). 죽음준비교육 프로그램이 성인의 죽음 불안, 영적 안녕 및 삶의 의미에 미치는 효과. 지역사회간호학회. 제20권 제4호. pp. 513-521.
이상영 외 (2014). 자살위험도 결정요인 및 지역간 격차 요인분석. 한국보건사회연구원.
이영주 (2015). 뇌사자 장기기증 활성화 방안. EMJ (Ewha medical journal). Vol.38 No.1.
이영화 (1998). 죽음 준비교육 모형개발에 관한 연구. 이화여자대학교 사회복지대학원 석사학위논문.
이이정 (2011). 죽음학 총론. 학지사.
이종원 (2012). 뇌사판정과 장기이식의 윤리적 문제. 철학논총 69. 271-295.
이진아 (2007). 뇌사자 장기기증에 대한 의과대학생의 지식과 태도 연구. 연세대학교 보건대학원.
임기운 (2012). 죽음학: 죽음에서 삶을 만나다. 모시는 사람들.

임순록 (2011). 현대 한국인과 일본인의 사생관. 제이앤씨.

임종식, 구인회 (2003). 삶과 죽음의 철학. 아카넷.

장원경, 유수정, 유지영 (2016). 미국의 연명의료결정. 정담미디어.

정웅재 (2010). 뇌사, 장기기증 및 장기이식에 대한 부산시민의 지식과 태도. 부산가톨릭대학교 생명과학대학원.

정은영 (2016). 뇌사자 장기기증 교육프로그램이 간호대학생의 지식, 태도 및 행동의도에 미치는 효과. 아시아문화학술원. 인문사회 21, 제7권 제1호.

정화성 (2013). 장기 등 이식에 관한 법률과 장기기증 문화에 대한 검토. 문화・미디어・엔터테인먼트법(구 문화산업과 법). 제7권 제1호.

정희윤 (2015). 대학생들의 뇌사자 장기기증에 대한 태도 연구. 인제대학교 대학원 보건행정학과 석사학위 논문.

제이 홀맨 (1997). 의료윤리의 새로운 문제들. 예영커뮤니케이션.

조현 (2017). 호스피스・완화의료. 계축문화사.

조형진 (2015). 60세 이상에서 시행한 신장이식과 젊은 수혜자에서 시행한 신장이식의 예후 비교. 울산대학교 대학원.

주호노 (2007). 뇌사와 장기이식의 형법적 문제 -한국의 장기이식법을 중심으로-. 경희법학. 제42권 제2호.

주호노 (2007). 뇌사의 판정 Die Feststellung des Hirntodes. 경희대학교 법학연구소. 제42권 제1호.

최현주 (2012). 뇌사자 장기기증 지식이 태도와 실천의지에 미치는 영향. 고려대학교 일반대학원 석사학위논문.

케네스 폴 크레이머 (2015) 죽음의 성스러운 기술. 청년사.

콜렉터 (1979). 메멘토 모리. 신구문화사.

토마스 브로니쉬 (2003). 자살: 인간만의 파괴적 환상. 이끌리오.

통계청 (2014). 사망원인통계.

포브스 윈슬로 (2016). 자살의 해부학. 유아이북스.

한국자살예방협회 http://suicideprevention.or.kr/new2/main/main.php

한국죽음학회 (2010). 한국인의 웰다잉 가이드 라인. 대문화아카데미.

한상훈 (2004). 안락사의 허용성에 대한 비교법적 고찰. 한국형사법학회. 제21호. pp. 158-184.

한영자 (2004). 뇌사자 장기기증 활성화 방안. 한국보건사회연구원 보건복지포럼. 통권 제98호.

함우식 (2013). 자살에 영향을 미치는 요인에 관한 연구. 한국경찰 연구. 제12권 3호.

허나윤 (2015). 뇌사자 평가 중에 발생한 심장사 후 장기기증에 의한 신장이식 단일기관 장기

추적 결과. J Korean Soc Transplant(JKST), Volume 29, Issue 4.
허대석, 조현 (2003). 임종을 맞이하는 마지막 1주일. 군자출판사.
홍중수 (2014). 뇌사자 장기기증 및 뇌사추정자 신고에 대한 태도. 전남대학교 대학원.
후지와라 신야 (2010). 메멘토 모리. 한스미디어.
Almostadi, A. The Relationship between Death Depression and Death Anxiety among Cancer Patients in Saudi Arabia,' 1-1-2012 Doaa
Chung et al., 1999; Doyle, Hanks, Cherny, & Calman, 2004
Feuerlein, W., Bronisch, T., Fumaier, A., Eine Station Fur Notfallpsychiatrie und Krisenintervention - Konzepte, Struktur und erste Erfabrungen. Psychiatr. Prax. 10, 41-48 (1983)
Henseler, H., Narzibtische Krisen. Zur Psychodynamik des selbstmords. Rowohlt, Reinbek bei Hamburg 1974. Westdeutscher Verlag, Obladen, 2. Auflage (1984)
Marcus, Eric (1996). Why suicide? : answers to 200 of the most frequently asked questions about suicide, attempted suicide, and assisted suicide. San Francisco, Calif.: HarperSanFrancisco.
Ringel, E., (Hrsg.), Selbstmordverbutung. H. Huber, Bern, Stuttgart, Wien (1969)
Sonneck, G. (Hrsg.), Krisenintervention und Suizidverbutung. Facultas, Wien (1985)
Stengel, E., Suicide and attempted suicide, Penguin Books, Great Britain (1964). Deutsche, Selbstmord und Selbstmordversuch. S. Fischer, Stuttgart (1969)

찾아보기

(ㅇ)

(ㅈ)

(ㅊ)

(ㅋ)

(ㅌ)

공저자 소개

조 현

[경 력]

- 인제대학교 보건행정학과 교수
- 인제호스피스·완화의료연구소 소장
- 서울대학교 보건대학원에서
「우리나라 호스피스 프로그램의 개발에 관한 연구」로 박사학위 취득
- Georgetown University Medical Center (USA, Post Doc.)
「Telemedicine for Hospice」로 우수연구상 수상
- DowHouse Hospice 와 Flinders University (Australia, Visiting Scholar)
- 아시아·태평양 호스피스·완화의료학회(APHA) 간행위원장
- 한국호스피스·완화의료학회 이사
- 경남호스피스센터장 / 김해호스피스센터장

[2000년 이후 Hospice 관련 논문]

- 가상 호스피스센터의 개념설계 (2000)
- 호스피스 의료정보시스템 구축에 관한 연구 (2000)
- 호스피스 자원봉사자의 호스피스 케어 요구도 분석 (2002)
- 김해지역 호스피스 보건복지연계모형 개발에 관한 연구 (2002)
- Analytical Study on Medical Expenses of Hospice Service for Terminal Patients (2003)
- 보건소 재가암환자 관리사업의 효율적 관리방안 개발 (2007)
- 보건소 재가암환자 관리사업에 대한 환자의 요구도 및 제공정도 (2007)
- 호스피스 자원봉사자를 위한 웹기반 학습프로그램 개발 및 효과분석 (2008)
- 암환자의 효율적인 관리를 위한 U-Hospice 개발 (2009)
- 요양병원 직종별 호스피스·완화의료서비스 활동 분석 (2016)
- 요양병원 호스피스·완화의료서비스 현황 및 종사자들의 인식조사 (2017)
- 일개요양병원 호스피스·완화의료의 서비스 직종별 행위 분석 (2017)

[Hospice 저서]

- 임종을 맞이하는 마지막 1주일 (2003)
- 삶의 마지막 순간까지 … 당신은 당신 삶의 주인공입니다 (2006)
- 호스피스 · 완화의료 (2017)

조병모

[학 력]

- 서강대학교 경영학과 졸업
- 홍콩 중문대학교 중국어학과 졸업
- 인제대학교 보건행정학과 졸업(보건행정학 석 · 박사)

[주요 경력]

- 대우전자㈜ 중국 성도지사장 역임
- LG전자㈜ 대만법인, 상해법인, 절강지사장 역임
- LG전자㈜ H&A 본부 해외영업그룹 대만법인, 상해법인 재직(현)
- 인제호스피스 · 완화의료연구소 연구위원(현)
- 경북보건대학교 스마트물류과 자문위원

조서영

[학 력]

- 조선대학교 산업미술학과(미술학사)
- 인제대학교 보건대학원 보건행정학(석 · 박사)

[주요 경력]

- 인제대학교 보건관리학과 외래교수(현)

- 김해시청 삼방아카데미 교수(미술심리 · 아크릴화)
- 인제호스피스 · 완화의료연구소 연구위원(현)
- 한국호스피스 · 완화의료협회 이사(현)
- 한얼문예박물관 서양화 명인(현)
- 대한민국공예회화예술대전 대회장 / 심사위원장(전)
- 대한민국미술대전 서양화부문 심사위원(전)
- 국토해양미술대전 문화체육관광부장관 / 환경부장관상

제2판 의미있는 삶을 위한 **죽음학** 값 25,000원

2018년 2월 28일 제1판1쇄 발행
2023년 9월 5일 제2판1쇄 발행
2025년 6월 25일 제2판2쇄 발행

공 저 자 : 조 현 · 조 병 모 · 조 서 영
발 행 인 : 주 영 일
발 행 처 : **계 축 문 화 사**

서울특별시 종로구 통일로12길 16-17
우편번호 03029
TEL : 735-2257 · 738-9746
FAX : 723-9025
E-mail : gyechuk@hanmail.net
홈페이지 : http://gyechuk.co.kr
1973. 10. 31 등록번호 제300-1973-8호
ISBN 978-89-5629-735-4 93510